LA GRAMMAIRE ITALIENNE POUR TOUS

CHRISTIANE COCHI

Agrégée de l'Université

Professeur d'italien
au lycée et au collège Condorcet (Paris)
et à l'École supérieure de commerce de Paris

PRESSES POCKET

Les langues pour tous
Collection dirigée par Jean-Pierre Berman,
Michel Marcheteau et Michel Savio

☐ Pour débuter (ou tout revoir) :
- **40 leçons**

☐ Pour mieux s'exprimer et mieux comprendre :
- **Communiquer** (En préparation)

☐ Pour se perfectionner et connaître l'environnement :
- **Pratiquer l'italien**

☐ Pour évaluer et améliorer votre niveau :
- **Score** (200 tests d'italien)

☐ Pour aborder la langue spécialisée :
- **L'italien économique & commercial**

☐ Pour s'aider d'ouvrages de référence :
- **Grammaire italienne pour tous**
- **Dictionnaire de l'italien d'aujourd'hui** (en prép.)

☐ Pour prendre contact avec des œuvres en version originale :
- **Série bilingue :**
  Buzzati Dino, Nouvelles
  Nouvelles italiennes d'aujourd'hui
  V. Brancati, D. Buzzati, I. Calvino, G. Celati, A. Moravia,
  L. Pirandello, L. Sciascia.

Autres langues disponibles dans les séries de la collection **Les langues pour tous**

Anglais - Américain - Allemand - Arabe - Espagnol - Français -
Latin - Néerlandais - Portugais - Russe

ISBN : 2 - 266 - 02788 - 3

PRÉSENTATION

Comme tous les ouvrages de cette collection, *La Grammaire italienne pour tous* est conçue pour faciliter l'apprentissage autonome de la langue, mais elle peut être utilisée tout aussi efficacement dans le cadre d'un enseignement de groupe. S'adressant aux élèves du secondaire comme aux étudiants et aux autodidactes, elle tient le plus grand compte des travaux des différents centres de recherche pédagogique ainsi que des nouvelles orientations des épreuves au baccalauréat et aux concours des grandes écoles.

Pour qui aborde la langue italienne en commençant par l'étude de la grammaire, elle permet, par son caractère bilingue, sa terminologie aisément accessible et un souple jeu de renvois aux différents paragraphes concernés, de progresser rapidement sans recours continuel au dictionnaire. Dès les premiers chapitres, le lecteur est à même de construire des phrases correctes, d'une certaine complexité, à l'aide d'un vocabulaire à la fois usuel et varié. Elle complète ainsi la série des ouvrages « Les langues pour tous », tout en constituant un outil de référence pour tous ceux qui désirent se perfectionner ou se recycler en italien.

Chaque règle est illustrée par un exemple, lui-même commenté à son tour, aussi souvent qu'une explication se révèle indispensable. Les renvois aux paragraphes non contenus dans le chapitre spécifiquement traité, ainsi que les exercices — entièrement corrigés à la fin du livre —, offrent la possibilité de revoir des formes insuffisamment assimilées et de se familiariser progressivement avec les remarques de syntaxe.

Compte tenu de l'importance, en italien, de l'accent tonique, celui-ci est souligné chaque fois qu'il ne porte pas sur l'avant-dernière syllabe.

Les difficultés propres aux personnes d'expression française ont été soulignées par le signe « Attention » $\triangle$.

Enfin l'index facilite la consultation de cet ouvrage et, notamment, les révisions globales ou ponctuelles.

INDICE

SOMMAIRE

REMARQUES A PROPOS DES EXERCICES

Lorsque le vocabulaire est fourni, le mot (nom ou adjectif) est donné au singulier et le verbe, à l'infinitif. Les numéros renvoyant aux paragraphes sont placés immédiatement après les mots concernés.

SIGNES ET ABRÉVIATIONS

⚠	attention à...
≠	différent de...
cf.	confer, voir
ch.	chapitre
c.o.d.	complément d'objet direct
c.o.ind.	complément d'objet indirect
f.	féminin
litt.	littéraire
m.	masculin
m. à m.	mot à mot
n.	nous
N.B.	nota bene
n°	numéro
n^os	numéros
pers.	personne
Pr.	pronom(s)
v.	vous

Christiane Cochi est agrégée d'italien. Elle enseigne au lycée et au collège Condorcet ainsi qu'à l'École supérieure de commerce de Paris. Elle a participé à la publication de *L'Italien à l'entrée des grandes écoles* (éditions Ellipses, 1985) et est l'auteur de *L'Italien économique et commercial*, paru aux éditions Garnier (1987), puis aux éditions Presses Pocket (1988). Elle a également traduit, en collaboration avec son père, *Dino Buzzati-Douze nouvelles*, dans la série Bilingue de la collection « Les langues pour tous » - éditions Presses Pocket (1988).

CHAPITRE I

LA PRONONCIATION
ET L'ACCENTUATION
LE RYTHME DE LA PHRASE

Capitolo primo
La pronuncia e l'accentuazione
Il ritmo della frase

LA PRONONCIATION

REMARQUE GÉNÉRALE

L'italien dispose d'une écriture phonétique, c'est-à-dire qu'il s'écrit comme il se prononce. Il est donc facile d'avoir une bonne orthographe en italien si on entend autour de soi et si on a soi-même une prononciation correcte.

L'ALPHABET

1 ▪ L'alphabet italien se compose de 21 lettres

	Prononciation		Prononciation
a	**a**	n	**ènné**
b	**bi**	o	**o**
c	**tchi**	p	**pi**
d	**di**	q	**cou**
e	**é**	r	**èrré**
f	**èffé**	s	**èssé**
g	**dgi**	t	**ti**
h	**acca**	u	**ou**
i	**i**	v	**vou**
l	**èllé**	z	**dzèta**
m	**èmmé**		

Les lettres **k** (kappa), **w** (doppio vou), **y** (ipsilon) ne se rencontrent que dans l'orthographe de mots étrangers. Bien que la lettre **j** (i lungo) ait été supprimée de l'alphabet moderne, on peut encore la trouver dans certains textes : elle se prononce comme un i normal.

▶ N.B. : toutes les lettres se prononcent en italien.

LES VOYELLES

2 ▪ A se prononce comme en français

casa	**dare**	**gatto**	**mare**	**nave**
maison	donner	chat	mer	bateau

3 ▪ E, comme O, est ouvert ou fermé

Cette distinction qui n'a d'importance que lorsqu'une des deux voyelles porte l'accent tonique varie selon les régions. Il est préférable de se référer au dictionnaire pour connaître le bon usage, qui est celui de la prononciation toscane.

Toutefois, il faut retenir que :
à l'inverse du français, **e** n'est jamais muet.

e est ouvert lorsqu'un mot finit par un accent grave écrit : **caffè** : café.

e est fermé lorsqu'un mot finit par un accent aigu écrit : **perché** : pourquoi, parce que, pour que (cf. n° 332).

Il est également fermé dans les désinences suivantes des verbes : **-ete** (présent, 2ᵉ conj.), **-eva** (imparfait, 2ᵉ conj.), **-esti, -emmo**, **erono** (passé simple, 2ᵉ conj.), **-ere** (infinitif, 2ᵉ conj.) (cf. nᵒˢ 76 et 77).

4 ▪ o se prononce soit ouvert, comme donna : femme, soit fermé comme Roma : Rome

Il est toujours très ouvert lorsqu'un mot se termine par un **-ò** écrit : **ciò** : cela, **parlò** : il parla (ainsi que toutes les 3ᵉ pers. du sing. du passé simple de la 1ʳᵉ conj. ; cf. n° 77), **parlerò** : je parlerai (ainsi que toutes les 1ʳᵉˢ pers. du sing. du futur des trois conjugaisons ; cf. n° 77).

5 ▪ i se prononce, en général, comme en français

idea	**libro**	**illuminare**
idée	livre	éclairer

Cependant, on doit distinguer, dans les finales, le **i** « semi-consonne » du **i** « voyelle tonique » (cf. n° 30).

Le **i** « semi-consonne » se prononce comme le **y** français :

occhio	**serio**	**stadio**
œil	sérieux	stade

Le **i** « voyelle tonique » se prononce distinctement comme le **i** français :

zio	**brusìo**
oncle	bourdonnement

6 ▪ U se prononce toujours comme le français « ou »

lume	**turista**	**tutto**
lumière	touriste	tout

7 ▪ Voyelles suivies de -M et de -N

Il convient de détacher la voyelle de la consonne, car les nasales n'existent pas en italien :

ta/nto	**ge/ntile**	**i/nverno**	**po/mpelmo**	**pu/ntuale**
tant	gentil	hiver	pamplemousse	ponctuel

LES CONSONNES

8 ▪ C et G

— **son dur devant a, o et u** (identique à celui du français devant les mêmes voyelles ; cf. cacher, gomme) :

caldo	chaud	**gara**	compétition
cosa	chose	**lago**	lac
cura	soin	**gustoso**	savoureux

— **son chuintant devant e et i** :

ce se prononce « tché »   **ge** se prononce « dgé »
ci se prononce « tchi »   **gi** se prononce « dgi »

centro	centre	**gelato**	glace
città	ville	**gita**	excursion

9 ▪ Les groupes CHE et CHI, GHE et GHI

Ils ont un son dur et se prononcent respectivement :

che : « ké »   **ghe** : « gué »
chi : « ki »   **ghi** : « gui »

rachetta	raquette	**ghepardo**	guépard
chilometro	kilomètre	**laghi**	lacs

▶ N.B. : la lettre **h** est souvent intercalée pour donner le son dur à **c** ou **g** devant **e** ou **i** (cf. nos 31, 33, 87).

10 ▪ Les groupes SCA, SCO, SCU, SCHE, SCHI, SGHE, SGHI

Ils ont, eux aussi, par voie de conséquence, un son dur et se prononcent : « ska », « sko », « skou », « ski », « sgué », « sgui » :

scatola	**scoprire**	**scuola**
boîte	découvrir	école

schermo	**schiuma**	**sghembo**	**sghignazzare**
écran	mousse	oblique	ricaner

11 ▪ Les groupes CIA, GIA, CIO, GIO, CIU, GIU

Ils ont un son chuintant et se prononcent « tcha », « dja », « tcho », « djo », « tchou », « djou » (le **i** intercalé devant **a, o** et **u** donne ce son chuintant ; cf. n° 8).

ciaò !	**già**	**ciò**	**giovane**	**ciuffo**	**giusto**
salut !	déjà	cela	jeune	mèche	juste
				(de cheveux)	

12 ▪ Les groupes SCE et SCI

Ils se prononcent comme le français « ché » et « chi » (son doux, moins chuintant que pour le groupe précédent).

scelta choix **scivolare** glisser

13 ▪ Le groupe GLI

Il se prononce « lyi » devant toutes les voyelles.

figlia **biglietto** **luglio** **figliuolo**
fille billet juillet enfant (cf. 35△)

Exceptions : la prononciation est la même qu'en français pour quelques mots, dont :

glicine glycine **negligenza** négligence

14 ▪ Le groupe LL

Il n'est jamais mouillé en italien ; les deux **« l »** se prononcent distinctement l'un et l'autre (cf. n° 18).

brll-lare **gial-lo** **gril-lo**
briller jaune grillon

15 ▪ Le R

Le **« r »** italien est fortement roulé, dans tous les cas, et encore plus lorsqu'il s'agit d'un double **« r »**.

barba **rapido** **ridere** **comporre**
barbe rapide rire composer

16 ▪ Le S

Il peut être dur ou doux.

s dur : **borsellino** **seno** **Sicilia** **sono**
porte-monnaie sein Sicile je suis

s doux : **chiesa** **cosa** **naso** **quasi**
église chose nez presque

Le **« s »** est toujours doux devant **b, d, g, l, m, n, r, v** :

sdegno **sgarbo** **svegliare**
dédain impolitesse réveiller

17 ▪ Le Z

Il peut également être dur ou doux.

z dur : **canzone** **dolcezza** **nazione** **pozzo** **zucchero**
chanson douceur nation puits sucre

z doux : **mezzo** **rozzo** **zanzara** **zelo**
moyen grossier moustique zèle

18 ▪ Les consonnes doubles

Elles se prononcent toujours distinctement et avec plus de force qu'en français. Pour faciliter cette prononciation, il est conseillé de prononcer séparément l'une de l'autre chacune des consonnes, en donnant à la voyelle portant l'accent tonique sa juste valeur (cf. n° 19).

		Prononciation
assaggiare	goûter	as-sad-jare
babbo	papa	bab-bo
commosso	ému	kom-mos-so
cioccolata	chocolat	tchok-kolata
culla	berceau	koul-la

▶ N.B. : une fois que l'on connaît les règles de prononciation, la seule difficulté qui demeure pour l'orthographe des mots est celle qui provient des lettres doubles. Or, il convient d'être particulièrement attentif, car certains mots ont un sens complètement différent, selon qu'ils se prononcent - et s'écrivent - avec une consonne simple ou une consonne double :

parleremo	nous parlerons	**parlerem-mo**	nous parlerions
capello	cheveu	**cap-pello**	chapeau
fato	destin	**fat-to**	fait

L'ACCENTUATION

19 ▪ Règle générale

Il convient d'accorder à la syllabe qui porte l'accent tonique un temps de prononciation souvent égal à celui que prendrait, en musique, une noire par rapport à une croche.
fa-mi-glia correspond au schéma : croche/noire/croche
fe-li-ci-tà correspond au schéma : croche/croche/croche/noire
me-ri-to correspond au schéma : noire/croche/croche
u-mo-ris-ti-co correspond au schéma :croche/croche/noire/croche

Cela dit, on distingue trois groupes principaux de mots :

20 ▪ Les mots accentués sur l'avant-dernière syllabe : PAROLE PIANE (mots doux, unis)

L'accent tonique porte, la plupart du temps, sur cette syllabe. Il n'est pas signalé par l'orthographe et ne se trouve pas dans le dictionnaire, car on considère qu'il s'agit de l'accentuation courante.

infinito	compleanno	famiglia	riunire
infini	anniversaire	famille	réunir

21 ▪ Les mots accentués sur la dernière syllabe : PAROLE TRONCHE (mots tronqués)

La plupart ont perdu une syllabe et portent un accent grave

bontà	felicità	caffè	lunedì	virtù
bonté	bonheur	café	lundi	vertu

22 ▪ Accents orthographiques

Il est bon de signaler ici que tous les mots — quelle qu'en soit la raison — dont l'accent, aigu ou grave, est indiqué par l'orthographe, sont accentués phonétiquement sur cette syllabe :

ciò	già	giù	laggiù	più	perché
cela	déjà	en bas	là-bas	plus	parce que, pourquoi, pour que

Quelques monosyllabes portent un accent grave pour les distinguer d'autres mots de sens différent :

Exemples :

è	il est	≠	e	et
dà	il donne	≠	da	de, par, chez
sì	oui	≠	si	se
là	là	≠	la	la (article ou pronom)
lì	là	≠	li	les (article ou pronom)
sè	soi	≠	se	si

23 ▪ Les mots dits « glissants » : PAROLE SDRUCCIOLE

Il s'agit de mots accentués sur l'antépénultième ou 3e syllabe en partant de la fin du mot.

musica	lettera	perdere
musique	lettre	perdre
medico	sindaco	umoristico
médecin	maire	humoristique
carico	dialogo	stomaco
chargé	dialogue	estomac

▶ N.B. : voici quelques règles concernant un certain nombre de suffixes et formes verbales qui permettent de repérer plus aisément les **parole sdrucciole,** dont l'accentuation est, par ailleurs, indiquée dans les dictionnaires.

1) Les mots terminés par les suffixes suivants sont accentués sur l'antépénultième :

-**aggine**, -**udine** :

goff**a**ggine   abit**u**dine
gaucherie   habitude

-**abile**, -**evole**, -**ibile** :

am**a**bile   piac**e**vole   vis**i**bile
aimable   agréable   visible

-**esimo**, -**ecimo** :

tredic**e**simo   d**e**cimo
treizième   dixième

-**filo**, -**fero**, -**fico**, -**fobo**, -**gono**, -**grafo**, -**logo**, -**metro**, -**sofo** :

italian**o**filo   fiamm**i**fero   ben**e**fico   idr**o**fobo
italianophile   allumette   bénéfique   hydrophobe

esag**o**no   ge**o**grafo   fil**o**logo   bar**o**metro   fil**o**sofo
hexagone   géographe   philologue   baromètre   philosophe

2) Les superlatifs :

m**i**nimo : le plus petit   **o**ttimo : excellent

3) Les superlatifs terminés par :

issimo : bell**i**ssimo : très beau
errimo : celeb**e**rrimo : très célèbre

4) La 3ᵉ personne du pluriel de presque tous les verbes à tous les temps et modes — sauf au futur — et la 1ʳᵉ personne du pluriel de l'imparfait du subjonctif :

p**a**rlano   av**e**vano   sent**i**rono   sc**e**lsero
ils parlent   ils avaient   ils écoutèrent   ils choisirent

che p**a**rlino   che cap**i**scano   che parl**a**ssimo...
qu'ils parlent   qu'ils comprennent   que nous parlassions

24 ▪ Les mots dits « deux fois glissants » :
PAROLE BISDRUCCIOLE

Ils sont accentués sur la 4ᵉ syllabe en partant de la fin du mot. Ils sont beaucoup plus rares et ce sont, en général, des formes verbales :

imitano   and**a**tevene !
ils imitent   allez-vous-en !
cont**i**nuano   d**i**tecelo !
ils continuent   dites-le-nous !

LE RYTHME DE LA PHRASE

L'italien est une langue harmonieuse, qui tend à éviter la rencontre de syllabes dures et les hiatus ; on n'y trouve ni « h » aspiré ni son explosif. D'autre part, quel que soit le sens, le rythme de la phrase n'est jamais haché.

25 ▪ Étude de la courbe mélodique

Nous allons maintenant étudier la courbe mélodique de quelques textes particulièrement connus de la littérature italienne.

1) **Nel mezzo del cammin di nostra vita**
   Mi ritrovai per una selva oscura
   Ché la diritta via era smarrita.

Dante Alighieri, *La Divina Commedia** (*Inferno*, I, 1-3).

Au milieu du chemin de notre vie,
Je me trouvai dans une forêt obscure,
Car j'avais perdu la voie droite.
Dante Alighieri, *La Divine Comédie* (*Enfer*, 1-3).

2) **Chiare, fresche, e dolci acque**
   Ove le belle membra
   Pose colei che sola a me par donna.

Petrarca, *Il Canzoniere*, CXXVI.

2) Eaux claires, fraîches et douces eaux où repose ses beaux membres celle qui seule me paraît dame
Pétrarque, *Le Chansonnier*.

3) **Sendo adunque uno principe necessitato saper bene usare la bestia, debbe di quelle pigliar la golpe e il lione ; perché il lione non si defende da'lacci, la golpe non si defende da'lupi. Bisogna adunque essere golpe a conoscere i lacci, e lione a sbigottire e' lupi.**

Machiavelli, *Il Principe*, Cap. XVIII.

3) Donc, puisqu'un prince est contraint de savoir bien utiliser la bête, il doit choisir, parmi elles, le renard et le lion, car le lion ne se défend pas des rets, le renard ne se défend pas des loups. Il faut donc être renard pour connaître les rets, et lion pour effrayer les loups,
Machiavel, *Le Prince*.

*Notez, au passage, que toute *La Divine Comédie* est écrite en *hendécasyllabes* (vers de onze pieds), qui sont les vers les plus courants dans la poésie classique italienne.

**4) Mirandolina : — Che dice della debolezza di quei due cava-
lieri ? Vengono alla locanda per alloggiare, e pretendono
poi di voler fare all'amore con la locandiera. Abbiamo altro
in testa noi, che di dar retta alle loro ciarle ! Cerchiamo
di fare il nostro interesse ; se diamo loro delle buone
parole, lo facciamo per tenerli a bottega ; e poi, io princi-
palmente, quando vedo che si lusingano, rido come una
pazza.**

Carlo Goldoni, *La Locandiera,* II,12.

4) Mirandolina : « Que dites-vous de la faiblesse de ces deux chevaliers ? Ils viennent à l'auberge pour se loger et ils prétendent ensuite courtiser la patronne de
l'auberge. Nous avons bien autre chose en tête, nous, que d'écouter leurs bavar-
dages ! Nous cherchons à agir selon notre intérêt ; si nous leur donnons de bonnes paroles, nous le faisons pour conserver sa clientèle, ensuite, moi surtout,
si je vois qu'ils se font des illusions, je ris comme une folle ».

Goldoni, *La Locandiera.*

**5) Quel ramo del lago di Como, che volge a mezzogiorno,
tra due catene non interrotte di monti, tutto a seni e a golfi,
a seconda dello sporgere e del rientrare di quelli, vien,
quasi a un tratto a ristringersi, e a prender corso e figura
di fiume, tra un promontorio a destra e un'ampia costiera
dall'altra parte...**

Alessandro Manzoni, *I Promessi Sposi,* Cap. I.

5) Ce bras du lac de Côme, qui est orienté au sud, entre deux chaînes ininter-
rompues de montagnes, tout en baies et en golfes selon l'avancée ou le retrait
de ces massifs, se rétrécit presque soudainement et prend le cours et l'apparence d'un fleuve entre un promontoire à droite et un ample littoral du côté
opposé... Manzoni, *Les Fiancés.*

**6) Della roba ne possedeva fin dove arrivava la vista, ed egli
aveva la vista lunga - dappertutto, a destra e a sinistra,
davanti e dietro, nel monte e nella pianura. Più di cin-
quemila bocche, senza contare gli uccelli del cielo e gli
animali della terra, che mangiavano sulla sua terra, e senza
contare la sua bocca la quale mangiava meno di tutte...**

Giovanni Verga, *Tutte le Novelle.*

6) Des biens, il en possédait à perte de vue, et son regard portait loin partout,
à droite et à gauche, devant, derrière, dans la montagne et dans la plaine. Plus
de cinq mille bouches, sans compter les oiseaux du ciel et les animaux de la
terre, qui mangeaient sur sa terre, et sans compter sa propre bouche qui man-
geait moins que toutes... Verga, *Toutes les nouvelles.*

16

EXERCICES DE PRONONCIATION

Les mots dont l'accent tonique n'est pas souligné sont accentués sur l'avant-dernière syllabe.

A

caldo	chaud	tovaglia	nappe
salotto	salon	mese	mois
governo	gouvernement	notte	nuit
città	ville	messa	messe
attesa	attente	sbarco	débarquement
antichi	anciens	ricercare	rechercher
confusione	confusion	liceo	lycée
loquace	loquace	paio	paire
comunità	communauté	spiegare	expliquer
pronunciare	prononcer	giro	tour

B

miracolo	miracle	zoccolo	sabot
abbiano	qu'ils aient	ingenuo	naïf
compatibile	compatible	scivola	il glisse
fenomeno	phénomène	sintesi	synthèse
grafico	graphique	arbitro	arbitre
energetico	énergétique	aprono	ils ouvrent
ridicolo	ridicule	merito	mérite
passano	ils passent	pubblico	public

C

ospitano	ils reçoivent	cantagliela !	chante-la-lui !
datecene !	donnez-nous-en !	andatevene !	allez-vous-en !
miagolano	ils miaulent	vendicelo !	vends-le-nous !
telefonano	ils téléphonent	soffocano	ils suffoquent
godiamocelo !	profitons-en !	abitano	ils habitent

D

visibile	visible	mancanza	manque
collegio	pensionnat	fisico	physique
alchemico	alchimique	sottile	mince
congiuntura	conjoncture	paragonabile	comparable
creatività	créativité	noia	ennui
margine	marge	verrà	il viendra
specchio	miroir	vibrazione	vibration
sguardo	regard	energia	énergie

1) L'attimo durò cinque minuti ; poi la porta si aprì ed entrò Angelica. La prima impressione fu di abbagliata sorpresa. I Salina rimasero col fiato in gola ; Tancredi sentì addirittura come gli pulsassero le vene delle tempie.

Giuseppe Tomasi di Lampedusa, *Il Gattopardo*.

2) Dieci camion si fermarono dinanzi alla casa. Ne furono scaricate uova di ogni dimensione, di fantastica bellezza, affinché la bambina potesse scegliere... L'Antonella ne scelse uno piccolo, di cartone colorato, uguale a quello che la patronessa le aveva portato via.

Dino Buzzati, *L'Uovo*.

3) Arrivarono i pacchi di mia zia, in un mese ne arrivarono una decina, c'erano cose che io non immaginavo che esistessero, biscotti che sapevano di menta e spaghetti in scatola, scatole di arringhe e scatole di succo di arancia.

Leonardo Sciascia, *La zia d'America*.

4) All'inizio dell'era industriale gli inglesi per primi si accorsero che troppe foreste erano già state distrutte e non restava abbastanza legna da bruciare per alimentare le macchine. È da quel momento che incomincia lo sfruttamento del carbone.

Carlo Rubbia, *Il dilemma nucleare*.

1) L'instant dura cinq minutes ; puis la porte s'ouvrit et Angélique entra. La première impression fut de surprise éblouie. Les Salina restèrent le souffle coupé ; Tancrède eut l'impression de sentir réellement battre les veines de ses tempes.
G. Tomasi di Lampedusa, *Le Guépard*.

2) Dix camions s'arrêtèrent devant la maison. On en déchargea des œufs de toutes dimensions, d'une beauté fantastique, afin que la petite fille pût choisir... Antonella en choisit un, petit, en carton de couleur, semblable à celui que la dame patronnesse lui avait enlevé.
Dino Buzzati, *L'Œuf*.

3) Les paquets de ma tante arrivèrent ; en un mois, il en arriva une dizaine : il y avait des choses dont je n'imaginais pas qu'elles existassent, des petits gâteaux qui avaient le goût de menthe et des spaghetti en boîte, des boîtes de hareng et des boîtes de jus d'orange.
Leonardo Sciascia, *La tante d'Amérique*.

4) Au début de l'ère industrielle, les Anglais s'aperçurent les premiers que trop de forêts avaient déjà été détruites et qu'il ne restait pas assez de bois à brûler pour alimenter les machines. C'est à partir de ce moment-là que commence l'exploitation du charbon.
Carlo Rubbia, *Le dilemne nucléaire*.

CHAPITRE II

LE GENRE ET LE NOMBRE
LE NOM
ET L'ADJECTIF QUALIFICATIF
LES MOTS ALTÉRÉS
ET LES MOTS COMPOSÉS

Capitolo secondo
Il genere e il numero
Il nome e l'aggettivo qualitativo
I nomi alterati e composti

26 ▪ Le genre. Règle générale

La plupart des noms, en italien, sont du même genre qu'en français. A cela une importante exception : tous les noms terminés par **-ore** sont masculins (sauf **folgore** : foudre), alors qu'ils correspondent, en général, aux noms français terminés par **-eur**, qui sont tous du féminin.

27 ▪ Le nom. Genre et nombre

1. Tous les noms terminés, au singulier, par **o** sont **masculins** (sauf **mano** : main, qui est féminin). Leur pluriel est terminé par **i**.
2. Les noms qui se terminent, au singulier, par **e** sont **masculins** ou **féminins**. Seul l'article (à l'exception de l'article **l'** ; cf. nᵒˢ 42-43) permet de connaître avec certitude le genre de ces noms ; **dans le doute, il est conseillé de se référer au dictionnaire.** Leur pluriel est toujours terminé par **i**.
3. La plupart des mots terminés, au singulier, par **a** sont **féminins**. Leur pluriel est terminé par **e**.
4. Cependant, **quelques noms masculins** se terminent par **a** ; ils font leur pluriel en **i**.

Masculin singulier		Masculin pluriel	
treno	train	**treni**	treni
giornale	journal	**giornali**	journaux
poeta	poète	**poeti**	poètes
Féminin singulier		Féminin pluriel	
donna	femme	**donne**	femmes
regione	région	**regioni**	régions

▶ N.B. : pour la formation du pluriel, les adjectifs qualificatifs suivent la même règle que le nom (cf. n° 155).

nuovo > **nuovi**	**armoniosa** > **armoniose**	**veloce** > **veloci**
nouveau(x)	harmonieuse(s)	rapide(s)

28 ▪ Formation du féminin

1. Beaucoup de noms masculins terminés par **-o** ou **-e** ont un féminin correspondant terminé par **-a.**

ragazzo > **ragazza**	**signore** > **signora**
garçon fille	monsieur madame
straniero > **straniera**	**gatto** > **gatta**
étranger étrangère	chat chatte

2. Les noms du masculin terminés par **-tore** ont un féminin correspondant, généralement terminé par **-trice.**

pittore > **pittrice**	**viaggiatore** > **viaggiatrice**
peintre femme-peintre	voyageur voyageuse

3. On rencontre également des noms dont le féminin se termine par **-essa**.

studente > **studentessa**	**leone** > **leonessa**
étudiant étudiante	lion lionne
professore > **professoressa**	**principe** > **principessa**
professeur professeur (f.)	prince princesse

4. Les noms se terminant par **-ista** peuvent prendre le genre masculin ou le genre féminin selon qu'ils se rapportent à un homme ou à une femme :

giornalista italiano	**giornalista italiana**
journaliste italien	journaliste italienne

29 ▪ Le pluriel. Règles particulières

1. Pluriels irréguliers :

uomo > **uomini**	**dio** > **dei**	**bue** > **buoi**
homme hommes	dieu dieux	bœuf bœufs

2. Noms invariables :

— noms portant un accent sur la dernière voyelle (on les appelle **parole tronche :** mots tronqués) :

caffè	**città**	**comodità**	**felicità**	**metà**	**virtù**
café(s)	ville(s)	confort(s)	bonheur(s)	moitié(s)	vertu(s)

— noms monosyllabiques :

re : roi(s)	**gru :** grue(s)

— noms terminés par **i** :

analisi	**crisi**	**diocesi**	**ipotesi**	**metropoli**
analyse(s)	crise(s)	diocèse(s)	hypothèse(s)	metropole(s)

— noms terminés par **ie** :

carie	**serie**	**specie**	**effigie**	**superficie**
carie(s)	série(s)	espèce(s)	effigie(s)	superficie(s)

▪ *Exception* :

moglie : épouse, devient **mogli** au pluriel.

Il convient toutefois de noter que les formes **effigi** et **superfici** s'emploient de plus en plus.

— Les noms d'origine étrangère, quelques noms terminés par **a** et les abréviations sont, en général, invariables :

camion	**film**	**lapis**	**ribes**	**vaglia**
camion(s)	film(s)	crayon(s)	groseille(s)	mandat(s)
auto	**cinema**	**foto**	**moto**	**radio**
auto(s)	cinéma(s)	photo(s)	moto(s)	radio(s)

Notons cependant que l'on rencontre de plus en plus de mots d'origine anglaise (comme **computer**) qui prennent un **s** au pluriel.

30 ▪ Pluriel des mots terminés par io

1. Si le **i** de la syllabe finale n'est pas accentué (**-i-** semi-consonne), on supprime le **o** final pour former le pluriel. C'est le cas le plus fréquent.

occhio > **occhi**	**serio** > **seri**	**stadio** > **stadi**
œil	yeux	sérieux	stade(s)

2. Si le **-i-** de la syllabe finale est accentué (**i** voyelle tonique), le pluriel se termine par deux **i,** ce qui respecte la prononciation qui distingue, au singulier, le **i** du **o.**

zìo > **zii**	**brusìo** > **brusìi**
oncle(s)	bourdonnement(s)

31 ▪ Pluriel des mots terminés par -CA ou -GA

Ils gardent tous le son dur du singulier. Il faut donc, obligatoirement, insérer un **h** avant la finale du pluriel (cf. n° 9 - N.B.).

1. les mots **féminins** forment leur pluriel en **che** ou **ghe** :

banca > **banche**	**tasca** > **tasche**	**critica** > **critiche**
banque(s)	poche(s)	critique(s)

2. les mots **masculins,** beaucoup plus rares, font leur pluriel en **chi** ou **ghi** :

collega > **colleghi**	**duca** > **duchi**
collègue(s)	duc(s)

Exception : **belga** > **belgi** : belge(s)

32 ▪ Pluriel des mots terminés par -CIA ou -GIA

1. Le **i** est accentué : le pluriel est alors obligatoirement terminé par **-cie** ou **-gie** et le **-i-** est entendu distinctement comme une **voyelle,** au singulier et au pluriel :

bugìa > **bugìe**	**farmacìa** > **farmacìe**
mensonge(s)	pharmacie(s)

2. Le **i** n'est pas accentué :

Si **-cia** ou **-gia** sont précédés d'une consonne, le **-i-** tombe au pluriel :

caccia > **cacce**	**orgia** > **orge**	**spiaggia** > **spiagge**
chasse(s)	orgie(s)	plage(s)

Si **-cia** ou **-gia** sont précédés d'une voyelle, le **-i-** est, en principe, conservé au pluriel :

audacia > **audacie**	**camicia** > **camicie**	**valigia** > **valigie**
audace(s)	chemise(s)	valise(s)

33 ▪ Pluriel des mots terminés par -CO ou par -GO

Leur pluriel varie selon la place de l'accent tonique.

1. S'ils sont accentués sur l'avant-dernière syllabe, ils gardent le son dur et leur pluriel est terminé par **-chi** ou **-ghi** :

antico>antichi	chirurgo>chirurghi	fuoco>fuochi	lungo>lunghi
ancien(s)	chirurgien(s)	feu(x)	long(s)

Exceptions :

amico>amici ;nemico>nemici ;greco>greci ;porco>porci

ami(s)	ennemi(s)	grec(s)	porc(s)

ainsi que **mago,** dans l'expression **i Re Magi** : les Rois mages.

2. S'ils sont accentués sur l'antépénultième (avant-avant-dernière syllabe) : en italien **parole sdrucciole**—mots glissants—, **ils perdent alors le son dur** et leur pluriel est terminé par **-ci** ou **-gi** :

medico>medici	parroco>parrocci	sindaco>sindaci
médecin(s)	curé(s)	maire(s)
scolastico>scolastici		umoristico>umoristici
scolaire(s)		humoristique(s)

⚠ Cette règle connaît de **nombreuses exceptions.** Nous n'en citerons que quelques-unes :

carico>carichi	catalogo>cataloghi	dialogo>dialoghi
chargé(s)	catalogue(s)	dialogue(s)
incarico>incarichi	stomaco>stomachi	valico>valichi
tâche(s)	estomac(s)	col(s), passage(s)

Notons que **mago,** dans le sens de magicien, fait, au pluriel, **maghi.**

34 ▪ Pluriel féminin en -A de noms masculins

1. Certains noms masculins au singulier deviennent féminins au pluriel et forment ce pluriel en **-a.**

Exemples d'emploi courant :

il dito>le dita	l'uovo>le uova	il riso>le risa
le doigt les doigts	l'œuf les œufs	le rire les rires

il paio>le paia	il centinaio>le centinaia
la paire les paires	la centaine les centaines

il migliaio>le migliaia	il miglio>le miglia
le millier les milliers	le mille les milles

2. D'autres noms ont **deux pluriels,** l'un masculin, régulier, en **i,** et l'autre, féminin, en **a.** Le sens est alors différent : au pluriel en **i** correspond un sens figuré, au pluriel en **a** correspond un sens propre ou collectif :

il frutto	i frutti del lavoro	le frutta
le fruit	les fruits du travail	les fruits
il braccio	i bracci della poltrona	le braccia dell'uomo
le bras	les bras du fauteuil	les bras de l'homme
il ciglio	i cigli del fiume	le ciglia dell'occhio
le cil	les bords du fleuve	les cils de l'œil
il grido	i gridi degli animali	le grida della gente
le cri	les cris des animaux	les cris des gens
il membro	i membri del partito	le membra dell'uomo
le membre	les membres du parti	les membres de l'homme
il muro	i muri divisori	le mura della città
le mur	les murs de séparation	les remparts de la ville

▶ N.B. : les dictionnaires indiquent, en général, ces différences de sens.

LES MOTS ALTÉRÉS ET LES MOTS COMPOSÉS

35 ▪ Les suffixes des noms et adjectifs

L'emploi des suffixes, augmentatifs ou diminutifs, hérités de l'italien, est aujourd'hui très limité en français. Au contraire, l'italien, par l'adjonction de nombreux suffixes aux noms et aux adjectifs, altère ces mots pour rendre l'idée de grandeur, de petitesse, de beauté, de laideur, voire de méchanceté.

On distingue :

1. Les suffixes augmentatifs (accrescitivi) :
-one est le plus employé

Mot primitif	Mot altéré
la porta	**il portone**
la porte	la porte cochère
la valigia	**il valigione**
la valise	la grosse valise

2. Les suffixes péjoratifs (peggiorativi) :
-accio(a) est le plus employé ; on rencontre aussi **-astro(a)**

Mot primitif	Mot altéré
la carta	**la cartaccia**
le papier	la paperasse
il libro	**il libraccio**
le livre	le mauvais livre
il medico	**il medicastro**
le médecin	le charlatan

3. **Les suffixes diminutifs (diminutivi) :**
les plus courants sont **-etto(a)** ; **-ino(a)**

Mot primitif	Mots altérés
Anselmo	**Anselmetto, Anselmino** *
Anselme	le petit Anselme
povero	**poveretto, poverino**
pauvre	pauvret
l'uccello	**l'uccelletto, l'uccellino**
l'oiseau	l'oisillon

* En fait, les diminutifs offrent une grande variété de terminaisons. Ce n'est que la pratique, parfois même l'intonation, qui permettent de saisir les différentes nuances.

4. **Les suffixes indiquant la grâce ou la beauté (vezzeggiativi) :**
-ello(a) ; **-icello(a)** ; **-erello(a)**

Mot primitif	Mot altéré
l'asino	**l'asinello**
l'âne	l'ânon
il vento	**il venticello**
le vent	la brise
il vecchio	**il vecchierello**
le vieillard	le bon petit vieillard

⚠ Tous les mots n'acceptent pas n'importe quel suffixe. Il est donc recommandé d'avoir lu ou entendu un de ces mots altérés avant de l'employer.

36 ▪ Mots composés

Il existe, en italien comme en français, un certain nombre de mots composés. En voici quelques exemples :

copriletto > **copriletti**		**capolavoro** > **capolavori**	
couvre-lit couvre-lits		chef-d'œuvre chefs-d'œuvre	
capolinea > **capilinea**		**pellirossa** > **pellirosse**	
terminus		Peau-Rouge Peaux-Rouges	

▶ N.B. : le trait d'union n'existe pas en italien.
Pour la formation du pluriel des mots composés, il convient de se référer toujours au dictionnaire.

EXERCICES

▶ Avant de faire les exercices, apprenez les temps suivants :
■ Présent et passé composé de **essere** ;

sono	je suis	**sono stato,a****	j'ai été
sei	tu es	**sei stato,a**	tu as été
è	il est*	**è stato,a**	il/elle a été
siamo	nous sommes	**siamo stati,e**	nous avons été
siete	vous êtes	**siete stati,e**	vous avez été
sono*	ils sont	**sono stati,e**	ils/elles ont été

* Autres traductions de : **è** : elle est, *c'est* ; **sono** : elles sont, *ce sont*.
** Le verbe **essere** se conjuguant avec lui-même pour auxiliaire, le participe passé s'accorde en **genre** et en **nombre**.

■ Présent et passé composé de **avere** :

ho	j'ai	**ho avuto**	j'ai eu
hai	tu as	**hai avuto**	tu as eu
ha	il a	**ha avuto**	il a eu
abbiamo	nous avons	**abbiamo avuto**	nous avons eu
avete	vous avez	**avete avuto**	vous avez eu
hanno	ils ont	**hanno avuto**	ils ont eu

▶ Maintenant, faites les exercices dans l'ordre où ils sont indiqués, en vous référant aux numéros de la grammaire qui sont, éventuellement, indiqués.

A) Mettre au pluriel les noms ou adjectifs masculins suivants :
Exemple : **compagno,** camarade > **compagni**

1) **uccello,** oiseau - 2) **principe,** prince - 3) **gatto,** chat - 4) **studente,** étudiant - 5) **lupo,** loup - 6) **amico,** ami - 7) **industriale,** industriel - 8) **negozio,** magasin - 9) **felice,** heureux - 10) **ragazzo,** garçon - 11) **uomo,** homme - 12) **sportivo,** sportif - 13) **giornalista,** journaliste - 14) **dito,** doigt - 15) **re,** roi - 16) **polacco,** polonais.

B) Mettre au pluriel les noms ou adjectifs féminins suivants :
Exemple : **sorella,** sœur > **sorelle**

1) **voce,** voix - 2) **italiana,** italienne - 3) **santità,** sainteté - 4) **ridente,** rieuse - 5) **camicia,** chemise - 6) **straniera,** étrangère - 7) **turista,** touriste - 8) **fredda,** froide - 9) **madre,** mère -

10) **signora,** dame - 11) **nemica,** ennemie - 12) **fronte,** front - 13) **farmacia,** pharmacie - 14) **mano,** main - 15) **moglie,** épouse - 16) **crisi,** crise.

C) Donner les mots féminins correspondant aux mots masculins suivants :
Exemple : **figlio,** fils > **figlia**

1) **bambino,** enfant - 2) **leone,** lion - 3) **maestro,** instituteur - 4) **traduttore,** traducteur - 5) **prudente,** prudent - 6) **alunno,** élève - 7) **bravo,** fort - 8) **compagno,** camarade - 9) **intelligente,** intelligent - 10) **impiegato,** employé - 11) **direttore,** directeur - 12) **francese,** français - 13) **fratello,** frère - 14) **bevitore** buveur - 15) **famoso,** célèbre - 16) **autore,** auteur.

D) Compléter les terminaisons par la voyelle convenable (voir aussi n° 228-2 avant de faire l'exercice) **:**

1) **Quest...tren...**(27) **è veloc...**(27 N.B.)
2) **Questa voce è armonios...**(27 N.B.)
3) **Quest...giornale** (27) **è umoristic...**(33-2)
4) **Quest... spiagg...** (32-2) **è bell...** (161)
5) **Quest... pittor...** (28-2) **è nuov...** (27 N.B.)

E) Mettre les phrases précédentes au passé composé et traduire.

F) Mettre les phrases de l'exercice D au pluriel et au passé composé.

G) Reconnaître les groupes de mots au singulier, ceux au pluriel et les classer.

1) **re buoni** - 2) **dente rotto (106)** - 3) **classi numerose** - 4) **città importanti** - 5) **lunga serie** - 6) **radio greca** - 7) **giornaliste inglesi** - 8) **gatto felice** - 9) **studentesse intelligenti** - 10) **duca straniero** - 11) **amici poveri** - 12) **zii seri.**

H) Mettre au pluriel les groupes de mots suivants :

1) **caffè (29-1) italiano,** café italien - 2) **tasca (31) vuota,** poche vide - 3) **dio (29-1) greco (33-1),** dieu grec - 4) **uomo (29-1) sportivo,** homme sportif - 5) **piccola mano (27),** petite main - **banca (31-1) centrale,** banque centrale - 7) **studio serio (30-1),** étude sérieuse - 8) **diocesi (29-2) importante,** diocèse important - 9) **grossa bugia (32-1),** gros mensonge - 10) **audacia (32-2) formidabile,** audace formidable - 11) **valigia (32-2) pesante,** valise lourde - 12) **dito (34) ferito,** doigt blessé - 13) **nemico (32-2) antico (33-1),** ennemi ancien - 14) **uovo sodo (34),** œuf dur - 15) **colloquio (30-1) umoristico (33-2),** entretien humoristique.

I) Même exercice :

1) **signora gentile,** femme aimable - 2) **ragazzo inglese,** garçon anglais - 3) **amico tedesco,** ami allemand - 4) **braccio potente,** bras puissant - 5) **muro solido,** mur solide - 6) **greco famoso,** grec célèbre - 7) **caffè caldo,** café chaud - 8) **mancia importante,** pourboire important - 9) **paesaggio sontuoso,** paysage somptueux - 10) **commessa sorridente,** vendeuse souriante - 11) **bugia enorme,** mensonge énorme.

J) Dans les phrases suivantes, traduire les verbes. (La traduction des articles, noms ou adjectifs est donnée, entre parenthèse, dans la forme convenable.)

1) C'est juste **(giusto)** - 2) Cela a été juste - 3) Ce sont des hivers difficiles **(inverni difficili)** - 4) Cela a été des hivers difficiles - 5) C'est jaune **(giallo)** - 6) Cela a été jaune - 7) Vous êtes gentils **(gentili)** - 8) Vous avez été gentils - 9) Elle est émue **(commossa)** - 10) Elle a été émue - 11) J'ai une maison **(una casa)** - 12) J'ai eu une maison - 13) Ils ont un billet **(un biglietto)** - 14) Ils ont eu un billet - 15) Elle a une raquette **(rachetta)** - 16) Elle a eu une raquette - 17) Tu as tout **(tutto)** - 18) Tu as eu tout - 19) Vous avez des lettres **(lettere)** - 20) Vous avez eu des lettres - 21) Cela a été agréable **(piacevole)** - 22) Elle a eu un journal **(un giornale)** - 23) Elles ont eu un regard **(uno sguardo)** - 24) Elles ont été visibles **(visibili)** - 25) Ils sont étrangers **(stranieri)** - 26) Nous avons été étudiantes **(studentesse)** - 27) Nous avons eu des critiques **(critiche)** - 28) J'ai été journaliste **(giornalista)** - 29) Tu as été tranquille **(tranquillo)** - 30) Tu as eu de la chance **(fortuna)**.

K) Traduire, à l'aide du vocabulaire ci-dessous (ne pas traduire le français « des » ; cf. n° 54) :

agréable, **piacevole** ; camarade, **compagno** ; célèbre, **famoso** ; chaud, **caldo** ; content, **contento** ; débutant, **principiante** ; extraordinaire, **straordinario** ; mois, **mese** (m.) ; nouveau, **nuovo** ; orateur, **oratore** ; succès, **successo** ; surprise, **sorpresa.**

1) Nous sommes des (56) étudiants débutants - 2) J'ai été contente d'(47) entendre un peu d'(250) italien - 3) Nous avons eu des surprises agréables - 4) Ce sont des camarades extraordinaires - 5) Nous avons eu des mois chauds et (331) difficiles - 6) Vous avez d'agréables amis - 7) Elles ont été très contentes (169) - 8) Tu as beaucoup de (248) succès ! - 9) Nous avons entendu (82) des orateurs célèbres.

CHAPITRE III

LES ARTICLES
DÉFINIS ET INDÉFINIS

Capitolo terzo
Gli articoli indeterminativi e determinativi

37 ▪ L'article indéfini

masculin : **un, uno**
féminin : **una, un'**

△ Pour la traduction de « des », voir n°s 54 à 57.

38 ▪ L'article indéfini masculin

UN **albero**	un arbre	UN **sogno**	un rêve
UNO **zaffiro**	un saphir	UNO **straniero**	un étranger

On emploie **un** devant les mots masculins commençant par une voyelle, une consonne ordinaire.

On emploie **uno** uniquement devant les mots masculins commençant par **s impur** (**s** suivi d'une autre consonne) ou **z**. Le **o** de **uno** est une voyelle d'appui, c'est-à-dire une voyelle sur laquelle on s'appuie pour prononcer plus facilement le mot qui suit.

39 ▪ L'article indéfini féminin

UNA **casa**	une maison	UNA **straniera**	une étrangère
UN' **idea**	une idée		

On emploie **una** devant tous les mots féminins commençant par une consonne (y compris les consonnes **z** ou **s impur**, puisque **una** comporte déjà la voyelle d'appui **a**).

On emploie : **un'** devant tous les mots féminins commençant par une voyelle (la voyelle **a** s'élide devant une autre voyelle ; de ce fait, la prononciation est plus harmonieuse).

40 ▪ Choix de l'article indéfini

1/ Déterminer, d'abord, le genre du nom.

2/ Considérer les premières lettres du nom.

▪ Si le nom est <u>masculin</u> et commence par **s impur** ou **z** on emploie **uno**. Dans tous les autres cas, on emploie **un**.

▪ Si le nom est <u>féminin</u> et commence par une voyelle, on emploie **un'**. Dans tous les autres cas, on emploie **una**.

3/ △ Cas où un adjectif est placé avant le nom : tenir compte seulement des premières lettres de l'adjectif.

Exemples :

uno za̲ffiro	un saphir	**un vero za̲ffiro**	un vrai saphir
un' idea	une idée	**una nuova idea**	une nouvelle idée

41 ▪ L'article défini

masculin : **il, lo, l'**
féminin : **la, l'**
Traduction de « les » : **i, gli, le**

42 ▪ L'article défini masculin

masculin singulier		masculin pluriel	
IL **sogno**	le rêve	I **sogni**	les rêves
LO **straniero**	l'étranger	GLI **stranieri**	les étrangers
LO **za̲ffiro**	le saphir	GLI **za̲ffiri**	les saphirs
L'**albero**	l'arbre	GLI **a̲lberi**	les arbres

On emploie : **il** (plur. **i**) devant les mots masculins commençant par une consonne autre que **z** ou **s** suivi d'une autre consonne (**s impur**) - Exception : **il dio** ; **gli dei** (le dieu ; les dieux).

lo (plur. **gli**), devant les mots masculins commençant par **s impur** ou **z** (rapprocher de l'emploi de **uno,** cf. n° 38).

l' (plur. **gli**) devant les mots masculins commençant par une voyelle.

▶ N.B. : pour éviter un hiatus disgracieux, on emploie, le plus souvent, **gl'** devant un mot commençant par un **i**.
Exemple : **gl'Italiani** (les Italiens).

43 ▪ L'article défini féminin

féminin singulier		féminin pluriel	
LA **casa**	la maison	LE **case**	les maisons
L'**idea**	l'idée	LE **idee**	les idées

On emploie : **la** (plur. **le**) devant tous les mots féminins commençant par une consonne, *y compris* **s** impur ou **z** (rapprocher de l'emploi de **una** ; cf. n° 39).

l' (plur. **le**) devant les mots féminins commençant par une voyelle.

44 ▪ Choix de l'article défini

Suivre la même démarche que pour l'article indéfini (cf. n° 40).
1/ Déterminer le genre et le nombre du nom auquel se rapporte l'article.
2/ Considérer les premières lettres du mot qui suit immédiatement l'article.

Exemples :

1/ avec l'article défini <u>masculin</u>

il sogno	le rêve
i sogni	les rêves
lo strano sogno	l'étrange rêve
gli strani sogni	les étranges rêves
lo straniero	l'étranger
gli stranieri	les étrangers
l'elegante straniero	l'élégant étranger
gli eleganti stranieri	les élégants étrangers
l'<u>a</u>lbero	l'arbre
gli <u>a</u>lberi	les arbres
il vecchio <u>a</u>lbero	le vieil arbre
i vecchi <u>a</u>lberi	les vieux arbres

2/ avec l'article défini <u>féminin</u>

la casa	la maison
le case	les maisons
la bella casa	la belle maison
le belle case	les belles maisons
l'idea	l'idée
le idee	les idées
la nuova idea	la nouvelle idée
le nuove idee	les nouvelles idées

45 ▪ Emploi de l'article défini

1/ L'article défini italien s'emploie facilement devant les noms propres :

> **Gli Ambroselli mi hanno invitato**
> Les Ambroselli m'ont invité

Sans que ce soit obligatoire, on l'emploie couramment devant les noms d'hommes célèbres :

> **Il Machiavelli ha scritto *Il Principe* nel 1513**
> Machiavel a écrit *Le Prince* en 1513

▶ On n'emploie pas l'article devant **Dante,** car il s'agit du prénom de l'auteur de *La Divine Comédie,* son nom de famille étant
Alighieri. Pour la même raison, on ne l'emploie pas devant les
noms d'hommes illustres de l'Antiquité, car il s'agit, en fait de
prénoms : **Orazio, Tito Livio, Virgilio**

2/ Son emploi est courant, mais familier, devant les prénoms
actuels :

Ti ha chiamato l'Alessandra
Alexandra t'a appelé

3/ Les mots **Signore, Signora, Signorina** sont régulièrement
précédés de l'article défini, quand on parle de quelqu'un :

È arrivato il Signor Direttore
Monsieur le Directeur est arrivé

En revanche, on ne l'emploie pas lorsqu'on s'adresse à cette
personne :

Buon giorno, Signore
Bonjour, monsieur

4/ L'article défini s'emploie, le plus souvent devant les possessifs (ch. XV) :

il mio libro   mon livre
la tua macchina   ta voiture

5/ L'article défini s'emploie devant les années et les heures (cf.
n°s 285 et 287).

6/ L'italien emploie assez souvent l'article défini là où le français emploie l'article indéfini ; c'est une question d'usage, pour
laquelle on ne saurait donner de règle :

Ogni giorno, Francesca vuole il gelato
Chaque jour, Françoise veut une glace

EXERCICES

▶ Avant de faire les exercices, apprenez les temps suivants :

■ Imparfait et plus-que-parfait de **ESSERE** :

ero	j'étais	**ero stato (a)**	j'avais été
eri	tu étais	**eri stato (a)**	tu avais été
era*	il était	**era stato (a)**	il avait été
eravamo	nous étions	**eravamo stati (e)**	nous avions été
eravate	vous étiez	**eravate stati (e)**	vous aviez été
erano*	ils étaient	**erano stati (e)**	ils avaient été

*Autres traductions de : **era** : elle était, c'était.
                                erano : elles étaient, c'étai(en)t
(Exemple : **Erano belle case** : c'étaient/c'était de belles maisons.)

■ Imparfait et plus-que-parfait de **AVERE** :

avevo	j'avais	**avevo avuto**	j'avais eu
avevi	tu avais	**avevi avuto**	tu avais eu
aveva	il avait	**aveva avuto**	il avait eu
avevamo	nous avions	**avevamo avuto**	nous avions eu
avevate	vous aviez	**avevate avuto**	vous aviez eu
avevano	ils avaient	**avevano avuto**	ils avaient eu

■ Maintenant, faites les exercices dans l'ordre où ils sont présentés, en vous référant aux numéros de la grammaire qui sont, éventuellement, indiqués.

A) Mettre l'article indéfini devant les noms suivants :
Exemple : **...libro,** un livre

1) **... acquisto,** un achat - 2) **... regalo,** un cadeau - 3) **...bambina,** une enfant - 4) **...alunna,** une élève -5) **...matita,** un crayon - 6) **...autostrada,** une autoroute -7) **...sportello,** un guichet - 8) **...semaforo,** un sémaphore -9) **...passaporto,** un passeport - 10) **...autista** (m.), un chauffeur.

B) Mettre l'article défini singulier, puis pluriel devant les noms suivants :
Exemple : **zoppo,** boiteux : **lo zoppo ; gli zoppi**

1) **fiorentino,** florentin - 2) **cartolina,** carte postale -3) **animale** (m.), animal - 4) **montagna,** montagne -5) **zampillo,** jet d'eau - 6) **appartamento,** appartement -7) **ombra,** ombre - 8) **stato,** état - 9) **smeraldo,** émeraude - 10) **scarpa,** chaussure.

C) 1/ Mettre l'article indéfini, puis défini - 2/ Mettre ensuite au pluriel avec l'article défini :
Exemple : **anno**, année : **un anno ; l'anno ; gli anni**

1) **cognome** (m.), nom de famille - 2) **ditta**, entreprise -3) **zero**, zéro - 4) **impiegato**, employé - 5) **sguardo**, regard - 6) **patente** (f.), permis de conduire - 7) **smania**, manie - 8) **alunna**, élève - 9) **svincolo**, échangeur -10) **città**, ville - 11) **amica**, amie - 12) **amico**, ami -13) **regione**, région - 14) **spagnolo**, espagnol -15) **benessere** (m.), bien-être - 16) **olio**, huile - 17) **sviluppo**, développement - 18) **scuola**, école -19) **tempo**, temps - 20) **zlo**, oncle.

D) Mettre l'article défini au singulier, puis au pluriel :
Exemple : **anno**, année : **l'anno ; gli anni**

1) **scontrino**, billet - 2) **fabbrica**, usine - 3) **azienda**, entreprise - 4) **aggeggio**, truc - 5) **strumento**, instrument -6) **vino**, vin - 7) **macchina**, voiture - 8) **zaffiro**, saphir -9) **regalo**, cadeau - 10) **passaporto**, passeport.

E) Mettre les articles indéfini et défini au singulier (attention à la place de l'adjectif) :
Exemple : **nuovo anno**, nouvelle année : **un nuovo anno ; il nuovo anno**

1) **vecchio scontrino**, vieux billet - 2) **importante fabbrica**, importante usine - 3) **grande azienda**, grande entreprise - 4) **strano aggeggio**, drôle de truc - 5) **antico strumento**, ancien instrument - 6) **vino nuovo**, vin nouveau - 7) **bella macchina**, belle voiture - 8) **vero zaffiro**, vrai saphir -9) **splendido regalo**, splendide cadeau - 10) **passaporto europeo**, passeport européen.

F) 1/ Répondre aux questions (voir 189-191), **en mettant l'article indéfini. 2/ Transposer ensuite au pluriel, sans article,** en mettant la phrase au **plus-que-parfait :**
Exemple : **Che cosa era ? — Era ... strano sogno ; 1/ — Era uno strano sogno. 2/ — Erano stati strani sogni.**

1) **Che cosa era ? — Era ... vero sogno** - 2) **— Era ... splendido albero** - 3) **— Era ... magnifica casa** - 4) **— Era ... sciocca idea** - 5) **— Era ... zaffiro bellissimo (169)** - 6) **— Era ... vestito elegante.**

G) Dans les phrases suivantes, traduire les verbes et mettre, éventuellement, devant les noms ou adjectifs l'article convenable. (Ne pas traduire « des »)

1) C'était une belle région **(bella regione)** - 2) Cela avait été une belle région - 3) Tu étais maire **(sindaco)** - 4) Tu avais été maire - 5) Nous étions chirurgiens **(chirurghi)** - 6) Nous avions été chirurgiens - 7) C'était une amie **(amica)** - 8) Elle avait été une amie - 9) Ils étaient poètes **(poeti)** - 10) Ils avaient été poètes - 11) Tu avais un saphir **(zaffiro)** - 12) Tu avais eu un saphir - 13) Elles avaient des grosses valises **(valigioni)** - 14) Elles avaient eu des grosses valises - 15) Vous aviez des ennemis **(nemici)** - 16) Vous aviez eu des ennemis - 17) J'avais un catalogue **(catalogo)** - 18) J'avais eu un catalogue - 19) Il avait une idée **(idea)** - 20) Il avait eu une idée - 21) Ils avaient été membres du parti **(membri del partito)** - 22) Tu avais eu une carie **(carie)** - 23) Elle avait eu un bon médecin **(buon medico)** - 24) Cela avait été cher **(caro)** - 25) Ils avaient été collègues **(colleghi)** - 26) Vous aviez eu des pharmacies **(farmacie)** - 27) Nous avions eu de l'audace **(audacia)** - 28) Elle avait été professeur **(professoressa)** - 29) Il avait eu une femme **(moglie)** - 30) Ils avaient été pauvres **(poveri).**

H) Traduire, à l'aide du vocabulaire ci-dessous :
agréable, **piacevole** ; bien, **bene** ; cigarette, **sigaretta** ; étudiant, **studente** ; étrange, **strano** ; glace, **gelato** ; hôtel, **albergo** ; informer, **informare** ; inoubliable, **indimenticabile** ; plein, **pieno** ; recevoir, **ricevere** ; souvenir, **ricordo** ; souvent, **spesso** ; surprise, **sorpresa** ; toujours, **sempre** ; train, **treno.**

1) C'était un souvenir inoubliable - 2) Nous avions eu un hôtel très (169) agréable - 3) Les trains sont souvent pleins - 4) Cela avait été une surprise - 5) Cela avait été un étrange souvenir - 6) C'étaient des cigarettes italiennes - 7) Les étudiants avaient été bien informés (182) - 8) Les glaces italiennes sont excellentes (174) - 9) Les étrangers ont toujours été bien reçus (82) à la maison (53).

CHAPITRE IV

LES PRÉPOSITIONS
ET LES ARTICLES CONTRACTÉS

Capitolo quarto
Le preposizioni articolate

46 ▪ Remarque générale

Le français connaît deux prépositions contractées avec certains articles définis : « **a** » et « **de** » :

Je vais **au** (à + le) cinéma
Ils vont **aux** (à + les) États-Unis
J'aime le coin **du** (de + le) feu
Ils aiment les fleurs **des** (de + les) champs

L'italien contracte avec l'article défini les prépositions correspondantes, ainsi que quatre autres prépositions.

47 ▪ Les prépositions italiennes contractées avec l'article

a (à) - **di** (de) - **da** (de marquant l'origine : Je viens de Rome : **Vengo da Roma,** par, chez, etc.) - **in** (dans, en) - **su** (sur) et, dans certains cas seulement, **con** (avec).

48 ▪ Les prépositions contractées avec l'article masculin IL, pluriel I (devant les mots masculins commençant par une consonne autre que **z** ou **s impur** (**s** suivi d'une autre consonne).

Singulier		Pluriel	
al (a + il)	al cinema	**ai** (a + i)	ai cinema
	au cinéma		aux cinémas
del (di + il)	del pane	**dei** (di + i)	dei pani
	du pain		des pains
dal (di + il)	dal medico	**dai** (da + i)	dai medici
	chez le médecin		chez les médecins
nel (in + il)	nel sogno	**nei** (in + i)	nei sogni
	dans le rêve		dans les rêves
sul (su + il)	sul lago	**sui** (su + i)	sui laghi
	sur le lac		sur les lacs
col (con + il)	col sistema	**coi** (con + i)	coi sistemi
	avec le système		avec les systèmes

49 ▪ Les prépositions contractées avec l'article masculin LO, pluriel GLI (devant les mots masculins commençant par **s impur** ou **z**)

Singulier		Pluriel	
allo (a + lo)	allo sportello	**agli** (a + gli)	agli sportelli
	au guichet		aux guichets

dello (di + lo)	dello straniero de l'étranger	**degli** (di + gli)	degli stranieri des étrangers
dallo (da + lo)	dallo stato par l'État	**dagli** (da + gli)	dagli stati par les États
nello (in + lo)	nello sguardo dans le regard	**negli** (in + gli)	negli sguardi dans les regards
sullo (su + lo)	sullo zaffiro sur le saphir	**sugli** (su + gli)	sugli zaffiri sur les saphirs
Con lo* spettacolo avec le spectacle		**cogli** (con + gli)	cogli spettacoli avec les spectacles

* On ne fait plus la contraction de **con + lo** pour éviter la confusion avec **il collo :** le cou.

50 ▪ Les prépositions contractées avec l'article masculin L, pluriel GLI (devant les mots masculins commençant par une voyelle)

Singulier		Pluriel	
all' (a + l')	all'organo à l'orgue	**agli** (a + gli)	agli organi aux orgues
dell' (di + l')	dell'uccello de l'oiseau	**degli** (di + gli)	degli uccelli des oiseaux
dall' (da + l')	dall'esempio par l'exemple	**dagli** (da + gli)	dagli esempi par les exemples
nell' (in + l')	nell'occhio dans l'œil	**negli** (in + gli)	negli occhi dans les yeux
sull' (su + l')	sull'albero sur l'arbre	**sugli** (su + gli)	sugli alberi sur les arbres
coll' (con + l')	coll'amico avec l'ami	**cogli** (con + gli)	cogli amici avec les amis

▶ N.B. : pour éviter un hiatus disgracieux, on emploie, le plus souvent, **agl'**, **degl'**... devant les mots commençant par un **i** (**degl'Italiani,** des Italiens).

51 ▪ Les prépositions contractées avec l'article féminin LA, pluriel LE (devant les mots féminins commençant par une consonne)

Singulier		Pluriel	
alla (a + la)	alla critica à la critique	**alle** (a + le)	alle critiche aux critiques
della (di + la)	della straniera de l'étrangère	**delle** (di + le)	delle straniere des étrangères

dalla (da + la)	dalla città de la ville	**dalle** (da + le)	dalle città des villes
nella (in + la)	nella ditta dans l'entreprise	**nelle** (in + le)	nelle ditte dans les entreprises
sulla (su + la)	sulla carta sur le papier	**sulle** (su + le)	sulle carte sur les papiers

* On ne fait plus la contraction de **con + la** pour éviter la confusion avec **la colla** : la colle, ni celle de **con + le,** pour éviter la confusion avec **il colle :** la colline.

52 ▪ Les prépositions contractées avec l'article féminin L', pluriel LE (devant les mots féminins commençant par une voyelle)

Singulier		Pluriel	
all' (a + l')	all'amica à l'amie	**alle** (a + le)	alle amiche aux amies
dell' (di + l')	dell'idea de l'idée	**delle** (di + le)	delle idee des idées
dall' (da + l')	dall'onda par la vague	**dalle** (da + le)	dalle onde par les vagues
nell' (in + l')	nell'azienda dans l'entreprise	**nelle** (in + le)	nelle aziende dans les entreprises
sull' (su + l')	sull'opinione sur l'opinion	**sulle** (su + le)	sulle opinioni sur les opinions
coll' (con + l')	coll'uliva avec l'olive		con le* ulive avec les olives

* On ne fait plus la contraction de **con + le**, pour éviter la confusion avec **il colle :** la colline.

▶ N.B. : pour éviter un hiatus disgracieux, on emploie, le plus souvent, au pluriel, **all'**, **dell'**... devant les mots commençant par un **e-** (**nell'eccezioni :** dans les exceptions).

▪ On trouvera plus loin un *tableau synthétique* des contractions de ces différentes prépositions avec l'article.

53 ▪ Expressions particulières (non contractées avec l'article)

a casa à la maison	**a scuola** à l'école	**a teatro** au théâtre
in campagna à la campagne	**in chiesa** à l'église	**in montagna** à la montagne, etc.

L'EMPLOI DE L'ARTICLE PARTITIF

En français, les articles partitifs sont : du, de la, des. Pour l'italien, se référer aux contractions de **di** dans les tableaux précédents.

54 ▪ Règle générale

Il n'est pas obligatoire de traduire les articles : du, de la, des, qu'il s'agisse de l'article indéfini (cf. n° 37) ou de **l'article partitif,** qui exprime une idée de **quantité** ou de **nombre.**

55 ▪ L'article partitif dans les phrases négatives

Il ne s'emploie jamais.

Non voglio mandorle
Je ne veux pas d'amandes
Non ho maglioni
Je n'ai pas de gros pulls

56 ▪ L'article partitif dans les phrases positives

On peut l'employer ou ne pas l'employer, à peu près indifféremment.

Ha comprato dei dischi = Ha comprato dischi
Il a acheté des disques

57 ▪ Remplacement de l'article partitif par l'article défini :

Mi hanno accompagnato gli amici
Des amis m'ont accompagné
Voglio la carne, il pesce...
Je veux de la viande, du poisson...

▶ L'emploi des articles indéfinis, définis et partitifs n'est pas toujours le même en français et en italien. Seul l'usage permet de voir quand ils peuvent ou doivent se substituer l'un à l'autre (cf. n° 45).

EXERCICES

Avant de faire les exercices, étudiez le tableau suivant :

	masc. sing.			masc. plur.		fém. sing.		fémin. plur.
Articles								
	il	**lo**	**l'**	**i**	**gli**	**la**	**l'**	**le**
Prépositions								
a = à	al	allo	all'	ai	agli	alla	all'	alle
da = de, par, chez	dal	dallo	dall'	dai	dagli	dalla	dall'	dalle
di = de	del	dello	dell'	dei	degli	della	dell'	delle
in = dans	nel	nello	nell'	nei	negli	nella	nell'	nelle
su = sur	sul	sullo	sull'	sui	sugli	sulla	sull'	sulle
con = avec	col	cf. 49	coll'	coi	cogli	cf. 51	coll'	cf. 51

A) Traduire, en mettant la préposition contractée convenable devant les mots suivants. Mettre ensuite au pluriel :
Exemple : sur le livre,... **libro** > **sul libro, sui libri.**

1) à l'ingénieur,... **ingegnere** (m.) - 2) sur le rocher,... **scoglio** - 3) dans la bouteille,... **bottiglia** - 4) par la publicité,... **la pubblicità** - 5) de **(di)** la plage,... **spiaggia** - 6) sur la situation,... **situazione** (f.) - 7) au début,... **inizio** - 8) du **(da)** pays,... **paese** (m.) - 9) avec l'apéritif,... **aperitivo** - 10) de **(di)** la voiture,... **macchina** - 11) dans la nuit,... **notte** (f.) - 12) avec le chien,... **cane.**

B) Compléter les phrases en mettant l'article défini et la préposition contractée convenable :
Exemple : la chambre des enfants,... **camera... bambini** > **la camera dei bambini.**

1) la longueur du spectacle,... **lunghezza... spettacolo** - 2) la sonnerie du téléphone,... **squillo... telefono** - 3) les feuilles des arbres,... **foglie... alberi** - 4) la descente sur la neige,... **discesa... neve** - 5) les spaghetti dans l'eau,... **spaghetti... acqua** - 6) j'ai perdu le ticket dans le train, **ho perduto... scontrino... treno.**

C) Même exercice :

1) le cours du franc,... **corso... franco** - 2) l'augmentation du capital,... **aumento... capitale** - 3) la signature du contrat... **firma...**

contratto - 4) le résultat des efforts,... **risultato... sforzi** - 5) le crédit à la consommation,... **credito... consumo** - 6) la diminution de l'épargne,... **diminuzione... risparmio** - 7) le cours des actions,... **quotazione** (f.)... **azioni** - 8) Il a misé sur la parfaite organisation, **Ha puntato... perfetta organizzazione** - 9) Il retire des milliards des exportations, **Ricava miliardi... esportazioni** - 10) Il est passé de l'entreprise « A » au groupe « Z », **È passato... impresa A... gruppo Z**.

D) Même exercice :

1) L'école ouvre les yeux sur la réalité de l'industrie,... **scuola apre... occhi... realtà... industria** - 2) La question du développement du pays est fondamentale,... **questione... sviluppo... paese... è fondamentale** - 3) On doit avoir l'esprit ouvert aux innovations et au changement, **Si deve avere... mente** (f.) **aperta... innovazioni e... cambiamento** - 4) Le service commercial de l'entreprise est très efficace :... **ufficio commerciale... ditta è molto efficace** - 5) On assiste à une fièvre des fusions dans les entreprises : **Si assiste a... febbre... fusioni... imprese** - 6) Ils éprouvent des difficultés sur le marché européen : **Provano... difficoltà** (f.)... **mercato europeo** - 7) Il est devenu président de la nouvelle société, **È diventato presidente... nuova società** - 8) Le chiffre d'affaires a dépassé celui de l'année précédente,... **fatturato ha superato quello... anno precedente** - 9) Le résultat a été attribué à la bonne marche des ventes,... **risultato è stato attribuito... buon andamento... vendite** - 10) Depuis le mois de février, ils ont fait d'autres acquisitions dans le secteur bancaire,... **mese di febbraio hanno fatto altre acquisizioni... settore bancario**.

E) Choisir la forme convenable de la préposition contractée :

43

Al			nel	
Alla	alba, è piacevole correre		negli	prati coperti di rugiada.
All'			nei	

Depuis le début du printemps, on voit les bourgeons des arbres ;
maintenant, les fleurs roses du cerisier sont merveilleuses ; elles
resplendissent au soleil sur l'herbe du jardin. A l'aube, il est
agréable de courir dans les prés couverts de rosée.

F) Répondre aux questions suivantes (cf. nᵒˢ 169-191-228) :
Exemple : **Chi è questo ragazzo ? — È l'amico... Isabella** >
È l'amico dell'Isabella (C'est l'ami d'Isabelle).

1) **Che cosa è questa tessera ? — È la tessera... autobus**
(C'est la carte de l'autobus) - 2) **Che cos'è questa rivista ?**
— È una rivista... animali (C'est une revue sur les animaux) -
3) **Chi era questo signore ? — Era il preside... liceo** (C'était
le proviseur du lycée) - 4) **Da chi è stata comprata la casa ?**
— La casa è stata comprata... Spinosi (La maison a été achetée par les Spinosi).

G) Compléter et traduire :

Exemple : **Va** (93)... **cinema** > **Va al cinema,** Il va au cinéma.
1) **Sabato, vado** (93)... **dentista** - 2) **È... treno... due** (208) -
3) **...analisi è stata fatta** (116)... **medico** - 4) **Leggo... giornale...**
domenica - 5) **C'è** (74)... **articolo interessante... critica** -
6) **Hanno detto** (113)... **collega... bugia** - 7) **Sento** (77)... **strano**
brusìo... giardino - 8) **C'è** (74) **vento... lago.**

H) Traduire, à l'aide du vocabulaire ci-dessous :
acteur, **attore** ; connaître, **conoscere** ; étage, **piano** ; habiter,
abitare ; histoire, **storia** ; immeuble, **palazzo** ; journal, **giornale**
(m.) ; mer, **mare** (m.) ; moment, **momento** ; nager, **nuotare** ;
spectacle, **spettacolo** ; valise, **valigia** ; voir, **vedere.**

1) L'étrange rêve (44) du (26) poète - 2) Il s'était assis (127) sur
la valise - 3) Elle va (93) au cinéma - 4) J'ai lu (105) cette (228)
histoire dans le journal - 5) Est-ce que tu as connu (106) les
acteurs du spectacle ? - 6) Oui (301), j'ai vu (133) les acteurs
chez des amis - 7) Il habite chez son (240) oncle - 8) Il y a (74)
beaucoup d'(248) étages dans l'immeuble - 9) C'est le moment
d'aller à la montagne (53) - 10) J'aime (154) nager dans la mer.

CHAPITRE V
LES VERBES AUXILIAIRES

Capitolo quinto
I verbi ausiliari

Auxiliaire ESSERE (être)

Presente
Présent

sono	je suis
sei	tu es
è	il est
siamo	nous sommes
siete	vous êtes
sono	ils sont

Passato prossimo
Passé composé

sono stato, a	j'ai été
sei stato, a	tu as été
è stato, a	il/elle a été
siamo stati, e	nous avons été
siete stati, e	vous avez été
sono stati, e	ils/elles ont été

Imperfetto
Imparfait

ero	j'étais
eri	tu étais
era	il était
eravamo	nous étions
eravate	vous étiez
erano	ils étaient

Trapassato prossimo
Plus-que-parfait

ero stato, a	j'avais été
eri stato, a	tu avais été
era stato, a	il/elle avait été
eravamo stati, e	nous avions été
eravate stati, e	vous aviez été
erano stati, e	ils/elles avaient été

Passato remoto
Passé simple

fui	je fus
fosti	tu fus
fu	il fut
fummo	nous fûmes
foste	nous fûtes
furono	ils furent

Trapassato remoto
Passé antérieur

fui stato, a	j'eus été
fosti stato, a	tu eus été
fu stato, a	il/elle eut été
fummo stati, e	nous eûmes été
foste stati, e	vous eûtes été
furono stati, e	ils/elles eurent été

Futuro
Futur

sarò	je serai
sarai	tu seras
sarà	il sera
saremo	nous serons
sarete	vous serez
saranno	ils seront

Futuro anteriore
Futur antérieur

sarò stato, a	j'aurai été
sarai stato, a	tu auras été
sarà stato, a	il/elle aura été
saremo stati, e	nous aurons été
sarete stati, e	vous aurez été
saranno stati, e	ils/elles auront été

Presente Présent		**Passato** Passé	
sarei	je serais	sarei stato, a	j'aurais été
saresti	tu serais	saresti stato, a	tu aurais été
sarebbe	il serait	sarebbe stato, a	il/elle aurait été
saremmo	nous serions	saremmo stati, e	nous aurions été
sareste	vous seriez	sareste stati, e	vous auriez été
sarebbero	ils seraient	sarebbero stati, e	ils/elles auraient été

60 ■   **CONGIUNTIVO** (Subjonctif)

Presente Présent		**Imperfetto** Imparfait	
che lo* sia	que je sois	che io fossi	que je fusse
che tu sia	que tu sois	che tu fossi	que tu fusses
che lui sia	qu'il soit	che fosse	qu'il fût
che siamo	que nous soyons	che fossimo	que nous fussions
che siate	que vous soyez	che foste	que vous fussiez
che siano	qu'ils soient	che fossero	qu'ils fussent

61 ■ IMPERATIVO
(Impératif)

sii	sois
non essere	ne sois pas
sia**	soyez
siamo	soyons
siate	soyez
siano**	soyez

62 ■ GERUNDIO
(Gérondif)

essendo	en étant

63 ■ PARTICIPIO PASSATO
(Participe passé)

stato	été

---

* Le pronom personnel est indiqué pour mieux différencier des formes semblables. Néanmoins, son emploi n'est pas obligatoire.
** Forme de politesse (cf. n° 224).

Auxiliaire AVERE (avoir)

Presente
Présent

ho	j'ai
hai	tu as
ha	il a
abbiamo	nous avons
av-ete	vous avez
hanno	ils ont

Passato prossimo
Passé composé

ho av-uto	j'ai eu
hai av-uto	tu as eu
ha av-uto	il a eu
abbiamo av-uto	nous avons eu
avete av-uto	vous avez eu
hanno av-uto	ils ont eu

Imperfetto
Imparfait

av-evo	j'avais
av-evi	tu avais
av-eva	il avait
av-evamo	nous avions
av-evate	vous aviez
av-evano	ils avaient

Trapassato prossimo
Plus-que-parfait

avevo avuto	j'avais eu
avevi avuto	tu avais eu
aveva avuto	il avait eu
avevamo avuto	nous avions eu
avevate avuto	vous aviez eu
avevano avuto	ils avaient eu

Passato remoto
Passé simple

ebb-i*	j'eus
av-esti	tu eus
ebb-e	il eut
av-emmo	nous eûmes
av-este	vous eûtes
ebb-ero	ils eurent

Trapassato remoto
Passé antérieur

ebbi avuto	j'eus eu
avesti avuto	tu eus eu
ebbe avuto	il eut eu
avemmo avuto	nous eûmes eu
aveste avuto	vous eûtes eu
ebbero avuto	ils eurent eu

Futuro
Futur

avrò	j'aurai
avrai	tu auras
avrà	il aura
avremo	nous aurons
avrete	vous aurez
avranno	ils auront

Futuro anteriore
Futur antérieur

avrò avuto	j'aurai eu
avrai avuto	tu auras eu
avrà avuto	il aura eu
avremo avuto	nous aurons eu
avrete avuto	vous aurez eu
avranno avuto	ils auront eu

* Cf. n° 100.

▶ N.B. : **ho, hai, ha, hanno** sont les seuls cas où l'on trouve, en italien, un **h-** à l'initiale. (Dans les autres cas, il s'agit de mots d'origine étrangère comme **hôtel**.)

---

65 ▪ CONDIZIONALE (Conditionnel)

Presente Présent		**Passato** Passé	
avrei	j'aurais	**avrei avuto**	j'aurais eu
avresti	tu aurais	**avresti avuto**	tu aurais eu
avrebbe	il aurait	**avrebbe avuto**	il aurait eu
avremmo	nous aurions	**avremmo avuto**	nous aurions eu
avreste	vous auriez	**avreste avuto**	vous auriez eu
avrebbero	ils auraient	**avrebbero avuto**	ils auraient eu

---

66 ▪ CONGIUNTIVO (Subjonctif)

Presente Présent		**Imperfetto** Imparfait	
che io* abbia	que j'aie	**che io av-essi**	que j'eusse
che tu abbia	que tu aies	**che tu av-essi**	que tu eusses
che lui abbia	qu'il ait	**che av-esse**	qu'il eût
che abbiamo	que nous ayons	**che av-essimo**	que nous eussions
che abbiate	que vous ayez	**che av-este**	que vous eussiez
che abbiano	qu'ils aient	**che av-essero**	qu'ils eussent

---

67 ▪ IMPERATIVO (Impératif)		**68 ▪ GERUNDIO** (Gérondif)	
abbi	aie	**av-endo**	en ayant
non av-ere	n'aie pas		
abbia**	ayez	**69 ▪ PARTICIPIO PASSATO** (Participe passé)	
abbiamo	ayons		
abbiate	ayez	**av-uto**	eu
abbiano**	ayez		

70 ▪ PARTICIPIO PRESENTE (Participe présent)

av-ente	ayant

---

* Le pronom personnel est indiqué pour mieux différencier des personnes semblables. Néanmoins, son emploi n'est pas obligatoire.
** Forme de politesse (cf. n° 224).

71 ▪ Les auxiliaires de ESSERE et de AVERE

1) **ESSERE** se conjugue avec lui-même pour auxiliaire ; de ce fait, l'attribut ou le participe passé s'accordent en genre et en nombre avec le sujet :

Lorenzo e Margherita sono stati contenti
Laurent et Marguerite ont été contents

De même, pour les verbes qui se conjuguent avec l'auxiliaire **essere** (en particulier, les verbes neutres : cf. n° 142), le participe passé s'accorde en genre et en nombre avec le sujet.

2) **AVERE** est, comme en français, son propre auxiliaire ; il n'y a donc pas d'accord avec le sujet :

Franco e Anna hanno avuto un bel regalo
Franck et Anne ont eu un beau cadeau

— En ce qui concerne **l'accord avec le complément d'objet direct placé avant le verbe,** il n'est, en général, pas obligatoire. On dira aussi bien :

I dischi che ho avuto in regalo
I dischi che ho avuti in regalo
Les disques que j'ai eus en cadeau

L'accord est cependant **obligatoire** lorsque le complément d'objet direct placé avant le verbe est un pronom personnel :

Questi dischi, li ho comprati
Ces disques, je les ai achetés

▶ N.B. : notons toutefois que pour **ci** et **vi** l'accord reste facultatif :

Ci ha incontrato (incontrati) ieri
Il nous a rencontrés hier

72 ▪ L'impératif négatif

On emploie **« non »** + l'infinitif à la deuxième personne du singulier :

Non essere cattivo !	**Non avere paura !**
Ne sois pas méchant !	N'aie pas peur !

▶ N.B. : cette règle s'applique à tous les verbes.

73 ▪ Traduction de...

1) « C'est, ce sont, c'était, ce sera... » Le pronom « ce » français ne se traduit pas :

È Rosa	C'est Rose
Sono Luigi	C'est Louis
	(m. à m. Je suis Louis. Cf. n° 73-3)
Erano i ragazzi	C'était (ou c'étaient) les enfants

2) « Est-ce que... ? » ne se traduit pas en italien. Seuls l'intonation ou le point d'interrogation marquent qu'il y a interrogation :

È arrivato Paolo ?

Est-ce que Paul est arrivé ?

3) « C'est moi, c'est toi... etc. » se traduit par :

Sono io, Sei tu, etc.

Siete voi ? — No, non siamo noi

Est-ce vous ? — Non, ce n'est pas nous

4) « C'est moi qui, c'est toi qui, etc. »
Pour mettre en relief le pronom sujet, l'italien le rejette à la fin :

L'ha scritto lui

C'est lui qui l'a écrit

5) « C'est à moi, c'est à toi, etc. » se traduit par :

Tocca a me / Spetta a me

Tocca a te / Spetta a te, etc. (cf. n° 205)

74 ▪ Traduction de « Il y a »

1) Sens général : « il y a » se traduit par le verbe **essere** accompagné du pronom neutre **ci** (ou **vi**). De ce fait l'accord se fait
avec le sujet réel :

C'è un solo compratore

Il y a un seul acheteur

(m. à m. : un seul acheteur est ici)

Ci sono molti compratori

Il y a beaucoup d'acheteurs

(m. à m. : beaucoup d'acheteurs sont ici)

2) Pour la traduction de « il y a » au sens temporel, voir le n° 289.

75 ▪ Autres auxiliaires. La voix passive

1) On obtient la forme passive en employant le verbe **essere**
pour auxiliaire :

La porta è stata aperta da Lia

La porte a été ouverte par Lia

2) **Venire** remplace souvent le verbe **essere** à la voix passive.
Il indique alors une action subie (non un état) et suppose un agent
exprimé ou sous-entendu ; *il ne peut être employé qu'aux temps
simples.*

Venne richiamato più volte (dal pubblico)

Il fut rappelé plusieurs fois (par le public)

3) **Andare** sert aussi parfois d'auxiliaire :

Il manoscritto andò perduto

Le manuscrit fut perdu

Mais **andare** donne, le plus souvent, à la phrase un sens d'obligation :

Il lavoro manuale va rivalutato
Le travail manuel doit être réévalué

EXERCICES

A) Traduire :

1) **sono stata** - 2) **hai avuto** - 3) **saranno stati** - 4) **avremo avuto** - 5) **avremmo avuto** - 6) **fosti** - 7) **che foste** - 8) **ebbe** - 9) **avemmo** - 10) **sarebbe** - 11) **sarebbe stato** - 12) **è** - 13) **non essere !** - 14) **che siano** - 15) **furono** - 16) **ho** - 17) **avresti** - 18) **che io avessi** - 19) **fummo** - 20) **avevate avuto** - 21) **eri stato** - 22) **sono state** - 23) **avrebbero**.

B) Traduire :

1) nous avons été - 2) ils ont eu - 3) qu'il soit - 4) il aura - 5) il aura eu - 6) vous seriez - 7) tu avais eu - 8) nous avons - 9) j'aurais eu - 10) j'eus - 11) il avait été - 12) je serai - 13) vous aviez - 14) ils étaient - 15) vous aurez été - 16) vous auriez été - 17) que nous soyons - 18) nous sommes - 19) tu auras - 20) tu seras.

C) Mettre à l'imparfait les phrases suivantes :

1) **Il museo è chiuso** (Le musée est fermé) - 2) **I negozi sono aperti** (Les magasins sont ouverts) - 3) **Hai il conto ?** (Tu as l'addition ?) - 4) **Che ora è ?** (Quelle heure est-il ?) - 5) **Abbiamo sete** (Nous avons soif) - 6) **Siete stanchi** (Vous êtes fatigués) - 7) **C'è una fermata d'autobus ?** (Y-a-t-il un arrêt d'autobus ?) - 8) **Sei pittore** (Tu es peintre) - 9) **Siete turisti** (Vous êtes touristes) - 10) **Hanno il passaporto francese** (Ils ont le passeport français).

D) Mettre au futur les phrases précédentes.

E) Même exercice au passé simple.

F) Traduire, à l'aide du vocabulaire ci-dessous :

devoir, **compito** ; difficulté, **difficoltà** (f.) ; documentaire, **documentario** ; étudiant, **studente** ; exposition, **mostra** ; heure, **ora** ; inviter, **invitare** ; louer, **noleggiare** ; voiture, **macchina**.
1) La voiture que (332-1) j'ai louée (82) - 2) Il y a quarante (278) étudiants étrangers à l'école (53) - 3) Nous avons été invités par les Starelli - 4) Cette exposition doit être vue (133) - 5) Il y a un beau (161) documentaire sur la ville - 6) Ce devoir sera (141) fait sans difficulté - 7) Il doit être fini (82) dans deux heures (290).

CHAPITRE VI
LA CONJUGAISON RÉGULIÈRE

Capitolo sesto
La coniugazione regolare

76 ▪ Il y a trois conjugaisons régulières. On reconnaît à quelle conjugaison appartient un verbe d'après la finale de l'infinitif.

L'infinitif de la **1ʳᵉ** conjugaison se termine en **-are**.
L'infinitif de la **2ᵉ** conjugaison se termine en **-ere**.

1ʳᵉ conjugaison		2ᵉ conjugaison	
PARL-ARE	parler	**TEM-ERE**	craindre

---

77 ▪ INDICATIF

Présent

parl-o	je parle	**tem-o**	je crains
parl-i	tu parles	**tem-i**	tu crains
parl-a	il parle	**tem-e**	il craint
parl-iamo	nous parlons	**tem-iamo**	nous craignons
parl-ate	vous parlez	**tem-ete**	vous craignez
parl-ano	ils parlent	**tem-ono**	ils craignent

Imparfait

parl-avo	je parlais	**tem-evo**	je craignais
parl-avi	tu parlais	**tem-evi**	tu craignais
parl-ava	il parlait	**tem-eva**	il craignait
parl-avamo	nous parlions	**tem-evamo**	nous craignions
parl-avate	vous parliez	**tem-evate**	vous craigniez
parl-avano	ils parlaient	**tem-evano**	ils craignaient

Passé simple

parl-lai	je parlai	**tem-ei**	je craignis
parl-asti	tu parlas	**tem-esti**	tu craignis
parl-ò	il parla	**tem-è**	il craignit
parl-ammo	nous parlâmes	**tem-emmo**	nous craignîmes
parl-aste	vous parlâtes	**tem-este**	vous craignîtes
parl-arono	ils parlèrent	**tem-erono**	ils craignirent

L'infinitif de la **3ᵉ** conjugaison se termine en **-ire**

La 3ᵉ conjugaison se subdivise elle-même en deux types de verbes :

3ᵉ conjugaison

SENT-IRE écouter, entendre, sentir   **CAP-IRE** comprendre

Présent

sent-o	j'écoute	**cap-isc-o**	je comprends
sent-i	tu écoutes	**cap-isc-i**	tu comprends
sent-e	il écoute	**cap-isc-e**	ils comprend
sent-iamo	nous écoutons	**cap-iamo**	nous comprenons
sent-ite	vous écoutez	**cap-ite**	vous comprenez
sent-ono	ils écoutent	**cap-isc-ono**	ils comprennent

Imparfait

sent-ivo	j'écoutais	**cap-ivo**	je comprenais
sent-ivi	tu écoutais	**cap-ivi**	tu comprenais
sent-iva	il écoutait	**cap-iva**	il comprenait
sent-ivamo	nous écoutions	**cap-ivamo**	nous comprenions
sent-ivate	vous écoutiez	**cap-ivate**	vous compreniez
sent-ivano	ils écoutaient	**cap-ivano**	ils comprenaient

Passé simple

sent-ii	j'écoutai	**cap-ii**	je compris
sent-isti	tu écoutas	**cap-isti**	tu compris
sent-ì	il écouta	**cap-ì**	il comprit
sent-immo	nous écoutâmes	**cap-immo**	nous comprîmes
sent-iste	vous écoutâtes	**cap-iste**	vous comprîtes
sent-irono	ils écoutèrent	**cap-irono**	ils comprirent

Futur*

parl-erò	je parlerai	**tem-erò**	je craindrai
parl-erai	tu parleras	**tem-erai**	tu craindras
parl-erà	il parlera	**tem-erà**	il craindra
parl-eremo	nous parlerons	**tem-eremo**	nous craindrons
parl-erete	vous parlerez	**tem-erete**	vous craindrez
parl-eranno	ils parleront	**tem-eranno**	ils craindront

Passé composé

ho parl-ato	j'ai parlé	**ho tem-uto**	j'ai craint
hai parl-ato	tu as parlé	**hai tem-uto**	tu as craint
ha parl-ato	il a parlé	**ha tem-uto**	il a craint
abbiamo parl-ato	n. avons parlé	**abbiamo tem-uto**	n. avons craint
avete parl-ato	v. avez parlé	**avete tem-uto**	v. avez craint
hanno parl-ato	ils ont parlé	**hanno tem-uto**	ils ont craint

Plus-que-parfait

avevo parl-ato	j'avais parlé	**avevo tem-uto**	j'avais craint
avevi parl-ato	tu avais parlé	**avevi tem-uto**	tu avais craint
aveva parl-ato	il avait parlé	**aveva tem-uto**	il avait craint
avevamo parl-ato	n. avions parlé	**avevamo tem-uto**	n. avions craint
avevate parl-ato	v. aviez parlé	**avevate tem-uto**	v. aviez craint
avevano parl-ato	ils avaient parlé	**avevano tem-uto**	ils avaient craint

---

78 ▪ **CONDITIONNEL***

parl-erei	je parlerais	**tem-erei**	je craindrais
parl-eresti	tu parlerais	**tem-eresti**	tu craindrais
parl-erebbe	il parlerait	**tem-erebbe**	il craindrait
parl-eremmo	nous parlerions	**tem-eremmo**	nous craindrions
parl-ereste	vous parleriez	**tem-ereste**	vous craindriez
parl-erebbero	ils parleraient	**tem-erebbero**	ils craindraient

▶ N.B. : * au futur et au conditionnel, les terminaisons de **parl-are** sont semblables à celles de la 2e conjugaison.

Futur

sent-irò	j'écouterai	**cap-irò**	je comprendrai
sent-irai	tu écouteras	**cap-irai**	tu comprendras
sent-irà	il écoutera	**cap-irà**	il comprendra
sent-iremo	n. écouterons	**cap-iremo**	n. comprendrons
sent-irete	v. écouterez	**cap-irete**	v. comprendrez
sent-iranno	ils écouteront	**cap-iranno**	ils comprendront

Passé composé

ho sent-ito	j'ai écouté	**ho cap-ito**	j'ai compris
hai sent-ito	tu as écouté	**hai cap-ito**	tu as compris
ha sent-ito	il a écouté	**ha cap-ito**	il a compris
abbiamo sent-ito	n. avons écouté	**abbiamo cap-ito**	n. avons compris
avete sent-ito	v. avez écouté	**avete cap-ito**	v. avez compris
hanno sent-ito	ils ont écouté	**hanno cap-ito**	ils ont compris

Plus-que-parfait

avevo sent-ito	j'avais écouté	**avevo cap-ito**	j'avais compris
avevi sent-ito	tu avais écouté	**avevi cap-ito**	tu avais compris
aveva sent-ito	il avait écouté	**aveva cap-ito**	il avait compris
avevamo sent-ito	n. avions écouté	**avevamo cap-ito**	n. avions compris
avevate sent-ito	v. aviez écouté	**avevate cap-ito**	v. aviez compris
avevano sent-ito	ils avaient écouté	**avevano cap-ito**	ils avaient compris

---

78 ▪ CONDITIONNEL

sent-irei	j'écouterais	**cap-irei**	je comprendrais
sent-iresti	tu écouterais	**cap-iresti**	tu comprendrais
sent-irebbe	il écouterait	**cap-irebbe**	il comprendrait
sent-iremmo	n. écouterions	**cap-iremmo**	n. comprendrions
sent-ireste	v. écouteriez	**cap-ireste**	v. comprendriez
sent-irebbero	ils écouteraient	**cap-irebbero**	ils comprendraient

Présent

che io parl-i	que je parle	**che io tem-a**	que je craigne
che tu parl-i	que tu parles	**che tu tem-a**	que tu craignes
che lui parl-i	qu'il parle	**che lui tem-a**	qu'il craigne
che parl-iamo	que n. parlions	**che tem-iamo**	que n. craignions
che parl-iate	que v. parliez	**che tem-iate**	que v. craigniez
che parl-ino	qu'ils parlent	**che tem-ano**	qu'ils craignent

Imparfait

che io parl-assi	que je parlasse	**che io tem-essi**	que je craignisse
che tu parl-assi	que tu parlasses	**che tu temessi**	que tu craignisses
che parl-asse	qu'il parlât	**che tem-esse**	qu'il craignît
che parl-assimo	que n. parlassions	**che tem-essimo**	que n. craignissions
che parl-aste	que v. parlassiez	**che tem-este**	que v. craignissiez
che parl-assero	qu'il parlassent	**che tem-essero**	qu'ils craignissent

---

80 ▪   **IMPÉRATIF**

parl-a	parle	**tem-i**	crains
non parl-are	ne parle pas	**non tem-ere**	ne crains pas
parl-i *	parlez	**tem-a** *	craignez
parl-iamo	parlons	**tem-iamo**	craignons
parl-ate	parlez	**tem-ete**	craignez
parl-ino *	parlez	**tem-ano** *	craignez

---

81 ▪   **GÉRONDIF**

parl-ando	en parlant	**tem-endo**	en craignant

---

82 ▪   **PARTICIPE PASSÉ**

parl-ato	parlé	**tem-uto**	craint

---

83 ▪   **PARTICIPE PRÉSENT**

parl-ante	parlant	**tem-ente**	craignant

---

* Forme de politesse, cf. n° 224.

Présent

che io sent-a	que j'écoute	che io cap-isc-a	que je comprenne
che tu sent-a	que tu écoutes	che tu cap-isc-a	que tu comprennes
che lui sent-a	qu'il écoute	che lui cap-isc-a	qu'il comprenne
che sent-iamo	que n. écoutions	che cap-iamo	que n. comprenions
che sent-iate	que v. écoutiez	che cap-iate	que v. compreniez
che sent-ano	qu'ils écoutent	che cap-isc-ano	qu'ils comprennent

Imparfait

che io sent-issi	que j'écoutasse	che io cap-issi	que je comprisse
che tu sent-issi	que tu écoutasses	che tu cap-issi	que tu comprisses
che sent-isse	qu'il écoutât	che cap-isse	qu'il comprît
che sent-issimo	que n. écoutassions	che cap-issimo	que n. comprissions
che sent-iste	que v. écoutassiez	che cap-iste	que v. comprissiez
che sent-issero	qu'ils écoutassent	che cap-issero	qu'ils comprissent

senti	écoute	cap-isc-i	comprends
non sentire	n'écoute pas	non cap-ire	ne comprends pas
senta*	écoutez	cap-isc-a*	comprenez
sent-iamo	écoutons	cap-iamo	comprenons
sent-ite	écoutez	cap-ite	comprenez
sent ano*	écoutez	cap-isc-ano*	comprenez

sent-endo	en écoutant	cap-endo	en comprenant

sent-ito	écouté	cap-ito	compris

N'existe pas, ainsi qu'il arrive pour beaucoup de verbes.

84 ▪ Marche à suivre pour éviter les fautes de conjugaison

1) Déterminer à quelle conjugaison appartient le verbe que l'on veut employer, d'après la finale de l'infinitif :

1ʳᵉ conjugaison > finale de l'infinitif : **-are**
2ᵉ conjugaison > finale de l'infinitif : **-ere**
3ᵉ conjugaison > finale de l'infinitif : **-ire**

(Pour le choix entre le modèle **sent-ire** ou **cap-ire,** voir le n° 85.)

2) Distinguer le radical de la finale de l'infinitif et se reporter au tableau des conjugaisons :

Exemple :

mandare   envoyer

La finale de l'infinitif est -are, comme pour parl-**are.**

Il appartient donc à la 1ʳᵉ conjugaison.
« Ils parlent » se traduit par :   **parl-ano.**
« Ils envoient » :   **mand-ano.**

Il est conseillé, au moins au début, de suivre la même méthode pour toutes les conjugaisons régulières et à tous les temps. Néanmoins, nous donnons, un peu plus loin, quelques moyens mnémotechniques qui permettront à certains d'avancer plus vite (n° 86).

85 ▪ CAPIRE

La deuxième forme de la troisième conjugaison ne diffère de la première (modèle : **sentire**) qu'à l'**indicatif présent,** au **subjonctif présent,** et aux personnes de l'impératif empruntées à ce dernier mode.

Il est à noter que peu de verbes se conjuguent sur **sentire.** La plupart se conjuguent sur **capire** : tout bon dictionnaire indique immédiatement ou dans les premiers exemples à quelle forme de la troisième conjugaison appartient le verbe recherché.

86 ▪ Remarques sur les finales des verbes réguliers

1) A tous les modes et à tous les temps, la 1ʳᵉ personne du pluriel se termine par **-mo** et la 2ᵉ personne du pluriel par **-te,** quelles que soient les lettres qui précèdent. De même, sauf à l'impératif de la 1ʳᵉ conjugaison et au présent du subjonctif, on doit toujours avoir un **-i** à la fin de la 2ᵉ personne du singulier.

parl-iamo nous parlons   **sent-ireste** vous écouteriez
        parl-erai tu parleras

60

2) La 1re personne du **présent de l'indicatif** se termine par **-o,** quelles que soient les lettres qui précèdent.

    tem-o je crains   **cap-isco** je comprends

3) A l'**imparfait de l'indicatif,** noter la présence d'un **-v** à toutes les personnes :

    parl-avi tu parlais   **cap-ivate** vous compreniez

4) Au **passé simple,** la troisième personne du singulier porte un accent écrit :

    parl-ò il parla   **tem-è** il craignit
    sent-ì il écouta   **cap-ì** il comprit

5) Au **futur,** on trouve un accent écrit sur la 1re et la 3e personne du singulier :

    tem-erò je craindrai   **sent-irò** j'écouterai
    parl-erà il parlera   **cap-irà** il comprendra

Δ On aura noté que **parlare** se conjugue comme **temere** au futur. Il en va de même au conditionnel :

    parl-erei je parlerais   **tem-erei** je craindrais

6) Au **subjonctif présent,** les <u>trois</u> premières personnes sont semblables, tandis que, au **subjonctif imparfait,** ce sont les <u>deux</u> premières personnes seulement. Il est préférable de les distinguer par l'utilisation des pronoms sujets, surtout si une équivoque est possible :

Subjonctif présent :

    che io sent-a   que j'écoute
    che tu sent-a   que tu écoutes
    che lui/lei sent-a   qu'il/elle écoute

Subjonctif imparfait :

    che io tem-essi   que je craignisse*
    che tu tem-essi   que tu craignisses

7) Au **gérondif,** la 1re conjugaison garde la voyelle de l'infinitif : **parl-ando :** en parlant ; les 2e et 3e conjugaisons se terminent en **-endo : tem-endo :** en craignant ; **sent-endo :** en écoutant ; **cap-endo :** en comprenant.

8) Au **participe passé,** les verbes de la 2e conjugaison se terminent par **-uto : tem-uto,** craint, tandis que les autres conjugaisons gardent la voyelle de l'infinitif : **parl-ato,** parlé ; **sent-ito,** écouté ; **cap-ito,** compris.

---

*Notons que, *dans la pratique, ce subjonctif imparfait est, la plupart du temps, traduit en français par un subjonctif présent.* En italien, il est, en revanche, obligatoire dans nombre de cas indiqués particulièrement au dernier chapitre (règles de syntaxe).

87 ▪ Verbes terminés par -CARE et -GARE

Pour que ces verbes gardent le même son dur lorsque la terminaison est **-e** ou **-i**, il faut intercaler un **-h-** entre le radical du verbe et la terminaison (cf. n° 9).

spieg-are > **spieg-h-erò** → **spiegherò** j'expliquerai
indic-are > **indic-h-iamo** → **indichiamo** nous indiquons

88 ▪ Verbes terminés par -IARE (cf. n° 32)

Lorsque le **-i-** du radical porte l'accent tonique, la voyelle est redoublée à la 2ᵉ pers. du sing. de l'indicatif présent et aux 3 premières personnes du subjonctif présent :

avviarsi se diriger > **ti avvii** tu te diriges

che io mi avvii   que je me dirige
che tu ti avii   que tu te diriges
che lui si avvii   qu'il se dirige

89 ▪ Perte de la voyelle finale

On constate, sans pouvoir néanmoins formuler une règle, que les infinitifs et la 3ᵉ personne du pluriel perdent souvent la voyelle finale :

temer(e) craindre   **parlan(o)** ils parlent

Cela est vrai également des verbes **esser(e)** et **aver(e)**

Son(o) tanto felice   Je suis si heureuse
Han(no) ragione   Ils ont raison

On rencontre aussi cet usage lorsque deux infinitifs se suivent, le premier des deux laisse tomber la voyelle finale :

Bisogna far(e) vedere Palazzo Strozzi ai nostri amici
Il faut faire voir le palais Strozzi à nos amis

90 ▪ Les suffixes des verbes

Comme les adjectifs et les substantifs, les verbes peuvent être altérés par un suffixe. On trouve quatre sortes de suffixes :
1) suffixe indiquant la grâce ou la beauté **(vezzeggiativo)** :
-erellare

cantare > **canterellare**   **giocare** > **giocherellare**
chanter > chantonner   jouer > faire joujou
2) suffixe péjoratif **(spregiativo)** : **-acchiare**
ridere > **ridacchiare**   **vivere** > **vivacchiare**
rire > ricaner   vivre > vivoter
3) suffixe indiquant la répétition : **-ettare**
picchiare > **picchiettare**
battre > tapoter

4) suffixes indiquant une approximation ou ayant une nuance péjorative : **-icchiare ; -ucchiare**

dormire > **dormicchiare**	**mangiare** > **mangiucchiare**
dormir > sommeiller	manger > grignoter

91 ▪ Les adjectifs verbaux

Certains participes passés en **-ato** appartenant à la première conjugaison ne doivent pas être confondus avec des adjectifs verbaux qui ont, en français, la même traduction, mais n'expriment pas la même nuance :

1) Le participe passé exprime une action :

La macchina è stata caricata
La voiture a été chargée

2) L'adjectif verbal exprime le résultat de cette action :

La macchina è carica
La voiture est chargée

En voici quelques autres d'usage courant :

Participes passés	Adjectifs verbaux	Traduction française
adattato	**adatto**	adapté
chinato	**chino**	baissé
colmato	**colmo**	rempli, comblé
destato	**desto**	éveillé
fermato	**fermo**	arrêté
guastato	**guasto**	abîmé
logorato	**logoro**	usé
salvato	**salvo**	sauvé
spogliato	**spoglio**	dépouillé
svegliato	**sveglio**	réveillé

EXERCICES

A) Conjuguer les verbes suivants au présent de l'indicatif, puis au passé simple, au futur, et au conditionnel :

1) **ripetere :** répéter - 2) **preparare :** préparer - 3) **agire (-isco) :** agir - 4) **seguire :** suivre.

B) Reconnaître l'infinitif des verbes suivants :
1) che consigliate - 2) **trascorrete** - 3) **aveva creduto** - 4) **riservò** - 5) **puliscono** - 6) **dimentichi** - 7) **lasciamo** - 8) **invii** - 9) **caricheremo** - 10) **partirebbe** - 11) **pagherà** - 12) **cambiano** - 13) **recherò**.

C) Transformer la phrase suivante, en la mettant au présent de l'indicatif (1ʳᵉ personne du singulier, 1ʳᵉ et 3ᵉ personnes du pluriel), puis à l'imparfait de l'indicatif (mêmes personnes) :
Sarà a Milano il giorno 20, ci trascorrerà il pomeriggio e partirà il giorno dopo per Torino dove pernotterà ; dopo si recherà (144) **in Francia.**
Il sera à Milan le 20, il y passera l'après-midi et il partira le jour suivant pour Turin où il passera la nuit ; puis il se rendra en France.

D) Traduire :
1) nous ouvrons **(aprire)** - 2) ils comprendront **(capire)** - 3) en vendant **(vendere)** - 4) tu appelles **(chiamare)** - 5) ils montrent **(mostrare)** - 6) elle craint - 7) vous avez acheté **(comprare)** - 8) ils obéissent **(ubbidire) (-isco)** - 9) tu sers **(servire)** - 10) qu'il change **(cambiare)** - 11) qu'il parlât **(parlare)** - 12) n'ouvre pas ! - 13) qu'il commence **(cominciare).**

E) Mettre au subjonctif présent, puis au subjonctif imparfait, les formes suivantes, qui sont au présent de l'indicatif :
1) **desidera** - 2) **batte** - 3) **preghi** - 4) **puliscono** - 5) **seguo** - 6) **spii** - 7) **risparmiano.**

F) Traduire, à l'aide du vocabulaire ci-dessous (voir aussi les nᵒˢ 368 et 369) :
apprendre, **imparare** ; devenir, **diventare** ; différence, **differenza** ; entre, **tra** ; faux, **finto** ; fête, **festa** ; mauvais, **cattivo** ; observer, **osservare** ; par cœur, **a memoria** ; partir, **partire** ; réalité, **realtà** (f.) ; regarder, **guardare** ; revenir, **tornare** ; temps, **tempo** ; tout de suite, **subito** ; voir, **vedere**.

1) Bien qu'(332-c) il craigne le mauvais temps, il part. - 2) Il faut que tu manges - 3) Si nous regardons bien, nous observerons la différence entre un vrai et un faux saphir - 4) Il fallait qu'ils comprennent - 5) Pendant que (332-e) tu parleras, nous mangerons - 6) J'agis comme je (332-g) le rêve devenait réalité. 7) S'ils comprenaient, ils reviendraient tout de suite - 8) Il faudra qu'il apprennes par cœur les verbes - 9) Il fallut que tu partes avec Lidia - 10) Il faudrait qu'ils voient une fête en (47) Italie.

CHAPITRE VII

LES VERBES IRRÉGULIERS
DE LA PREMIÈRE CONJUGAISON
ANDARE, DARE, STARE

Capitolo settimo
I verbi irregolari della prima coniugazione :
ANDARE, DARE, STARE

La première conjugaison ne comporte que trois verbes irréguliers : **andare :** aller ; **dare :** donner ; **stare :** rester. (Le sens du verbe **stare** varie selon son emploi : cf. n⁰ˢ 97-98.)

93 ▪ Conjugaison de ANDARE, DARE et STARE

ANDARE	DARE	STARE

INDICATIF

Présent

vado (vo)	**do**	**sto**
je vais	je donne	je reste
vai	**dai**	**stai**
tu vas	tu donnes	tu restes
va	**dà***	**sta**
il va	il donne	il reste
andiamo	**diamo**	**stiamo**
nous allons	nous donnons	nous restons
andate	**date**	**state**
vous allez	vous donnez	vous restez
vanno	**danno**	**stanno**
ils vont	ils donnent	ils restent

▶ N.B.* : ne pas oublier l'accent grave qui différencie **dà** : « il donne », de la préposition **da** (cf. n° 47).

Imparfait (régulier, cf. **parlare**, n° 77)

and-avo, ecc.	**d-avo**, ecc.	**st-avo**, ecc.
j'allais, etc.	je donnais, etc.	je restais, etc.

Passé simple

and-ai	**diedi** ou **detti**	**stetti**
j'allai	je donnai	je restai
and-asti	**desti**	**stesti**
tu allas	tu donnas	tu restas
and-ò	**diede** ou **dette**	**stette**
il alla	il donna	il resta
and-ammo	**demmo**	**stemmo**
nous allâmes	nous donnâmes	nous restâmes
and-aste	**deste**	**steste**
vous allâtes	vous donnâtes	vous restâtes
and-arono	**diedero** ou **dettero**	**stettero**
ils allèrent	ils donnèrent	ils restèrent

Passé composé

sono andato (a), ecc. **ho dato,** ecc. **sono stato (a),** ecc.
je suis allé(e), etc. j'ai donné, etc. je suis resté(e), etc.

▶ N.B. : pour les autres temps composés, se reporter éventuellement à la conjugaison des auxiliaires (ch. V).

Futur

and-rò **d-arò** **st-arò**
j'irai je donnerai je resterai
and-rai, ecc. **d-arai,** ecc. **st-arai,** ecc.
tu iras, etc. tu donneras, etc. tu resteras, etc.

CONDITIONNEL

(régulier, cf. **parlare,** n°77)

and-rei, ecc. **d-arei,** ecc. **st-arei,** ecc.
j'irais, etc. je donnerais, etc. je resterais, etc.
and-resti, ecc. **d-aresti,** ecc. **st-aresti,** ecc.
tu irais, etc. tu donnerais, etc. tu resterais, etc.

SUBJONCTIF

Présent

che io vada **che io dia** **che io stia**
que j'aille que je donne que je reste
che tu vada **che tu dia** **che tu stia**
que tu ailles que tu donnes que tu restes
che lui vada **che lui dia** **che lui stia**
qu'il aille qu'il donne qu'il reste
che andiamo **che diamo** **che stiamo**
que nous allions que nous donnions que nous restions
che andiate **che diate** **che stiate**
que vous alliez que vous donniez que vous restiez
che vadano **che diano** **che stiano**
qu'ils aillent qu'ils donnent qu'ils restent

che io and-assi	**che io dessi**	**che io stessi**
que j'allasse	que je donnasse	que je restasse
che tu and-assi	**che tu dessi**	**che tu stessi**
que tu allasses	que tu donnasses	que tu restasses
che and-asse	**che desse**	**che stesse**
qu'il allât	qu'il donnât	qu'il restât
che and-assimo	**che dessimo**	**che stessimo**
que nous allassions	que nous donnassions	que nous restassions
che and-aste	**che deste**	**che steste**
que vous allassiez	que vous donnassiez	que vous restassiez
che and-assero	**che dessero**	**che stessero**
qu'ils allassent	qu'ils donnassent	qu'ils restassent

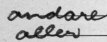  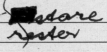

IMPÉRATIF

va ou **va'**	**dà** ou **da'**	**sta** ou **sta'**
va	donne	reste
non andare	**non dare**	**non stare**
ne va pas	ne donne pas	ne reste pas
vada*	**dia***	**stia***
allez	donnez	restez
andiamo	**diamo**	**stiamo**
allons	donnons	restons
andate	**date**	**state**
allez	donnez	restez
vadano*	**diano***	**stiano***
allez	donnez	restez

* Forme de politesse (n° 224).

GÉRONDIF

and-ando	**d-ando**	**st-ando**
en allant	en donnant	en restant

PARTICIPE PASSÉ

and-ato	**d-ato**	**st-ato**
allé	donné	resté

TRADUCTION DE ALLER, VENIR

94 ▪ Traduction de « aller »

1) Sens de mouvement :

Comme pour tous les autres verbes de mouvement suivis d'un infinitif complément, il convient d'intercaler, entre le verbe **andare** et cet infinitif, la préposition **a.**

Va a comprare un libro dal libraio
Il va acheter un livre chez le libraire

2) Sens de futur proche :

Dans ce cas, on emploie, non pas le verbe **andare,** mais le verbe **stare** suivi de **per.**

Sta per venire
Il va venir

On peut également employer, à la place de cette tournure, soit le futur simple, soit le présent avec l'adverbe **ora** (plus précis).

Ora te lo dico Je vais te le dire (dans l'instant)
Te lo dirò Je vais te le dire (tout à l'heure)

95 ▪ Traduction de « venir »

1) Sens de mouvement :

Vengo da Roma **Vengo a vederti** (cf. n° 94)
Je viens de Rome Je viens te voir

(cf. n° 47, nos 323-2 et 141 pour la conjugaison de **venire**)

2) Sens de passé proche :

Dans ce cas, on n'emploie pas le verbe **venire** ; on doit tourner la phrase différemment :

Ho incontrato Gianni poco prima
Je viens de rencontrer Jean
(m. à m. : j'ai rencontré Jean peu auparavant)

Ho appena visto Letizia
Je viens de voir Laetitia
(m. à m. : J'ai vu Laetitia à l'instant)

Se ne è andata or ora
Elle vient de s'en aller
(m. à m. : Elle s'en est allée il y a un instant)

▶ N.B. : tant que le mécanisme n'est pas acquis, il est conseillé de s'assurer du sens exact du verbe « venir » en français, puis de traduire la « nouvelle » phrase française en italien.

EMPLOIS ET SENS PARTICULIERS
DE ANDARE ET DE STARE

96 ▪ Emplois particuliers de ANDARE

1) Suivi d'un participe passé, le verbe **andare** marque une *obligation* (voir aussi n° 75-3) :

Questa lettera va mandata oggi
Cette lettre doit être envoyée aujourd'hui

2) Suivi d'un gérondif, il marque la *continuité d'une action* :

Va raccontando dappertutto le sue disgrazie
Il raconte partout ses malheurs

97 ▪ Emploi particulier de STARE

Forme progressive : suivi du gérondif, il traduit l'expression française « *être en train de* » :

Sta venendo
Il est en train de venir

98 ▪ Différents sens de STARE

1) **Che cosa fai oggi ? — Sto a casa**
Que fais-tu aujourd'hui ? — Je reste à la maison

2) **Come stai ? — Sto benissimo**
Comment vas-tu ? — Je vais très bien

3) **Questo vestito ti sta molto bene !**
Cette robe te va très bien !

EXERCICES

A) Traduire :

1) je vais - 2) que j'aille - 3) qu'ils aillent - 4) il donne - 5) tu donnais - 6) ils donnèrent - 7) Ils allèrent - 8) j'irai - 9) ils restèrent - 10) qu'ils restent.

B) Compléter les phrases suivantes au présent de l'indicatif. (Pour les pronoms sujets, voir les nᵒˢ 194 et 195.)

1) (Noi)... per chiamare - 2) (Io)... a comprare i fiori - 3) (Lui)... parlando - 4) Il color verde... bene a Bianca - 5) (Loro)... sempre cercando altro (256) - 6) È una storia che... capita subito (317) - 7) (Tu)... a Torino - 8) Laura e Carlotta, come... oggi ?- 9) (Lei)... per dare la lezione - 10) Voi... ascoltando.

C) Mettre les verbes suivants à la forme progressive à la 1ʳᵉ personne du singulier, puis du pluriel du présent de l'indicatif et traduire. Exemple : parlare > sto parlando, je suis en train de parler ; stiamo parlando, nous sommes en train de parler.

1) comprare, acheter - 2) vendere, vendre - 3) cercare, chercher - 4) dirigere, diriger - 5) gestire, gérer - 6) seguire, suivre - 7) rappresentare, représenter - 8) riunire, réunir - 9) scioperare, faire la grève - 10) capire, comprendre.

D) Mettre les verbes suivants au futur proche, à la 3ᵉ personne du singulier, puis du pluriel de l'indicatif imparfait et traduire. Exemple : parlare > stava per parlare : il allait parler ; stavano per parlare : ils allaient parler.

1) calare, baisser - 2) ringraziare, remercier - 3) scegliere, choisir - 4) colpire, frapper - 5) aumentare, augmenter - 6) procedere, procéder - 7) impegnare, engager - 8) richiedere, exiger - 9) valutare, évaluer - 10) verificare, vérifier.

E) Exprimer l'idée d'obligation selon le modèle suivant, en utilisant le verbe indiqué. Exemple : Questo volantino... (distribuire) Ce prospectus doit être distribué.

1) **Questo annuncio.... (inserire).** Cette annonce doit être insérée - 2) **L'imballaggio... (terminare).** L'emballage doit être terminé - 3) **Il negozio... (chiudere).** Le magasin doit être fermé - 4) **La caparra... (versare) all'ordinazione.** Les arrhes doivent être versés à la commande - 5) **I termini di consegna... (rispettare).** Les délais de livraison doivent être respectés - 6) **Il conto... (saldare) subito.** Le compte doit être réglé tout de suite - 7) **Il volo... (riconfermare).** Le vol doit être reconfirmé - 8) **Le previsioni... (rivedere).** Les prévisions doivent être revues - 9) **Le vendite... (aumentare).** Les ventes doivent être augmentées 10) **Il materiale... (fornire) immediatamente.** Le matériel doit être fourni immédiatement.

F) Traduire :

1) Nous allons à Venise **(Venezia)** voir **(vedere)** le Carnaval **(Carnevale)** - 2) Nous sommes Piazza San Marco et nous allons voir les masques **(maschera)** - 3) Nous sommes en train de regarder **(guardare)** les masques - 4) Nous rentrons **(tornare)** à l'hôtel ; nous venons de voir les masques - 5) Nous venons (141) de Venise où (184-1) nous avons vu les masques.

G) Thème de révision (Ch. V, VI et VII) (voir aussi les nᵒˢ 351 et 352). Traduisez à l'aide du vocabulaire ci-dessous : abîmer, **sciupare** ; chercher, **cercare** ; collection, **collezione** ; défilé de mode, **sfilata** ; dernier, **ultimo** ; difficulté, **difficoltà** (f.) ; établir, **stabilire** ; excursion, **gita** ; faire du ski, **sciare** ; long, **lungo** ; modèle, **modello** ; organiser, **organizzare** ; record, **primato** ; robe, **vestito** ; vitesse, **velocità**.

1) Il se peut que j'organise une excursion à la campagne (53) - 2) Il faudra que tu ailles au défilé de mode - 3) Il vaudrait mieux que nous donnions nos robes longues - 4) Il va venir, à moins qu'il n' (343) ait une difficulté - 5) Donne ce livre avant qu'il ne (343) soit abîmé - 6) Nous venons de rencontrer Félicia - 7) Elles sont en train de chercher les derniers modèles - 8) Elles viennent de voir la dernière collection - 9) Est-ce que vous allez à la montagne (53) faire du ski ? - 10) Ils vont établir des records de vitesse.

CHAPITRE VIII

LES VERBES IRRÉGULIERS DE LA 2ᵉ ET DE LA 3ᵉ CONJUGAISON

Capitolo ottavo
I verbi irregolari della seconda e della terza coniugazione

VERBES IRRÉGULIERS AU PASSÉ SIMPLE ET AU PARTICIPE PASSÉ

99 ▪ Remarque générale

La majorité des verbes irréguliers appartient à la seconde conjugaison.

100 ▪ Le passé simple irrégulier

Les irrégularités portent sur la 1re et la 3e personne du singulier, la 3e personne du pluriel. (Mémorisez : 1-3-3.)

Premier exemple : **prend-ere**

1 - **pres-i**	je pris		
		2 - **prend-esti**	tu pris
3 - **pres-e**	il prit		
		1 - **prend-emmo**	nous prîmes
		2 - **prend-este**	vous prîtes
3 - **pres-ero**	ils prirent		

Deuxième exemple : **nasc-ere**

1 - **nacqu-i**	je naquis		
		2 - **nasc-esti**	tu naquis
3 - **nacqu-e**	il naquit		
		1 - **nasc-emmo**	nous naquîmes
		2 - **nasc-este :**	vous naquîtes
3 - **nacqu-ero :**	ils naquirent		

▶ Les finales des trois personnes irrégulières sont toujours **-i, -e, -ero ;** les trois autres personnes se conjuguent sur la conjugaison régulière (n° 77).

101 ▪ Verbes irréguliers au passé simple (terminaison -SI) et au participe passé (terminaison -SO)

accendere, allumer	**accesi,**	**acceso**
accludere, inclure	**acclusi,**	**accluso**
alludere, faire allusion	**allusi,**	**alluso**
appendere, suspendre	**appesi,**	**appeso**
ardere, brûler	**arsi,**	**arso**
chiudere, fermer	**chiusi,**	**chiuso**
correre, courir	**corsi,**	**corso**
decidere, décider	**decisi,**	**deciso**
difendere, défendre	**difesi,**	**difeso**
dividere, diviser	**divisi,**	**diviso**
emergere, émerger	**emersi,**	**emerso**

espellere, expulser	**espulsi**,	**espulso**
esplodere, exploser	**esplosi**,	**esploso**
evadere, évader	**evasi**,	**evaso**
fondere, fondre	**fusi**,	**fuso**
immergere, plonger	**immersi**,	**immerso**
incidere, graver	**incisi**,	**inciso**
intridere, pétrir	**intrisi**,	**intriso**
invadere, envahir	**invasi**,	**invaso**
ledere, léser	**lesi**,	**leso**
mordere, mordre	**morsi**,	**morso**
perdere, perdre	**persi**,	**perso**
persuadere, persuader	**persuasi**,	**persuaso**
prendere, prendre	**presi**,	**preso**
radere, raser	**rasi**,	**raso**
rendere, rendre	**resi**,	**reso**
ridere, rire	**risi**,	**riso**
rifulgere, resplendir	**rifulsi**,	**rifulso**
rodere, ronger	**rosi**,	**roso**
scendere, descendre	**scesi**,	**sceso**
spargere, répandre	**sparsi**,	**sparso**
spendere, dépenser	**spesi**,	**speso**
tendere, tendre	**tesi**,	**teso**
tergere, essuyer	**tersi**,	**terso**
uccidere, tuer	**uccisi**,	**ucciso**
valere, valoir	**valsi**,	**valso**

102 ▪ Verbes irréguliers au passé simple (terminaison -SI) et au participe passé (terminaison -SSO)

ammettere, admettre	**ammisi**,	**ammesso**
mettere, mettre	**misi**,	**messo**

103 ▪ Verbes irréguliers au passé simple (terminaison -SSI) et au participe passé (terminaison -SSO)

affiggere, afficher	**affissi**,	**affisso**
comprimere, comprimer	**compressi**,	**compresso**
concedere, concéder	**concessi**,	**concesso**
discutere, discuter	**discussi**,	**discusso**
incutere, inspirer	**incussi**,	**incusso**
muovere, remuer	**mossi**,	**mosso**
percuotere, frapper	**percossi**,	**percosso**
scindere, scinder	**scissi**,	**scisso**
scuotere, secouer	**scossi**,	**scosso**

104 ▪ Verbes irréguliers au passé simple (terminaison -SI) et au participe passé (terminaison -TO)

accorgersi, s'apercevoir	(mi) accorsi,	accorto
assolvere, absoudre	assolsi,	assolto
cingere, ceindre	cinsi,	cinto
cogliere, cueillir	colsi,	colto*
dipingere, peindre	dipinsi,	dipinto
distinguere, distinguer	distinsi,	distinto
ergere, dresser	ersi,	erto
fingere, feindre	finsi,	finto
frangere, briser	fransi,	franto
giungere, arriver	giunsi,	giunto
mungere, traire	munsi,	munto
piangere, pleurer	piansi,	pianto
porgere, tendre	porsi,	porto
pungere, piquer	punsi,	punto
raggiungere, atteindre	raggiunsi,	raggiunto
redimere, racheter	redensi,	redento
scorgere, apercevoir	scorsi,	scorto
sorgere, s'élever	sorsi,	sorto
spegnere, éteindre	spensi,	spento
spingere, pousser	spinsi,	spinto
svellere, arracher	svelsi,	svelto
tingere, teindre	tinsi,	tinto
togliere, enlever	tolsi,	tolto**
torcere, tordre	torsi,	torto
ungere, oindre	unsi,	unto
vincere, vaindre	vinsi,	vinto
volgere, tourner	volsi,	volto

105 ▪ Verbes irréguliers au passé simple (terminaison -SSI) et au participe passé (terminaison -TTO)

affliggere, affliger	afflissi,	afflitto
dirigere, diriger	diressi,	diretto
distruggere, détruire	distrussi,	distrutto
erigere, élever	eressi,	eretto
friggere, frire	frissi,	fritto
leggere, lire	lessi,	letto
negligere, négliger	neglessi,	negletto
proteggere, protéger	protessi,	protetto
reggere, soutenir	ressi,	retto
scrivere, écrire	scrissi,	scritto

---

* Voir aussi n° 110   ** Voir aussi n° 130.

106 • Autres verbes irréguliers au passé simple et au participe passé

chiedere, demander	**chiesi,**	**chiesto**
conoscere, connaître	**conobbi,**	**conosciuto**
crescere, croître	**crebbi,**	**cresciuto**
nascere, naître	**nacqui,**	**nato**
nascondere, cacher	**nascosi,**	**nascosto**
rispondere, répondre	**risposi,**	**risposto**
rompere, casser	**ruppi,**	**rotto**
stringere, serrer	**strinsi,**	**stretto**

107 • Verbes irréguliers au participe passé

assistere, assister	**p.p. : assistito**
esistere, exister	**esistito**
insistere, insister	**insistito**
persistere, persister	**persistito**
redigere, rédiger	**redatto**
scoprire, découvrir	**scoperto**

▶ N.B. : les verbes cités des n°s 101 à 107 ont souvent des composés qui, naturellement, ont les mêmes temps primitifs irréguliers.

VERBES IRRÉGULIERS PROPREMENT DITS
(Seuls seront mentionnés les temps irréguliers)

DEUXIÈME CONJUGAISON

108 • BERE (ancienne forme: BEV-ERE), boire

Indicatif présent		Subjonctif présent	
bev-o	je bois	**che io bev-a**	que je boive
bev-i	tu bois	**che tu bev-a**	que tu boives
bev-e	il boit	**che lui bev-a**	qu'il boive
bev-iamo	nous buvons	**che bev-iamo**	que nous buvions
bev-ete	vous buvez	**che bev-iate**	que vous buviez
bev-ono	ils boivent	**che bev-ano**	qu'ils boivent

Indicatif imparfait		Subjonctif imparfait	
bev-evo	je buvais	**che io bev-essi**	que je busse
bev-evi	tu buvais	**che tu bev-essi**	que tu busses
bev-eva	il buvait...	**che bev-esse**	qu'il bût...

Passé simple

1 - **bevvi** je bus

2 - **bev-esti** tu bus

3 - **bevve** il but

1 - **bev-emmo** nous bûmes
2 - **bev-este** vous bûtes

3 - **b<u>e</u>vvero** ils burent

Futur		Conditionnel	
berrò	je boirai	**berrei**	je boirais
berrai	tu boiras...	**berresti**	tu boirais...

Participe passé
bevuto bu

109 ▪ CADERE, tomber

(Sur ce même modèle, on conjuguera : **accadere** : arriver ; **decadere** : déchoir ; **scadere** : échoir...)

Passé simple

1 - **caddi** je tombai

2 - **cad-esti** tu tombas

3 - **cadde** il tomba

1 - **cad-emmo** nous tombâmes
2 - **cad-este** vous tombâtes

3 - **c<u>a</u>ddero** ils tombèrent

Futur		Conditionnel	
cadrò	je tomberai	**cadrei**	je tomberais
cadrai	tu tomberas...	**cadresti**	tu tomberais...

110 ▪ C<u>O</u>GLIERE, cueillir

(Sur ce même modèle, on conjuguera : **accogliere** : accueillir ; **raccogliere** : recueillir...)

Indicatif présent		Subjonctif présent	
colgo	je cueille	**che io colga**	que je cueille
cogl-i	tu cueilles	**che tu colga**	que tu cueilles
cogli-e	il cueille	**che lui colga**	qu'il cueille
cogli-amo	nous cueillons	**che cogli-amo**	que n. cueillions
cogli-ete	vous cueillez	**che cogli-ate**	que v. cueilliez
c<u>o</u>lgono	ils cueillent	**che c<u>o</u>lgano**	qu'ils cueillent

Passé simple

1 - **colsi** je cueillis

2 - **cogli-esti** tu cueillis

3 - **colse** il cueillit

1 - **cogli-emmo** nous cueillîmes
2 - **cogli-este** vous cueillîtes

3 - **colsero** ils cueillirent

Participe passé
colto cueilli

111 ▪ CONDURRE (ancienne forme : CONDUC-ERE), conduire (sur ce même modèle, on conjuguera : **dedurre** : déduire ; **indurre** : produire; **tradurre** : traduire...)

Indicatif présent

conduc-o	je conduis	
conduc-i	tu conduis	
conduc-e	il conduit	
conduc-iamo	n. conduisons	
conduc-ete	v. conduisez	
conduc-ono	ils conduisent	

Subjonctif présent

che io conduc-a	que je conduise
che tu conduc-a	que tu conduises
che lui conduc-a	qu'il conduise
che conduc-iamo	que n. conduisions
che conduc-iate	que v. conduisiez
che conduc-ano	qu'ils conduisent

Indicatif imparfait

conduc-evo je conduisais
conduc-evi tu conduisais
conduc-eva...il conduisait...

Subjonctif imparfait

che io conduc-essi que je conduisisse
che tu conduc-essi que tu conduisisses
che lui conduc-esse...qu'il conduisît...

Passé simple

1 - **condussi** je conduisis

2 - **conduc-esti** tu conduisis

3 - **condusse** il conduisit

1 - **conduc-emmo** n. conduisîmes
2 - **conduc-este** vous conduisîtes

3 - **condussero** ils conduisirent

Futur

condurrò je conduirai
condurrai... tu conduiras...

Conditionnel

condurrei je conduirais
condurresti... tu conduirais...

Participe passé
condotto conduit

Indicatif présent		Subjonctif présent	
cuocio	je cuis	**che io cuocia**	que je cuise
cuoci	tu cuis	**che tu cuocia**	que tu cuises
cuoce	il cuit	**che lui cuocia**	qu'il cuise
cociamo	nous cuisons	**che cociamo**	que nous cuisions
cocete	vous cuisez	**che cociate**	que vous cuisiez
cuociono	ils cuisent	**che cuociano**	qu'ils cuisent

Indicatif imparfait		Subjonctif imparfait	
cocevo	je cuisais	**che io cocessi**	que je cuisisse
cocevi	tu cuisais	**che tu cocessi**	que tu cuisisses
coceva...	il cuisait...	**che lui cocesse...**	qu'il cuisît...

Passé simple

1 - **cossi** je cuisis

2 - **coc-esti** tu cuisis

3 - **cosse** il cuisit

1 - **coc-emmo** nous cuisîmes
2 - **coc-este** vous cuisîtes

3 - **cossero** ils cuisirent

Futur		Conditionnel	
cocerò	je cuirai	**cocerei**	je cuirais
cocerai...	tu cuiras...	**coceresti...**	tu cuirais...

Participe présent		Participe passé	
cocente	cuisant	**cotto**	cuit

Gérondif
cocendo en cuisant

113 ▪ DIRE (ancienne forme DIC-ERE), dire.

(Sur ce même modèle, on conjuguera : **benedire :** bénir ; **contraddire :** contredire ; **disdire :** nier ; **maledire :** maudire...)

Indicatif présent		Subjonctif présent	
dic-o	je dis	**che io dic-a**	que je dise
dic-i	tu dis	**che tu dic-a**	que tu dises
dic-e	il dit	**che lui dic-a**	qu'il dise
dic-iamo	nous disons	**che dic-iamo**	que n. disions
dite	vous dites	**che diciate**	que v. disiez
dic-ono	ils disent	**che dic-ano**	qu'ils disent

Indicatif imparfait		Subjonctif imparfait	
dicevo	je disais	**che io dicessi**	que je disse
dicevi	tu disais	**che tu dicessi**	que tu disses
diceva...	il disait...	**che lui dicesse...**	qu'il dît...

Passé simple

1 - **dissi** je dis

2 - **dic-esti** tu dis

3 - **disse** il dit

1 - **dic-emmo** nous dîmes
2 - **dic-este** vous dîtes

3 - **dissero** ils dirent

Futur		Conditionnel	
dirò	je dirai	**direi**	je dirais
dirai...	tu diras...	**diresti...**	tu dirais...

Impératif		Gérondif	
di'	dis	**dic-endo**	en disant
non dire	ne dis pas		

Participe passé

Impératif			
dica*	dites	**detto**	dit
diciamo	disons		
dite	dites		
dicano*	dites		

---

* Personne de politesse (cf. n° 224).

114 ▪ DOLERSI, se plaindre (voir autres sens et autre construction dans le dictionnaire)

Indicatif présent		Subjonctif présent	
mi dolgo	je me plains	**che io mi dolga**	que je me plaigne
ti duoli	tu te plains	**che tu ti dolga**	que tu te plaignes
si duole	il se plaint	**che lui si dolga**	qu'il se plaigne
ci dogliamo	nous n. plaignons	**che ci dogliamo**	que nous n. plaignions
vi dolete	vous v. plaignez	**che vi doliate**	que vous v. plaigniez
si dolgono	ils se plaignent	**che si dolgano**	qu'ils se plaignent

Passé simple

1 - **mi dolsi** je me plaignis

2 - **ti dol-esti** tu te plaignis

3 - **si dolse** Il se plaignit

1 - **ci dol-emmo** nous n. plaignîmes
2 - **vi dol-este** vous v. plaignîtes

3 - **si dolsero** Ils se plaignirent

Futur		Conditionnel	
mi dorrò	je me plaindrai	**mi dorrei**	je me plaindrais
ti dorrai...	tu te plaindras...	**ti dorresti...**	tu te plaindrais...

115 ▪ DOVERE, devoir

Indicatif présent		Subjonctif présent	
devo (debbo)	je dois	**che io debba (deva)**	que je doive
devi	tu dois	**che tu debba (deva)**	que tu doives
deve (debbe)	il doit	**che lui debba (deva)**	qu'il doive
dobbiamo	n. devons	**che dobbiamo**	que n. devions
dovete	v. devez	**che dobbiate**	que v. deviez
devono (debbono)	ils doivent	**che debbano (devano)**	qu'ils doivent

Passé simple

1 - **dovei (dovetti)** je dus

2 - **dov-esti** tu dus

3 - **dovè (dovette)** il dut

1 - **dov-emmo** nous dûmes
2 - **dov-este** vous dûtes

3 - **doverono (dovettero)** ils durent

Futur		Conditionnel	
dovrò	je devrai	**dovrei**	je devrais
dovrai...	tu devras...	**dovresti...**	tu devrais...

116 ▪ FARE (ancienne forme : FACERE), faire

(Sur ce même modèle, on conjuguera : **contraffare** : contre-faire ; **disfare** : défaire ; **rifare** : refaire ; **strafare** : en faire trop ; **soddisfare** : satisfaire...)

Indicatif présent		Subjonctif présent	
faccio (fo)	je fais	**che io faccia**	que je fasse
fai	tu fais	**che tu faccia**	que tu fasses
fa	il fait	**che lui faccia**	qu'il fasse
facciamo	nous faisons	**che facciamo**	que nous fassions
fate	vous faites	**che facciate**	que vous fassiez
fanno	ils font	**che facciano**	qu'ils fassent

Indicatif imparfait		Subjonctif imparfait	
fac-evo	je faisais	**che io fac-essi**	que je fisse
fac-evi	tu faisais	**che tu fac-essi**	que tu fisses
fac-eva...	il faisait...	**che fac-esse...**	qu'il fît...

Passé simple

1 - **feci**	je fis			
		2 - **fac-esti**	tu fis	
3 - **fece**	il fit			
		1 - **fac-emmo**	nous fîmes	
		2 - **fac-este**	vous fîtes	
3 - **fecero**	ils firent			

Futur		Conditionnel	
farò	je ferai	**farei**	je ferais
farai...	tu feras...	**faresti...**	tu ferais...

Impératif		Participe passé	
fa ou fa'	fais	**fatto**	fait
non fare	ne fais pas		
faccia*	faites		
facciamo	faisons		
fate	faites		
facciano*	faites		

---

* Personne de politesse (cf. n° 224).

117 ▪ GIACERE, être étendu

Indicatif présent		Subjonctif présent	
giaccio	je suis étendu	**che io giaccia**	que je sois étendu
giaci	tu es étendu	**che tu giaccia**	que tu sois étendu
giace	il est étendu	**che lui giaccia**	qu'il soit étendu
giacciamo	n. sommes étendus	**che giacciamo**	que n. soyons étendus
giacete	v. êtes étendus	**che giacciate**	que v. soyez étendus
giacciono	ils sont étendus	**che giacciano**	qu'ils soient étendus

Passé simple

1 - **giacqui** je fus étendu

2 - **giac-esti** tu fus étendu

3 - **giacque** il fut étendu

1 - **giac-emmo** nous fûmes étendus
2 - **giac-este** vous fûtes étendus

3 - **giacquero** ils furent étendus

Participe passé

giaciuto étendu

118 ▪ NUOCERE, nuire

Indicatif présent		Subjonctif présent	
noccio	je nuis	**che io noccia**	que je nuise
nuoci	tu nuis	**che tu noccia**	que tu nuises
nuoce	il nuit	**che lui noccia**	qu'il nuise
nociamo	nous nuisons	**che nociamo**	que nous nuisions
nocete	vous nuisez	**che nociate**	que vous nuisiez
nocciono	ils nuisent	**che nocciano**	qu'ils nuisent

Indicatif imparfait		Subjonctif imparfait	
nocevo	je nuisais	**che io nocessi**	que je nuisisse
nocevi	tu nuisais	**che tu nocessi**	que tu nuisisses
noceva...	il nuisait...	**che nocesse...**	qu'il nuisît

Passé simple

1 - **nocqui** je nuisis

2 - **noc-esti** tu nuisis

3 - **nocque** il nuisit

1 - **noc-emmo** nous nuisîmes
2 - **noc-este** vous nuisîtes

3 - **nocquero** ils nuisirent

	Futur		Conditionnel
nocerò	je nuirai	**nocerei**	je nuirais
nocerai	tu nuiras...	**noceresti**	tu nuirais...

Participe passé

nociuto   nui

119 ▪ PARERE, paraître

Indicatif présent		Subjonctif présent	
paio	je parais	**che io paia**	que je paraisse
pari	tu parais	**che tu paia**	que tu paraisses
pare	il paraît	**che lui paia**	qu'il paraisse
paiamo	nous paraissons	**che paiamo**	que nous paraissions
parete	vous paraissez	**che paiate**	que vous paraissiez
paiono	ils paraissent	**che paiano**	qu'ils paraissent

Passé simple

1 - **parvi**   je parus

2 - **par-esti**   tu parus

3 - **parve**   il parut

1 - **par-emmo**   nous parûmes
2 - **par-este**   vous parûtes

3 - **parvero**   ils parurent

	Futur		Conditionnel
parrò	je paraîtrai	**parrei**	je paraîtrais
parrai	tu paraîtras...	**parresti**	tu paraîtrais...

Participe passé

parso   paru

120 ▪ PIACERE, plaire

Indicatif présent		Subjonctif présent	
piaccio	je plais	**che io piaccia**	que je plaise
piaci	tu plais	**che tu piaccia**	que tu plaises
piace	il plaît	**che lui piaccia**	qu'il plaise
piacciamo	nous plaisons	**che piacciamo**	que nous plaisions
piacete	vous plaisez	**che piacciate**	que vous plaisiez
piacciono	ils plaisent	**che piacciano**	qu'ils plaisent

Passé simple

1 - **piacqui**	je plus			
		2 - **piac-esti**	tu plus	
3 - **piacque**	il plut			
		1 - **piac-emmo**	nous plûmes	
3 - **piacquero**	ils plurent	2 - **piac-este**	vous plûtes	

Participe passé

piaciuto   plu

121 ▪ PORRE (ancienne forme : PON-ERE), placer

(Sur ce même modèle, on conjuguera : **comporre :** composer ; **deporre :** déposer ; **disporre :** disposer ; **esporre :** exposer ; **imporre :** imposer ; **opporre :** opposer ; **proporre :** proposer ; **supporre :** supposer...)

Indicatif présent

pongo	je place
poni	tu places
pone	il place
poniamo	nous plaçons
ponete	vous placez
pongono	ils placent

Subjonctif présent

che io ponga	que je place
che tu ponga	que tu places
che lui ponga	qu'il place
che poniamo	que nous placions
che poniate	que vous placiez
che pongano	qu'ils placent

Passé simple

1 - **posi**	je plaçai		
		2 - **pon-esti**	tu plaças
3 - **pose**	il plaça		
		1 - **pon-emmo**	nous plaçâmes
		2 - **pon-este**	vous plaçâtes
3 - **posero**	ils placèrent		

Futur

porrò	je placerai
porrai	tu placeras...

Conditionnel

porrei	je placerais
porresti	tu placerais...

Participe passé

posto   placé

122 ▪ POTERE, pouvoir

Indicatif présent		Subjonctif présent	
posso	je peux	**che io possa**	que je puisse
puoi	tu peux	**che tu possa**	que tu puisses
può	il peut	**che lui possa**	qu'il puisse
possiamo	nous pouvons	**che possiamo**	que nous puissions
potete	vous pouvez	**che possiate**	que vous puissiez
possono	ils peuvent	**che possano**	qu'ils puissent

Futur		Conditionnel	
potrò	je pourrai	**potrei**	je pourrais
potrai	tu pourras...	**potresti**	tu pourrais...

123 ▪ RIMANERE, rester

Indicatif présent		Subjonctif présent	
rimango	je reste	**che io rimanga**	que je reste
rimani	tu restes	**che tu rimanga**	que tu restes
rimane	il reste	**che lui rimanga**	qu'il reste
rimaniamo	nous restons	**che rimaniamo**	que nous restions
rimanete	vous restez	**che rimaniate**	que vous restiez
rimangono	ils restent	**che rimangano**	qu'ils restent

Passé simple

1 - **rimasi**	je restai		
		2 - **riman-esti**	tu restas
3 - **rimase**	il resta		
		1 - **riman-emmo**	nous restâmes
		2 - **riman-este**	vous restâtes
3 - **rimasero**	ils restèrent		

Futur		Conditionnel	
rimarrò	je resterai	**rimarrei**	je resterais
rimarrai	tu resteras...	**rimarresti**	tu resterais...

Participe passé
rimasto   resté

124 ▪ SAPERE, savoir

Indicatif présent		Subjonctif présent	
so	je sais	**che io sappia**	que je sache
sai	tu sais	**che tu sappia**	que tu saches
sa	il sait	**che lui sappia**	qu'il sache

sappiamo	nous savons	**che sappiamo**	que nous sachions
sapete	vous savez	**che sappiate**	que vous sachiez
sanno	ils savent	**che sappiano**	qu'ils sachent

Passé simple

1 - **seppi**   je sus

      2 - **sap-esti**   tu sus

3 - **seppe**   il sut

      1 - **sap-emmo**   nous sûmes
      2 - **sap-este**   vous sûtes

3 - **seppero** ils surent

Futur		Conditionnel	
saprò	je saurai	**saprei**	je saurais
saprai	tu sauras...	**sapresti**	tu saurais...

125 ▪ SCEGLIERE, choisir

Indicatif présent		Subjonctif	
scelgo	je choisis	**che io scelga**	que je choisisse
scegli	tu choisis	**che tu scelga**	que tu choisisses
sceglie	il choisit	**che lui scelga**	qu'il choisisse
scegliamo	nous choisissons	**che scegliamo**	que nous choisissions
scegliete	vous choisissez	**che scegliate**	que vous choisissiez
scelgono	ils choisissent	**che scelgano**	qu'ils choisissent

Passé simple

1 - **scelsi**   je choisis

      2 - **scegli-esti**   tu choisis

3 - **scelse**   il choisit

      1 - **scegli-emmo** nous choisîmes
      2 - **scegli-este** vous choisîtes

3 - **scelsero** ils choisirent

Participe passé
scelto   choisi

126 ▪ SCIOGLIERE, dissoudre

(Sur ce même modèle, on conjuguera **prosciogliere** : acquitter.)

Indicatif présent		Subjonctif présent	
sciolgo	je dissous	**che io sciolga**	que je dissolve
sciogli	tu dissous	**che tu sciolga**	que tu dissolves
scioglie	il dissout	**che lui sciolga**	qu'il dissolve

sciogliamo	nous dissolvons	**che sciogliamo**	que nous dissolvions
sciogliete	vous dissolvez	**che sciogliate**	que vous dissolviez
sciolgono	ils dissolvent	**che sciolgano**	qu'ils dissolvent

Passé simple

1 - **sciolsi**   j'ai dissous*

           2 - **sciogli-esti**   tu as dissous

3 - **sciolse**   il a dissous

           1 - **sciogli-emmo**   nous avons dissous
           2 - **sciogli-este**   vous avez dissous

3 - **sciolsero**   ils ont dissous

* Le verbe « dissoudre » est un verbe défectif en français dont le passé simple n'existe pas. Rappelons, à ce sujet, que **le passato remoto** italien se traduit souvent par un passé composé.

Participe passé
sciolto   dissous

127 ▪ SEDERE OU SEDERSI, s'asseoir

Indicatif présent		Subjonctif présent	
siedo	je m'assieds	**che io sieda**	que je m'asseye
siedi	tu t'assieds	**che tu sieda**	que tu t'asseyes
siede	il s'assied	**che lui sieda**	qu'il s'asseye
sediamo	nous nous asseyons	**che sediamo**	que nous nous asseyions
sedete	vous vous asseyez	**che sediate**	que vous vous asseyiez
siedono	ils s'asseyent	**che siedano**	qu'ils s'asseyent

Passé simple

1 - **sedetti (sedei)** je m'assis

           2 - **sed-esti** tu t'assis

3 - **sedette (sedè)** il s'assit

           1 - **sed-emmo** nous nous assîmes
           2 - **sed-este** v. vous assîtes

3 - **sedettero (sederono)** ils s'assirent

▶ N.B. : le verbe **sedere** s'emploie avec l'auxiliaire **essere.** Ex. : **sono seduta :** je suis assise ; **si sono sedute :** elles se sont assises.

128 ▪ TACERE, se taire

Indicatif présent		Subjonctif présent	
taccio	je me tais	**che io taccia**	que je me taise
taci	tu te tais	**che tu taccia**	que tu te taises
tace	il se tait	**che lui taccia**	qu'il se taise

tacciamo	nous nous taisons	**che tacciamo**	que nous nous taisions
tacete	vous vous taisez	**che tacciate**	que vous vous taisiez
tacciono	ils se taisent	**che tacciano**	qu'ils se taisent

Passé simple

1 - **tacqui** je me tus

    2 - **tac-esti** tu te tus

3 - **tacque** il se tut

    1 - **tac-emmo** nous nous tûmes
    2 - **tac-este** vous vous tûtes

3 - **tacquero** ils se turent

Participe passé
taciuto tu

129 ▪ TENERE, tenir

(Sur ce même modèle, on conjuguera : **appartenere** : appartenir ; **contenere** : contenir ; **mantenere** : maintenir ; **ottenere** : obtenir ; **sostenere** : soutenir ; **trattenere** : retenir...)

Indicatif présent		Subjonctif présent	
tengo	je tiens	**che io tenga**	que je tienne
tieni	tu tiens	**che tu tenga**	que tu tiennes
tiene	il tient	**che lui tenga**	qu'il tienne
teniamo	nous tenons	**che teniamo**	que nous tenions
tenete	vous tenez	**che teniate**	que vous teniez
tengono	ils tiennent	**che tengano**	qu'ils tiennent

Passé simple

1 - **tenni** je tins

    2 - **ten-esti** tu tins

3 - **tenne** il tint

    1 - **ten-emmo** nous tînmes
    2 - **ten-este** vous tîntes

3 - **tennero** ils tinrent

Futur		Conditionnel	
terrò	je tiendrai	**terrei**	je tiendrais
terrai	tu tiendras...	**terresti**	tu tiendrais...

130 ▪ TOGLIERE, enlever, ôter

(Sur ce même modèle, on conjuguera : **distogliere** : détourner ; **ritogliere** : reprendre.)

Indicatif présent		Subjonctif présent	
tolgo	j'enlève	**che io tolga**	que j'enlève
togli	tu enlèves	**che tu tolga**	que tu enlèves

toglie	il enlève	**che lui tolga**	qu'il enlève
togliamo	nous enlevons	**che togliamo**	que nous enlevions
togliete	vous enlevez	**che togliate**	que vous enleviez
tolgono	ils enlèvent	**che tolgano**	qu'ils enlèvent

Passé simple

1 - **tolsi** j'enlevai

2 - **togli-esti** tu enlevas

3 - **tolse** il enleva

1 - **togli-emmo** nous enlevâmes
2 - **togli-este** vous enlevâtes

3 - **tolsero** ils enlevèrent

Participe passé
tolto enlevé

131 ▪ TRARRE, tirer

(Sur ce même modèle, on conjuguera : **attrarre :** attirer ; **con-trarre :** contracter ; **detrarre :** déduire ; **distrarre :** détourner ; **estrarre :** extraire ; **ritrarre :** retirer ; **sottrarre :** soustraire…)

Indicatif présent		Subjonctif présent	
traggo	je tire	**che io tragga**	que je tire
trai	tu tires	**che tu tragga**	que tu tires
trae	il tire	**che lui tragga**	qu'il tire
traiamo	nous tirons	**che traiamo**	que nous tirions
traete	vous tirez	**che traiate**	que vous tiriez
traggono	ils tirent	**che traggano**	qu'ils tirent

Passé simple

1 - **trassi** je tirai

2 - **tra-esti** tu tiras

3 - **trasse** il tira

1 - **tra-emmo** nous tirâmes
2 - **tra-este** vous tirâtes

3 - **trassero** ils tirèrent

Futur		Conditionnel	
trarrò	je tirerai	**trarrei**	je tirerais
trarrai	tu tireras…	**trarresti**	tu tirerais…

Participe passé
tratto tiré

132 ▪ VALERE, valoir

(Sur ce même modèle, on conjuguera : **avvalersi :** tirer profit ; **equivalere :** équivaloir ; **prevalere :** prévaloir…)

Indicatif présent		Subjonctif présent	
valgo	je vaux	**che io valga**	que je vaille
vali	tu vaux	**che tu valga**	que tu vailles
vale	il vaut	**che lui valga**	qu'il vaille
valiamo	nous valons	**che valiamo**	que nous valions
valete	vous valez	**che valiate**	que vous valiez
valgono	ils valent	**che valgano**	qu'ils vaillent

Passé simple

1 - **valsi** je valus

2 - **val-esti** tu valus

3 - **valse** il valut

1 - **val-emmo** nous valûmes
2 - **val-este** vous valûtes

3 - **valsero** ils valurent

Futur		Conditionnel	
varrò	je vaudrai	**varrei**	je vaudrais
varrai	tu vaudras…	**varresti**	tu vaudrais…

Participe passé

valso valu

133 ▪ VEDERE, voir

(Sur ce même modèle, on conjuguera : **avvedersi :** s'apercevoir ; **intravedere :** entrevoir ; **stravedere :** mal voir…)

Passé simple

1 - **vidi** je vis

2 - **ved-esti** tu vis

3 - **vide** il vit

1 - **ved-emmo** nous vîmes
2 - **ved-este** vous vîtes

3 - **videro** ils virent

Futur		Conditionnel	
vedrò	je verrai	**vedrei**	je verrais
vedrai	tu verras...	**vedresti**	tu verrais...

Participe passé

veduto ou **visto**   vu

134 ▪ VIVERE, **vivre**

Passé simple

1 - **vissi** je vécus

2 - **viv-esti** tu vécus

3 - **visse** il vécut

1 - **viv-emmo** nous vécûmes
2 - **viv-este** vous vécûtes

3 - **vissero** ils vécurent

Futur		Conditionnel	
vlvrò	je vivrai	**vivrei**	je vivrais
vivrai	tu vivras...	**vivresti**	tu vivrais...

Participe passé

vissuto   vécu

135 ▪ VOLERE, **vouloir**

Indicatif présent		Subjonctif présent	
voglio	je veux	**che io voglia**	que je veuille
vuoi	tu veux	**che tu voglia**	que tu veuilles
vuole	il veut	**che lui voglia**	qu'il veuille
vogliamo	nous voulons	**che vogliamo**	que nous voulions
volete	vous voulez	**che vogliate**	que vous vouliez
vogliono	ils veulent	**che vogliano**	qu'ils veuillent

Passé simple

1 - **volli** je voulus

2 - **vol-esti** tu voulus

3 - **volle** il voulut

1 - **vol-emmo** nous voulûmes
2 - **vol-este** vous voulûtes

3 - **vollero** ils voulurent

Futur		Conditionnel	
vorrò	je voudrai	**vorrei**	je voudrais
vorrai	tu voudras...	**vorresti**	tu voudrais...

TROISIÈME CONJUGAISON

136 ▪ APPARIRE, apparaître

(Sur ce même modèle, on conjuguera : **comparire** : paraître ;
scomparire : disparaître ; **trasparire** : transparaître.)

Indicatif présent

appaio ou **apparisco**
j'apparais
appari ou **apparisci**
tu apparais
appare ou **apparisce**
il apparaît
appariamo
nous apparaissons
apparite
vous apparaissez
appaiono ou **appariscono**
ils apparaissent

Subjonctif présent

che io appaia ou **apparisca**
que j'apparaisse
che tu appaia ou **apparisca**
que tu apparaisses
che lui appaia ou **apparisca**
qu'il apparaisse
che appariamo
que nous apparaissions
che appariate
que vous apparaissiez
che appaiano ou **appariscano**
qu'ils apparaissent

Passé simple

1 - **apparii, apparsi** ou **apparvi**   j'apparus
         2 - **apparisti**   tu apparus
3 - **appari, apparse** ou **apparve**   il apparut
         1 - **apparimmo**   nous apparûmes
         2 - **appariste**   vous apparûtes
3 - **apparirono, apparsero** ou **apparvero**   ils apparurent

Participe passé

apparso   apparu

137 ▪ MORIRE, mourir

Indicatif présent		Subjonctif présent	
muoio	je meurs	**che io muoia**	que je meure
muori	tu meurs	**che tu muoia**	que tu meures
muore	il meurt	**che lui muoia**	qu'il meure
muoiamo	nous mourons	**che moriamo**	que nous mourions
morite	vous mourez	**che moriate**	que vous mouriez
muoiono	ils meurent	**che muoiano**	qu'ils meurent

Futur		Conditionnel	
morirò ou **morrò**	je mourrai	**morirei** ou **morrei**	je mourrais
morirai ou **morrai...**	tu mourras...	**moriresti** ou **morresti...**	tu mourrais...

Participe passé

morto   mort

138 ▪ SALIRE, monter

Indicatif présent		Subjonctif présent	
salgo	je monte	**che io salga**	que je monte
sali	tu montes	**che tu salga**	que tu montes
sale	il monte	**che lui salga**	qu'il monte
saliamo	nous montons	**che saliamo**	que nous montions
salite	vous montez	**che saliate**	que vous montiez
salgono	ils montent	**che salgano**	qu'ils montent

139 ▪ UDIRE, entendre

Indicatif présent		Subjonctif	
odo	j'entends	**che io oda**	que j'entende
odi	tu entends	**che tu oda**	que tu entends
ode	il entend	**che lui oda**	qu'il entende
udiamo	nous entendons	**che udiamo**	que nous entendions
udite	vous entendez	**che udiate**	que vous entendiez
odono	ils entendent	**che odano**	qu'ils entendent

140 ▪ USCIRE, sortir

(Sur ce même modèle, on conjuguera **riuscire** : réussir.)

Indicatif présent		Subjonctif présent	
esco	je sors	**che io esca**	que je sorte
esci	tu sors	**che tu esca**	que tu sortes
esce	il sort	**che lui esca**	qu'il sorte
usciamo	nous sortons	**che usciamo**	que nous sortions
uscite	vous sortez	**che usciate**	que vous sortiez
escono	ils sortent	**che escano**	qu'ils sortent

141 ▪ VENIRE, venir

(Sur ce même modèle, on conjuguera : **convenire** : convenir ; **intervenire** : intervenir ; **pervenire** : parvenir ; **provenire** : provenir ; **rinvenire** : retrouver ; **svenire** : s'évanouir...)

Indicatif présent		Subjonctif présent	
vengo	je viens	**che io venga**	que je vienne
vieni	tu viens	**che tu venga**	que tu viennes
viene	il vient	**che lui venga**	qu'il vienne
veniamo	nous venons	**che veniamo**	que nous venions
venite	vous venez	**che veniate**	que vous veniez
vengono	ils viennent	**che vengano**	qu'ils viennent

Passé simple

1 - **venni**	je vins		
		2 - **ven-isti**	tu vins
3 - **venne**	il vint		
		1 - **ven-immo**	nous vînmes
		2 - **ven-iste**	vous vîntes
3 - **vennero**	ils vinrent		

Futur		Conditionnel	
verrò	je viendrai	**verrei**	je viendrais
verrai	tu viendras	**verresti**	tu viendrais

Participe passé

venuto	venu

EXERCICES

A) Compléter la grille suivante et donner le sens de l'infinitif

Infinitif	Sens	Passé simple	Participe passé
1)		valsi	
2)			invaso
3)			ammesso
4) muovere			
5) spingere			
6)		distrussi	
7)			raggiunto
8)		risposi	
9)			stretto
10) conoscere			
11)		persi	
12)			
13)			persuaso
14)		mi accorsi	
15)			vinto
16) reggere			
17)		finsi	
18)			rotto
19)		chiesi	
20) rascere			

B) Donner l'infinitif, puis les temps irréguliers du verbe, à la même personne que celle indiquée par l'exemple et traduire chacune de ces formes verbales

Exemple : **devo** (je dois), → **dovere, che io debba** (que je doive), **dovetti** (je dus), **dovrò** (je devrai), **dovrei** (je devrais).

1) **bevi** (tu bois) - 2) **facciamo** (nous faisons) - 3) **rimasero** (ils restèrent) - 4) **che lui ottenga** (qu'il obtienne) - 5) **tolgo** (j'enlève) - 6) **intervenni** (j'intervins) - 7) **escono** (ils sortent) - 8) **dici** (tu dis) - 9) **accadde** (cela arriva) - 10) **nuoci** (tu nuis) - 11) **accolsi** (j'accueillis) - 12) **cuoce** (il cuit) - 13) **ti duoli** (tu te plains) - 14) **dovremmo** (nous devrions) - 15) **giacque** (il fut étendu) - 16) **taccio** (je me tais) - 17) **salgono** (ils montent) - 18) **muore** (il meurt) - 19) **condurrò** (je conduirai) - 20) **piacquero** (ils plurent) - 21) **seppero** (ils surent) - 22) **scelgo** (je choisis) - 23) **terrò** (je tiendrai) - 24) **attrae** (il attire) - 25) **vide** (il vit) - 26) **visse** (il vécut) - 27) **che tu oda** (que tu entendes) - 28) **potrò** (je pourrai) - 29) **che lui proponga** (qu'il propose) - 30) **sciolsero** (ils ont dissous) - 31) **imponi** (tu imposes) - 32) **siedono** (ils s'asseyent) - 33) **che lui voglia** (qu'il veuille) - 34) **vale** (il vaut) - 35) **cadrei** (je tomberais) - 36) **porranno** (ils placeront) - 37) **pare** (il paraît) - 38) **che io tragga** (que je tire) - 39) **colgono** (ils cueillent) - 40) **traduco** (je traduis).

C) Traduire :

1) il prit - 2) ils naquirent - 3) nous fermâmes - 4) ils ont fermé - 5) tu as allumé - 6) il a fait allusion - 7) il dépensa - 8) je tendis - 9) elle est persuadée - 10) il a admis - 11) ils mirent - 12) ils ont remué - 13) elle a été secouée - 14) j'ai discuté - 15) il a éteint - 16) nous avons demandé - 17) j'ai cueilli - 18) il a pleuré - 19) elles ont été poussées - 20) elle a été protégée.

D) Traduire :

1) je sais - 2) il doit - 3) ils viennent - 4) ils sortent - 5) il veut - 6) il place - 7) il peut - 8) qu'ils sachent - 9) il plaça - 10) il plaît - 11) nous devrons - 12) il tient - 13) il fit - 14) je sus - 15) il paraît - 16) ils sont venus - 17) ils pourraient - 18) ils veulent - 19) ils plaisent - 20) ils disent.

E) Mettre au présent, puis au futur les verbes de la phrase suivante :

Giunse all'una : volle subito da mangiare ; bevve anche un bel po'. Dopo di che, lo condussero a casa dove cadde - così dissero - nel letto. Si seppe che fece una bella dormita perché dovettero andare a svegliarlo, ma siccome vide che era già notte, disse : « Io torno a dormire. »

Traduction : Il arriva à une heure : il voulut manger tout de suite ; il but aussi pas mal. Après quoi, on le conduisit chez lui où il tomba dans son lit, d'après ce que l'on dit. On sut qu'il fit un bon somme car on dut aller le réveiller, mais comme il vit qu'il faisait déjà nuit, il dit : « Je me remets à dormir. »

F) Traduire, à l'aide du vocabulaire ci-dessous : voir aussi les nos 149-2/150/154 et 344. Attention à la concordance des temps.

crayon, **matita** ; histoire, **storia** ; lait, **latte** ; ours, **orso** ; pêche, **pesca** ; règle, **riga** ; sous, **sotto**.

1) J'aime les pêches - 2) Il regrette qu'ils ne puissent pas rester - 3) Il me semble que tu peux venir - 4) Il faut plus de (167) lait - 5) J'aime l'histoire - 6) Il fallut beaucoup de gens (248) - 7) Il me sembla qu'il tenait un livre sous le bras (34) - 8) Il faut un crayon et une règle - 9) J'aime le cinéma - 10) Il aime les ours.

CHAPITRE IX

LES VERBES INTRANSITIFS OU NEUTRES
LES VERBES PRONOMINAUX
LES VERBES IMPERSONNELS

Capitolo nono
I verbi intransitivi o neutri
I verbi pronominali
I verbi impersonali

142 ▪ Les principaux verbes intransitifs et leur auxiliaire

Les verbes intransitifs expriment généralement un état ou un changement d'état.

Voici la liste des verbes intransitifs d'emploi courant :

andare	aller	**migliorare**	s'améliorer
calare	baisser	**morire**	mourir
cambiare	changer	**parere**	paraître
cominciare	commencer	**piacere**	plaire
continuare	continuer	**peggiorare**	empirer
correre	courir	**rimanere**	rester
crescere	grandir	**riuscire**	réussir
costare	coûter	**salire**	monter
dimagrire	maigrir	**scappare**	fuir
diminuire	diminuer	**scoppiare**	éclater
dispiacere	déplaire	**sembrare**	sembler
durare	durer	**sorgere**	se dresser
entrare	entrer	**spuntare**	poindre, paraître
finire	finir	**stare**	rester...
fiorire	fleurir	**valere**	valoir
fuggire	fuir	**venire**	venir
ingrassare	grossir	**vivere**	vivre

Ces verbes se conjuguent, la plupart du temps, avec l'auxiliaire **essere** ; ils s'accordent donc en genre et en nombre avec le sujet.

Exemples :

I prezzi sono calati	Les prix ont baissé
Il corso è cambiato	Le cours a changé
Come sei cresciuta !	Comme tu as grandi !
Il suo stato è migliorato	Son état s'est amélioré
È riuscita a chiamarlo	Elle a réussi à l'appeler
È cominciato a piovere	Il a commencé à pleuvoir
L'ingresso è costato caro	L'entrée a coûté cher
È finita la partita	La partie est finie
Siamo saliti al sesto piano	Nous sommes montés au 6ᵉ étage
Sono vissuti a Firenze un anno	Ils ont vécu un an à Florence

▶ N.B. : Il convient de noter que l'auxiliaire diffère, le plus souvent, de l'auxiliaire français.

Cependant, certains de ces verbes peuvent être employés comme neutres, ou comme transitifs ; dans ce second cas, ils se conjuguent avec **avere**.

Exemples :

Ha migliorato la situazione	Il a amélioré la situation.
Ha cambiato casa	Il a changé de maison.
Abbiamo salito le scale	Nous avons monté l'escalier.

143 ▪ La construction de DOVERE, POTERE, SAPERE, VOLERE

Lorsque ces quatre verbes sont employés à un temps composé, ils prennent, *de préférence*, l'auxiliaire de l'infinitif qui suit.

Exemples :

Sono rimasta	**Son dovuta* rimanere**
Je suis restée	J'ai dû rester
Ho risposto	**Ho dovuto rispondere**
J'ai répondu	J'ai dû répondre
Sono arrivati	**Sono potuti* arrivare**
Ils sont arrivés	Ils ont pu arriver
Hanno letto	**Hanno potuto leggere**
Ils ont lu	Ils ont pu lire
Si è truccata	**Si è saputa* truccare**
Elle s'est maquillée	Elle a su se maquiller
Ha scritto	**Ha saputo scrivere**
Elle/Il a écrit	Elle/Il a su écrire
Sono venuto	**Sono voluto* venire**
Je suis venu	J'ai voulu venir
Ho aperto	**Ho voluto aprire**
J'ai ouvert	J'ai voulu ouvrir

* Bien qu'il ne soit pas obligatoire, cet emploi de l'auxiliaire **essere** est courant. Notez qu'il renseigne sans équivoque sur le genre et le nombre de la (ou les) personne(s) qui parle(nt) ou dont on parle.

144 ▪ La conjugaison des verbes pronominaux

Exemple : RICORDARSI.

INDICATIF

Présent

mi ricordo	je me souviens
ti ricordi	tu te souviens
si ricorda	il se souvient
ci ricordiamo	nous nous souvenons
vi ricordate	vous vous souvenez
si ricordano	ils se souviennent

Passé composé

mi sono* ricordato(a)	je me suis souvenu(e)
ti sei ricordato(a)	tu t'es souvenu(e)
si è ricordato(a)	il/elle s'est souvenu(e)
ci siamo ricordati(e)	nous nous sommes souvenu(e)s
vi siete ricordati(e)	vous vous êtes souvenu(e)s
si sono ricordati(e)	ils/elles se sont souvenu(e)s

Imparfait	Plus-que-parfait
mi ricordavo	**mi ero* ricordato(a)**
je me souvenais	je m'étais souvenu(e)...

Passé simple	Passé antérieur
mi ricordai	**mi fui* ricordato(a)**
je me souvins	je me fus souvenu(e)

Futur	Futur antérieur
mi ricorderò	**mi sarò* ricordato(a)**
je me souviendrai	je me serai souvenu(e)...

CONDITIONNEL

Présent	Passé
mi ricorderei	**mi sarei* ricordato(a)**
je me souviendrais	je me serais souvenu(e)...

SUBJONCTIF

Présent	Imparfait
che io mi ricordi	**che io mi ricordassi**
que je me souvienne	que je me souvinsse...

---

* L'auxiliaire est toujours **essere**.

IMPÉRATIF		GÉRONDIF
ricordati	souviens-toi	**ricordandosi**
non ti ricordare	ne te souviens pas	en se souvenant
si ricordi*	souvenez-vous	

		PARTICIPE PASSÉ
ricordiamoci	souvenons-nous	
ricordatevi	souvenez-vous	**ricordatosi** ou
si ricordino*	souvenez-vous	**ricordatasi**
ricordatevi	souvenez-vous	s'étant souvenu(e)
si ricordino*	souvenez-vous	

▶ N.B. : pour le reste de la conjugaison se référer aux chapitres V et VI, et au chapitre XII pour les pronoms.

145 ▪ Les verbes construits avec pronom explétif

(Un pronom explétif est un pronom qui, apparemment, n'est pas nécessaire.)

1) Des verbes actifs se construisent parfois comme des verbes réfléchis ; dans ce cas, l'emploi d'un pronom non explétif implique souvent une nuance de familiarité ou de satisfaction personnelle :

Si è mangiato un gelato
Il a mangé une glace
(sous-entendu : il l'a trouvée exquise)

2) Le pronom féminin explétif « **la** » (sous-entendu : **la cosa** : la chose ; **la faccenda** : l'histoire...) s'emploie dans des expressions toutes faites fournies par le dictionnaire :

Exemples :

farcela	y arriver	>	**ce la faccio**	j'y arrive
cavarsela	s'en tirer	>	**me la cavo**	je m'en tire
aspettarsela	s'y attendre	>	**me la aspettavo**	je m'y attendais
svignarsela	décamper	>	**se la è svignata**	il a décampé

146 ▪ Les verbes impersonnels

Ce sont des verbes qui s'emploient seulement à la 3e personne du singulier. Ils se conjuguent avec l'auxiliaire **essere**. Voici les principaux :

gela	il gèle	**nevica**	il neige
grandina	il grêle	**piove**	il pleut
lampeggia	il fait des éclairs	**tuona**	il tonne

147 ▪ Les verbes employés impersonnellement

basta	il suffit	**sembra**	il semble
importa	il importe	**piace**	il plaît
pare	il paraît	**dispiace**	il déplaît

(Ils se conjuguent, eux aussi, avec l'auxiliaire **essere**.)

148 ▪ Les locutions impersonnelles

è bello*	il est agréable	**è brutto***	c'est mal
è meglio*	il vaut mieux	**è lecito***	il est permis...
c'è sole	il y a du soleil	**fa cattivo tempo**	il fait mauvais temps
fa caldo	il fait chaud	**fa freddo**	il fait froid
tira vento	il fait du vent	**fa bel tempo**	il fait beau temps

▶ N.B. : * ces locutions sont suivies de l'infinitif sans préposition ou du subjonctif (cf. n° 352).

È meglio tacere	**È lecito parlare**
Il est préférable de se taire	Il est permis de parler

149 ▪ Traduction du verbe « falloir »

Trois traductions principales imposées par la syntaxe :

1) **Bisogna,** devant un infinitif ou une proposition subordonnée introduite par **che** suivi du subjonctif :

Bisogna venire	**Bisogna che vengano**
Il faut venir	Il faut qu'ils viennent

2) **Ci vuole** (pluriel : **Ci vogliono**), devant un substantif :

Ci vuole una gondola
Il faut une gondole
Ci vogliono due gondole
Il faut deux gondoles

3) **Occorre** (pluriel : **occorrono**) peut s'employer à la place de **bisogna** ou de **ci vuole** :

Occorre venire	**Occorre che vengano**
Il faut venir	Il faut qu'ils viennent
Occorre una gondola	**Occorrono due gondole**
Il faut une gondole	Il faut deux gondoles

4) Autres tournures possibles :

Conviene :	**Ti conviene cambiare casa**
	Il faut que tu changes de maison
È necessario :	**È necessario ricordargli questo pranzo**
	Il faut lui rappeler ce dîner

— Le verbe **dovere** (devoir) peut également se traduire par « falloir », surtout dans une phrase négative :

Qui, non si deve parlare
Ici, il ne faut pas parler
(m. à m. : Ici, on ne doit pas parler)

150 ▪ Conjugaison de BISOGNA, CI VUOLE, OCCORRE

1) Tous ces verbes se conjuguent à tous les temps. C'est ainsi que :

« il fallait » se traduira par **bisognava, ci voleva(no)** ou **occorreva(no)**

« il fallut », par **bisognò, ci volle(ro)** ou **occorse(ro)**

« il faudra », par **bisognerà, ci vorrà (ci vorranno)** ou **occorrerà (occorreranno),** etc.

« il faudrait », par **bisognerebbe, ci vorrebbe (ci vorrebbero)** ou **occorrerebbe (occorrerebbero)**

⚠ Pour la concordance des temps, voir n° 368.

2) Aux temps composés, **ci vuole** et **occorrere** prennent l'auxiliaire **essere :**

Ci è voluto molto tempo
Il a fallu beaucoup de temps
Sono occorsi pochi minuti
Il a fallu quelques minutes

Bisogna ne s'emploie guère aux temps composés. On dira plutôt :

È stato necessario che venissero
Il a fallu qu'ils viennent

151 ▪ Traduction de « il s'en faut », « peu s'en faut », « peu s'en fallut »

Ci manca molto ou Ci manca assai	Il s'en faut de beaucoup
Ci manca poco ou Poco ci manca	Peu s'en faut
Poco mancò che non cadesse	Peu s'en fallut qu'il ne tombe (m. à m. : peu s'en fallut qu'il ne tombât)

152 ▪ Traduction du verbe « arriver »

Lorsque le verbe « arriver » n'indique pas un mouvement, mais un fait qui survient, il se traduit par : **accadere, avvenire, succedere** ou **capitare** (**capitare** implique plutôt une idée de hasard).

Sono fatti che accadono (avvengono, succedono, capitano)
Ce sont des faits qui arrivent

Non so che cosa sia accaduto (avvenuto, successo, capitato)
Je ne sais pas ce qui s'est passé

Rappel : Δ Au sens figuré, en français, « arriver » s'emploie aussi dans le sens de « réussir ». Il se traduit alors par **riuscire :**

È riuscito a farsi capire
Il est arrivé à se faire comprendre

Au sens propre, « arriver » se traduit par **arrivare** ou **giungere (giunsi, giunto)**.

153 ▪ Traduction du verbe « regretter »

1) On emploie couramment les verbes **dispiacere** ou **rincrescere** qui sont impersonnels et qui se construisent avec les pronoms personnels compléments d'objet indirect (cf. n°s 194-195).

Gli dispiace (rincresce) molto non venire
Il regrette beaucoup de ne pas venir
Le è molto dispiaciuto (rincresciuto) essere in ritardo
Elle a beaucoup regretté d'être en retard

2) Regretter une personne, un pays, une saison… se traduit par le verbe **rimpiangere** qui est transitif :

Rimpiango quella bella estate
Je regrette ce bel été

3) Regretter une erreur se traduit par **rammaricarsi** :

Si rammarica tanto del proprio comportamento
Il regrette tellement son comportement

154 ▪ Traduction du verbe « aimer »

1) Lorsque ce sentiment se rapporte à une chose, ou à une action, on emploie couramment le verbe **piacere,** qui est impersonnel et qui se construit avec les pronoms personnels compléments d'objet indirect (cf. n°s 194-195).

Δ Construction : De plus, ce qui est complément d'objet direct en français est sujet en italien ; on emploie donc la 3e personne du singulier lorsque le sujet est singulier :

Gli piace il mare
Il aime la mer
(m. à m. : La mer lui plaît)

On emploie la 3e personne du pluriel lorsque le sujet est au pluriel :

Ti piacciono gli spaghetti
Tu aimes les spaghetti
(m. à m. : Les spaghetti te plaisent)

L'auxiliaire est **essere**, conjugué à la forme appropriée (cf. n° 71-1) :

Le sarebbe piaciuto andare al cinema
Elle aurait aimé aller au cinéma

2) Lorsque ce sentiment se rapporte à une personne, on peut employer le verbe **amare**, mais l'expression **volere bene a** est plus courante :

Voglio bene a mio padre, al mio fidanzato, ai miei fratelli
J'aime mon père, mon fiancé, mes frères

EXERCICES

A) Traduire :

1) **Sono riusciti a superare** (surmonter) **la crisi** - 2) **Mi dispiace che non abbia potuto proseguire** (continuer) **gli studi** - 3) **Vogliono molto bene ai loro amici** - 4) **Gli piacerebbe andare a teatro** - 5) **Che cosa** (189) **succede in questo brano ?** (passage de texte) - 6) **Rimpiange quelle** (230) **magnifiche vacanze al mare** - 7) **Poco mancò che non si rompesse la gamba** - 8) **Ti ricordi quello che è successo la settimana scorsa** (294) **a Piacenza ?** - 9) **Era stato necessario l'intervento** (l'intervention) **della polizia** - 10) **Da Parigi, ci vogliono due ore di volo per essere a Roma.**

B) Compléter les phrases suivantes avec l'auxiliaire convenable :

1) **Il viaggio** (voyage) **... costato molto** - 2) **Maria ... salita al primo** (291) **piano** (étage) - 3) **Queste signore ... un po'** (250) **ingrassate** - 4) **La situazione ... migliorata** - 5) **Mi ... dispiaciuto partire** - 6) **(Io) ... dovuta entrare per prima** (la première) - 7) **Se ... cavata con onore** (honneur) - 8) **(Noi) ... potuti atterrare in orario** (à l'heure) - 9) **Tu ... voluto andare a Parma** - 10) **(Loro) non ... voluto sapere niente** (258) - 11) **Isa... riuscita a entrare** - 12) **Che cosa... potuto succedere ?** - 13) **Lei... dovuta scappare** - 14) **Si... potuta migliorare la situazione** - 15) **Gli... piaciuta la città.**

C) Compléter les phrases suivantes par la traduction de « il faut », « il faudra », « il fallait », « il faudrait », selon le cas :

1) . . . . **accendere il televisore.**
2) . . . . **parecchi architetti** (248).
3) . . . . **che scegliesse** (368).
4) . . . . **poco tempo** (248).
5) . . . . **che esca subito** (368).
6) . . . . **molto sole** (248).
7) . . . . **che rimanessero a casa** (368).
8) . . . . **che dica tutto** (368).
9) . . . . **che facessero questo lavoro** (368).
10) . . . . **tanti dischi.**

D) Révision des verbes irréguliers :

Exemple :

Présent :	**Oggi, io (parlare)** ...	**parlo**
Futur :	**Domani, io (parlare)** ...	**parlerò**
Passé simple :	**Quel giorno, io (parlare)** ...	**parlai**
Passé composé :	**Poco fa, io (parlare)** ...	**ho parlato**

1) **Quel giorno, io (persuadere)** ...
2) **Poco fa, loro (venire)** ...
3) **Domani, tu (venire)** ...
4) **Oggi, io (sciogliere)** ...
5) **Domani, lui (sapere)** ...
6) **Oggi, tu (uscire)** ...
7) **Quel giorno, noi (volere)** ...
8) **Poco fa, tu (chiedere)** ...
9) **Oggi, noi (condurre)** ...
10) **Domani, lui (tenere)** ...

E) Traduire, à l'aide du vocabulaire ci-dessous :

an, **anno** ; (s')amuser, **divertirsi** ; chemin, **cammino** ; maquiller, **truccare** ; nouveau, **nuovo** ; pendule, **pendolo** ; (se) promener, **passeggiare** ; retrouver, **ritrovare** ; roman, **romanzo** ; (se) servir, **servirsi** (214) ; tout de suite, **subito** ; vieillir, **invecchiare.**

1) Je suis arrivé à retrouver mon chemin ! - 2) J'ai dû choisir - 3) Je me suis toujours demandé comment cela était arrivé (348) - 4) Tu te maquilles trop ! - 5) Il faudrait qu'Élisabeth sache ce qu'(234-2) elle fera - 6) Il a toujours su choisir ses (236) amis - 7) En (290-2) dix ans, il a peu vieilli - 8) Il s'est toujours servi d'un pendule - 9) Il est agréable de lire ce nouveau roman -10) Quand il y a du soleil, il vaut mieux aller se promener tout de suite.

CHAPITRE X

LES ADJECTIFS QUALIFICATIFS
LA COMPARAISON

**Capitolo decimo
Gli aggettivi qualitativi
La comparazione**

155 ▪ L'adjectif qualificatif, genre et nombre (rappel)

Il existe deux classes d'adjectifs :

1) Les adjectifs terminés par **-o**, qui ont **4 formes** :

Masculin singulier **libero** libre	Féminin singulier **liberi** libres
Fémin singulier **libera** libre	Féminin pluriel **libere** libres

2) Les adjectifs terminés par **-e**, qui ont **2 formes** :

Masc. et Fém. sing. **piacevole** agréable	Masc. et Fém. pl. **piacevoli** agréables

▶ N.B. : pour les adjectifs terminés par **-io, -co** et **-go, -ca** et **-ga,** se référer aux n°s 30, 31-32.

156 ▪ Accord de l'adjectif

Les adjectifs s'accordent toujours en genre et en nombre au nom auquel ils se rapportent, même lorsqu'ils ne s'accordent pas en français :

| **Sono tutti allegri** | **una mezza misura** |
| Ils sont tout joyeux* | une demi-mesure |

△ On dit indifféremment :

È l'una e mezza
Il est une heure et demie

Sono le tre e mezzo
Il est trois heures et demie

Sono mezzo morti di paura
Ils sont à moitié morts de peur

I bicchieri sono mezzi pieni
Les verres sont à moitié pleins

---

* Devant un adjectif, « tout » est considéré, en français, comme un adverbe et reste invariable, sauf devant un adjectif féminin commençant par une consonne : « elle est toute joyeuse ».

157 ▪ Adjectifs invariables

Les adjectifs **rosa** (rose), **viola** (violet) et **marrone** (marron) sont invariables :

Queste rose sono rosa
Ces roses sont roses

Les deux premiers peuvent être remplacés par les adjectifs variables : **roseo et violaceo,** qui expriment cependant une nuance de couleur légèrement différente : rosé, violacé.

158 ▪ Modification de l'article selon la place de l'adjectif (cf. n°s 40 et 44)

uno spett**a**colo brioso   un brioso spett**a**colo
un spectacle enlevé

il salto spericolato   lo spericolato salto
le saut imprudent

la m**u**sica armoniosa   l'armoniosa m**u**sica
la musique harmonieuse

159 ▪ Suppression éventuelle de la voyelle finale

Lorsqu'un adjectif terminé par **-le, -me, -ne** ou **-re** (consonnes liquides) se trouve immédiatement avant le nom auquel il se rapporte (ce nom ne commençant pas par un **s-** impur), il peut perdre le **-e** final, surtout dans la langue parlée :

un cordial saluto   un fedel amico
un salut cordial   un ami fidèle

160 ▪ BUONO

L'adjectif **buono** suit la règle de l'article indéfini **uno** (cf. n°s 38-39).

un buon sogno   un buono scolaro   un buon economista
un bon rêve   un bon écolier   un bon économiste

una buona volontà   una buon'allieva
une bonne volonté   une bonne élève

▶ N.B. : si l'adjectif n'est pas placé devant le nom, on emploie les formes **buono, buona, buoni, buone** :

questo dolce è buono   questa struttura è buona
ce gâteau est bon   cette structure est bonne

161 ▪ BELLO

L'adjectif **bello** suit la règle de l'article défini (cf. n°s 42-43.)

Masculin

Singulier		Pluriel	
il bel sogno	le beau rêve	**i bei sogni**	les beaux rêves
il bello straniero	le bel étranger	**i begli stranieri**	les beaux étrangers
il bello zaffiro	le beau saphir	**i begli zaffiri**	les beaux saphirs
il bell'albero	le bel arbre	**i begli alberi**	les beaux arbres

Féminin

la bella casa	la belle maison	**le belle case**	les belles maisons
la bell'idea	la belle idée	**le belle idee**	les belles idées

▶ N.B. : si l'adjectif n'est pas placé devant le nom, on emploie les formes **bello, bella, belli, belle** :

questo zaffiro è bello	**questi alberi sono belli**
ce saphir est beau	ces arbres sont beaux
questa casa è bella	**queste idee sono belle**
cette maison est belle	ces idées sont belles

162 ▪ SANTO

1) Au masculin singulier, **santo** devient **san** devant un prénom commençant par une consonne autre que **s- impur** :

San Pietro	**San Giovanni**
Saint Pierre	Saint Jean

2) Devant une voyelle, il devient **sant'**, au masculin comme au féminin :

il sant'uomo	**Sant'Agostino**	**Sant'Anna**
le saint homme	Saint Augustin	Sainte Anne

3) Devant un **s impur** et devant un nom commun commençant par une consonne, on emploie **santo** (sauf devant **San Zeno** ou **San Zanobi**) :

Santo Stefano	**il Santo Padre**	**una santa bambina**
Saint Etienne	le Saint Père	une sainte petite fille

163 ▪ GRANDE

1) Sans que cela soit obligatoire, au masculin comme au féminin, singulier et pluriel, **grande** devient souvent **gran** devant un mot commençant par une consonne autre que **s impur** et **z** :

il gran ballo	**i gran balli**	**la gran libreria**	**le gran librerie**
le grand bal	les grands bals	la grande librairie	les grandes librairies

mais on peut également dire :

il grande ballo, i grandi balli ;
la grande libreria, le grandi librerie.

2) Devant un **s- impur** ou un **z-**, on rencontre seulement la forme **grande**, pluriel **grandi** :

un grande sforzo	**grandi sforzi**
un grand effort	de grands efforts

3) Devant une voyelle, au masculin comme au féminin singulier **grande** devient **grand'** :

un grand'uomo	**grandi uomini**
un grand homme	de grands hommes
una grand'attrice	**grandi attrici**
une grande actrice	de grandes actrices

164 ▪ Les suffixes

Revoir, au chapitre II, le n° 35, en se rappelant qu'il est préférable de ne pas utiliser un suffixe avant d'avoir rencontré un mot, nom ou adjectif altéré par le suffixe que l'on compte employer.

LES DEGRÉS DE COMPARAISON
LE COMPARATIF

165 ▪ Le comparatif d'égalité

Traduction de « aussi... que » :

(così)... come
(tanto)... quanto
È (così) simpatico come intelligente
È (tanto) simpatico quanto intelligente
il est aussi sympathique qu'intelligent

Remarques :

1) Dans l'expression **« così... come »**, così est souvent sous-entendu, et de même **tanto**, dans l'expression **« tanto... quanto »**.

2) **tanto... quanto** s'accordent :

Sarà alto come (quanto) suo fratello
Il sera aussi grand que son frère

3) On rencontre aussi **tale... quale** ou **tale e quale** qui s'emploient surtout pour marquer la ressemblance :

È tale quale (tale e quale) suo nonno
Il est comme son grand-père

166 ▪ Les comparatifs de supériorité et d'infériorité

Traduction de « plus », « moins » : **più, meno.** Traduction de « que » : **di** ou **che.**

1) *Lorsqu'on compare deux noms ou deux pronoms* (non précédés d'une préposition) *par rapport à une qualité,* on traduit « que » par **di** (qui se contracte avec les différents articles ; cf. ch. IV) :

> **Paolo è più bravo in musica DI Pietro**
> 1er terme   qualité   2e terme
> Paul est plus fort en musique que Pierre
> **Maria è più simpatica DELLA sorella**
> 1er terme   qualité   2e terme
> Marie est plus sympathique que sa sœur

2) *Dans les autres cas,* on traduit « que » par **che.**

a) Lorsqu'on compare des adjectifs :

> **Ornella è più elegante che distinta**
> Ornella est plus élégante que distinguée

b) Lorsqu'on compare des adverbes :

> **Meglio tardi che mai**
> Mieux vaut tard que jamais

c) Lorsqu'on compare des verbes :

> **È più facile dire che fare**
> Il est plus facile de dire que de faire

d) Lorsqu'on compare des quantités :

> **Ha comprato più maglie che camicie**
> Il/Elle a acheté plus de pulls que de chemises

e) Devant une préposition :

> **Ludovico ha più dischetti che cassette**
> Ludovic a plus de disquettes que de cassettes

Exception :
> **C'è meno sole che di solito = C'è meno sole del solito**
> Il y a moins de soleil que d'habitude

167 ▪ Traduction de « plus de... », « moins de... »

1) En général, « de » ne se traduit pas :

Voglio più mortadella	**C'è meno lavoro**
Je veux plus de mortadelle	Il y a moins de travail

2) Mais, devant un nombre, on emploie **« più di... »**, **« meno di... » :**

> **Ci sono più di trenta scolari**
> Il y a plus de trente écoliers

▶ N.B. : « de plus en plus » se traduit par **sempre più**, de moins en moins par **sempre meno**.

> **Ci sono sempre più scolari**
> Il y a de plus en plus d'élèves

168 ▪ Le subjonctif dans une proposition subordonnée comparative (cf. n° 346)

> **È meno difficile che tu non creda**
ou **È meno difficile di quanto tu non creda**
> C'est moins difficile que tu ne crois

▶ N.B : cependant, on peut dire aussi, en employant l'indicatif :
> **È meno difficile di quel che tu credi**

LE SUPERLATIF

169 ▪ Le superlatif absolu

Pour traduire le superlatif absolu « très beau, très important... », l'italien dispose de deux possibilités d'usage courant :

1) Traduire « très » par **molto** (ou plus rarement par **assai**) :

> **Sono molto (assai) numerosi**
> Ils sont très nombreux

△ Dans ce cas, **molto** est adverbe et invariable (voir aussi n° 318 N.B.).

2) Substituer à la voyelle finale de l'adjectif le suffixe **-issimo :**
> **È bellissimo : sono numerosissimi !**
> C'est magnifique : ils sont très nombreux !
> **È bellissimo : sono numerosissime !**
> C'est merveilleux : elles sont très nombreuses !

3) De plus, l'italien dispose de deux autres possibilités, d'un emploi plus restreint, que l'usage nous apprend :

a) répéter deux foix le même adjectif
> **Cammina piano piano**
> Il marche tout doucement

b) employer le préfixe **stra-**

La macchina è stracarica
La voiture est surchargée
La pasta è stracotta
Les pâtes sont archi-cuites

170 • Superlatif absolu des adjectifs terminés par -CO ou -GO

Lorsque ces adjectifs forment leur pluriel en **-chi** ou **-ghi** (cf. n° 33), ils conservent le **-h-** au superlatif :

Questo è un bronzo antichissimo
C'est un bronze très ancien

171 • ACRE, CELEBRE, INTEGRO, MISERO, SALUBRE

Ces quatre adjectifs, qui signifient « âcre, célèbre, intègre, misérable, salubre », peuvent avoir un superlatif formé directement sur le latin : **acerrimo, celeberrimo, integerrimo, miserrimo** et **saluberrimo,** mais il s'agit là de formes littéraires et l'usage courant préfère : **molto acre, molto celebre,** etc.

172 • Le superlatif relatif

Pour traduire le superlatif relatif (« le plus, la plus, le moins, la moins », etc.), l'italien traduit, en principe, exactement par les formes : **il più, la più, il meno, la meno,** etc.

Il convient, cependant, de *faire attention à la construction.*

1) On dit, comme en français :

il più bel libro
le plus beau livre

2) Mais si l'adjectif au superlatif suit immédiatement le substantif précédé de l'article défini, on ne répète pas l'article en italien.

le livre le plus beau
il libro   più bello

3) De même, si le superlatif ne modifie pas un substantif, mais, par exemple, un adverbe, on ne répète pas l'article :

C'est l'orateur qui a parlé le moins bien
È l'oratore che ha parlato meno bene

173 • IL PIÙ, IL MENO, IL MEGLIO, IL PEGGIO

Employés comme substantifs, ces superlatifs prennent l'article, comme en français :

È il più (il meno) che si possa fare
C'est le plus (le moins) que l'on puisse faire

È il meglio (il peggio) che ti possa capitare
C'est le mieux (le pire) qui puisse t'arriver

174 ▪ Comparatifs et superlatifs irréguliers

Positif	Comparatif	Superlatif
alto, haut	**superiore**	**supremo (sommo)**
basso, bas	**inferiore**	**infimo**
buono, bon	**migliore**	**ottimo**
cattivo, mauvais	**peggiore**	**pessimo**
grande, grand	**maggiore**	**massimo**
piccolo, petit	**minore**	**minimo**

A la place de ces comparatifs et superlatifs irréguliers, on peut
aussi employer les formes régulières :

alto, più alto, altissimo

Cependant, **migliore** et **peggiore** s'emploient de préférence
à **più buono** et **più cattivo.**

TRADUCTIONS DE...

175 ▪ Traduction de « le plus » = davantage, « le moins »

Les marguerites sont les fleurs que j'aime le plus
Le margherite sono i fiori che mi piacciono *di più*
Les serpents sont les animaux qui me plaisent le moins
Il serpenti sono gli animali che mi piacciono *di meno*

176 ▪ Traduction de « le mieux »

1)   C'est ce que je comprends le mieux
È quello che capisco *meglio*
2)   Le mieux, c'est de réfléchir encore un peu
***La cosa migliore* è riflettere ancora un po'**

177 ▪ Traduction de « plus... plus »

Plus il écoute ce disque, plus il veut le réécouter
Più ascolta questo disco e più vuole riascoltarlo

178 ▪ Traduction de « d'autant plus que », « d'autant moins que »

> Il voyage d'autant plus qu'il s'ennuie chez lui
> **Tanto più viaggia quanto più si annoia a casa**
> Il se presse d'autant moins qu'il a le temps
> **Tanto meno si affretta quanto più ha tempo**

▶ N.B. : 1) Il est plus élégant d'introduire le verbe entre les deux termes de la comparaison.

2) Il ne faut pas confondre **tanto più... quanto** avec **tanto più... che,** qui implique un rapport de cause à effet :

> **Mi sento debole tanto più che non ho mangiato**
> Je me sens d'autant plus faible que je n'ai pas mangé
> **Sorride tanto più che ha ricevuto buone notizie**
> Il sourit d'autant plus qu'il a reçu de bonnes nouvelles

179 ▪ Traduction des locutions adverbiales françaises

beaucoup de	**molto, -a, -i, -e**
peu de	**poco, -ca, -chi, -che**
quelque peu de	**alquanto, -a, -i, -e**
autant de, tant de, tellement de	**tanto, -a, -i, -e**
trop de	**troppo, -a, -i, -e**
tout autant de	**altrettanto, -a, -i, -e**
que de, combien de	**quanto, -a, -i, -e**

En italien, ces adjectifs indéfinis s'accordent en genre et en nombre avec le nom auquel ils se rapportent, comme les adjectifs qualificatifs.

△ La préposition « de » ne se traduit jamais :

> **Ha dato molte rappresentazioni**
> Il a donné beaucoup de représentations
> (ou : Il a donné de nombreuses représentations)
> **Ci sono pochi attori**
> Il y a peu d'acteurs

▶ N.B. : les adjectifs indéfinis de quantité sont traités complètement aux n°s 247 et suivants, tandis que **molto, poco, tanto, troppo, parecchio,** quand ils sont adverbes de quantité, le sont au n° 318.

EXERCICES

A) Mettre l'article défini devant ces groupes de mots au singulier, puis mettre au pluriel (revoir Ch. II et III) :

1) **...scoglio rosso,** le rocher rouge - 2) **...pescatore astuto,** le pêcheur rusé - 3) **...stato pacifico,** l'état pacifique - 4) **...dito grosso,** le gros doigt - 5) **...persona distante,** la personne distante - 6) **...strano atteggiamento,** l'étrange attitude - 7) **...spazio scoperto,** l'espace découvert - 8) **...buona valutazione,** la bonne évaluation - 9) **...scopo interessante,** le but intéressant - 10)**...lungo ronzio,** le long vrombissement.

B) Mettre au singulier les groupes de mots suivants :

1) **centri storici,** centres historiques - 2) **bei distacchi,** beaux détachements - 3) **nuove generazioni,** nouvelles générations - 4) **grandi fori,** grands forums - 5) **aperitivi analcolici,** apéritifs sans alcool - 6) **santi tempi,** saints temples - 7) **lunghe manifestazioni,** longues manifestations - 8) **buone speculazioni,** bonnes spéculations - 9) **stessi valori,** mêmes valeurs - 10) **sfratti vergognosi,** expulsions honteuses.

C) Mettre les adjectifs suivants au comparatif de supériorité, puis au superlatif absolu.

1) **dolce** - 2) **opportuno** - 3) **buono** - 4) **lungo** - 5) **comune** - 6) **integro** - 7) **capace** - 8) **nuovo** - 9) **complice** - 10) **breve.**

D) Compléter par la forme voulue de « bello », « buono », « grande », « santo » :

a) **Sono... scogli :** 1) **belli** - 2) **begli** - 3) **bei**
b) **Ci sono... stanze** (pièces) : 1) **grande** - 2) **gran** - 3) **grandi**
c) **È una... amica :** 1) **buona** - 2) **buon'** - 3) **buon**
d) **È un... eremita** (ermite) : 1) **sant'** - 2) **san** - 3) **santo**
e) **È una... esposizione :** 1) **bella** - 2) **bell'** - 3) **bel**
f) **È un... sforzo :** 1) **buon** - 2) **buon'** - 3) **buono**
g) **Si chiama... Agostino :** 1) **Santo** - 2) **Sant'** - 3) **San**

E) Comparatifs d'infériorité ou de supériorité :

1) **Il maglione è più bello... gonna** (Le gros pull est plus beau que la jupe) - 2) **La salsa fatta in casa è più gustosa... salsa comprata** (La sauce faite à la maison a plus de goût que la sauce achetée) - 3) **Meglio sapere... essere all'oscuro delle cose** (Mieux vaut savoir qu'être tenu dans l'ignorance des choses) - 4) **C'è più aria pura in montagna... in campagna** (Il y a plus d'air pur à la montagne qu'à la campagne) - 5) **Sergio è più intel-**

ligente... sgobbone (Serge est plus intelligent que « bûcheur »)-
6) **Questo vestito è meno elegante... giacca** (Cette robe est
moins élégante que la veste) - 7) **È stato controllato più
presto... bene** (Cela a été contrôlé plus vite que bien) - 8)
Abbiamo comprato meno lattine... bottiglie (Nous avons
acheté moins de boîtes (en fer-blanc) que de bouteilles) - 9)
Questa notte è più luminosa... mai (Cette nuit est plus lumi-
neuse que jamais) - 10) **Hanno pescato più pesci... molluschi**
(Ils ont pêché plus de poissons que de mollusques).

F) Traduire :

1) C'est le meilleur livre de la saison - 2) C'est le plus beau film
de l'année - 3) Ce sont les films les plus beaux de l'année - 4)
C'est le roman **(romanzo)** que j'aime le moins - 5) C'est le plat
(pietanza) que tu cuisines le mieux - 6) Ce sont d'excellents
remèdes **(medicina)** - 7) C'est le moins que tu puisses faire -
8) Ce sont les plus belles émeraudes **(smeraldo)** - 9) C'est un
très mauvais joueur **(giocatore)** - 10) Plus il lit, plus il veut lire.
- 11) La décoration **(arredamento)** est très moderne. - 12) Ils
sont toujours plus nombreux **(numeroso)**. - 13) L'atmosphère
(ambiente, m.) est de moins en moins lourde **(pesante)**. - 14)
Le mieux, c'est d'attendre **(aspettare)**. - 15) Il y a toujours plus
de travail.

G) Traduire, à l'aide du vocabulaire ci-dessous :

appartement, **appartamento** ; bilan, **bilancio** ; chaud, **caldo** ;
confortable, **comodo** ; diamant, **diamante** ; doux, **dolce** ; économique, **economico** ; gros, **grosso** ; particulier, **privato** ; rayon,
reparto ; rusé, **astuto** ; scolaire, **scolastico** ; situation, **situazione** ; souple, **flessibile** ; vendeuse, **commessa**.

1) Beaucoup d'appartements sont plus confortables que tu ne
crois - 2) La situation économique générale est meilleure que
la situation des particuliers - 3) Le bilan est aussi bon que l'an
dernier - 4) Il est plus souple que rusé - 5) Le climat de Rome
est plus doux que le climat de Florence - 6) Ces (228) diamants
sont plus gros que beaux - 7) Nous avons besoin de plus de
cahiers que de livres scolaires - 8) La mer est aussi chaude que
belle - 9) Je voudrais avoir moins de travail - 10) Il y a plus de
dix vendeuses dans le rayon.

CHAPITRE XI

LES PRONOMS RELATIFS
L'INTERROGATION
ET LA RÉPONSE
LES PRONOMS ET ADJECTIFS
EXCLAMATIFS ET INTERROGATIFS

Capitolo undicesimo
I pronomi relativi
L'interrogazione e la risposta
I pronomi e aggettivi esclamativi e interrogativi

LES PRONOMS RELATIFS

180 ▪ Traduction des pronoms relatifs français

che	qui *et* que
il quale, la quale	lequel, laquelle
i quali, le quali	lesquels, lesquelles
dove (adverbe)	où
chi (relatif indéfini)	celui qui
quanto (relatif indéfini)	tout ce qui
cui	à qui, auquel

Cui s'emploie avec toutes les principales prépositions ; son sens varie avec elles (cf. n° 182).

△ Pour la traduction de « dont », voir n° 183.

181 ▪ Le pronom relatif CHE

Il est invariable et traduit « qui » et « que », pronoms relatifs. Avant de choisir l'une ou l'autre de ces traductions, il convient, pour éviter toute erreur, de réfléchir au sens général de la phrase.

> **È l'autobus che porta a San Miniato**
> C'est l'autobus *qui* mène à San Miniato

> **L'ultimo quadro che hai fatto è particolarmente bello**
> Le dernier tableau *que* tu as fait est particulièrement beau

Emploi particulier : précédé de l'article défini, il se rapporte à toute une proposition et signifie « ce qui » ou « ce que ».

> **Parto domani per Firenze, il che mi lascia poco tempo**
> Je pars demain pour Florence, ce qui me laisse peu de temps

> **Mi hanno richiamato, il che apprezzo molto**
> On m'a rappelé, ce que j'apprécie beaucoup

182 ▪ Les pronoms relatifs IL QUALE, LA QUALE

Deux genres et deux nombres : **il quale, la quale, i quali, le quali.**

Pronom sujet : On l'emploie de préférence dans les cas où le pronom relatif **che** pourrait être source d'erreur, ou bien pour marquer une sorte de respiration dans la phrase et donner ainsi la même importance au second membre de phrase qu'au premier :

> **Quel libro che ti ho regalato, il quale ti interessa tanto...**
> Ce livre que je t'ai offert, qui t'intéresse tant...

Il direttore dell'ufficio, il quale ti ha ricevuto ieri...
Le directeur du service, qui t'a reçu hier...

Emploi avec les différentes prépositions (cf. Ch. IV) : on emploie **il quale, la quale...** avec la préposition appropriée pour traduire : à qui, pour qui, dont, par lequel, sur lequel...

— On emploie aussi, fréquemment, **cui**, qui est invariable et n'est jamais sujet :

La direttrice alla quale (a cui ou **cui) ti sei rivolto...**
La directrice à qui tu t'es adressé...

Le persone per le quali (per cui) ho prenotato...
Les personnes pour qui j'ai réservé...

Il libro del quale (di cui) parli
Le livre dont tu parles

L'amico dal quale (da cui) è stato raccomandato
L'ami par lequel il a été recommandé

l'aereo col quale (con cui) è partito
L'avion par lequel il est parti

La tavola sulla quale (su cui) scrivo
La table sur laquelle j'écris

183 ▪ Traductions de « dont »

Deux possibilités :

1) dont *est complément du verbe* : **di cui** ou **del quale, della quale, dei quali, delle quali.**

I libri di cui (dei quali) parli (cf. n° 182)
Les livres dont tu parles

2) dont *est complément de nom* : **il cui, la cui, i cui, le cui.** Le pronom **cui** est alors intercalé entre l'article défini et le nom qu'il complète. Notons qu'il s'agit là d'un emploi très fréquent.

È una lampada la cui luce è gialla
C'est une lampe dont la lumière est jaune
(m. à m. approximatif :
C'est une lampe, la lumière de laquelle est jaune)

Sono i libri il cui autore è tanto famoso
Ce sont les livres dont l'auteur est si connu
(m. à m. approximatif :
Ce sont les livres, l'auteur desquels est si connu)

Sono i turisti la cui guida non parla italiano
Ce sont les touristes dont le guide ne parle pas italien
(m. à m. approximatif :
Ce sont les touristes, le guide desquels ne parle pas italien)

184 ▪ Traduction du relatif « où »

1) Sens temporel :

> **È l'anno in cui sono nato**
> C'est l'année où je suis né

2) Sens de lieu :

> **È la città dove sono nato**
> **=**
> **È la città in cui sono nato**
> C'est la ville où je suis né

△ **Dove** est aussi interrogatif (cf. n° 193).

185 ▪ Le pronom relatif indéfini CHI

1) Il a, à la fois, le sens de « celui qui » et de « quiconque ». Il équivaut à **colui che** : « celui qui », **colei che** : « celle qui », pluriel **coloro che** : « ceux qui ».

> **Chi non dice niente, assente**
> Qui ne dit mot consent
> (m. à m. : Celui qui ne dit rien est d'accord)

2) **Chi... chi...** correspond au français « l'un... l'autre... »

> **Chi parla, chi tace**
> L'un parle, l'autre se tait

186 ▪ Le pronom relatif indéfini QUANTO = CIÒ = QUELLO CHE

Deux sens : « tout ce que », « ce que »

1) **Ti ho riferito quanto mi aveva detto**
   Je t'ai référé tout ce qu'il m'avait dit

2) **Non trovo quanto (ciò** ou **quello che) mi ha chiesto**
   Je ne trouve pas ce qu'il m'a demandé

L'INTERROGATION ET LA RÉPONSE

187 ▪ Généralités concernant l'interrogation et la réponse

1) En français les phrases interrogatives sont, la plupart du temps, introduites par « est-ce que....? ».

En italien, lorsque l'interrogation ne comporte pas de pronom ou d'adjectif interrogatif, la phrase commence souvent par le verbe, mais, en fait, c'est le ton — ou le signe de ponctuation — qui marque l'interrogation :

È un museo questo ?
Est-ce que c'est un musée ?

Réponse affirmative* :

Si, è un museo : è la galleria di Arte moderna
Oui, c'est un musée : c'est la galerie d'Art moderne

Réponse négative* :

No, non è un museo : è palazzo Farnese,
l'ambasciata di Francia
Non, ce n'est pas un musée : c'est le palais Farnèse,
l'ambassade de France

LES PRONOMS ET ADJECTIFS EXCLAMATIFS ET INTERROGATIFS

188 ▪ Formes des pronoms et adjectifs interrogatifs et exclamatifs

che ?!	quoi ? qu'est-ce que ? quel ?!
che cosa ?	quoi ? qu'est-ce que ?
quale ?	quel ? lequel ?
chi ?	qui ? qui est-ce qui ?
quanto ?!	combien *de* ? que *de* ! que !

189 ▪ Emploi de CHE et de CHE COSA

Che cosa succede ?
Qu'est-ce qui se passe ?
Che cosa leggi ?
Qu'est-ce que tu lis ?

Cosa ?, employé seul, est plus familier :

Cosa vuoi ? Que veux-tu ?

190 ▪ Emploi de QUALE

Quale fait, au pluriel, **quali**
1) Pronom interrogatif :

Ecco due vestiti. — Quale preferisci ?
Voici deux robes. — Laquelle préfères-tu ?
Quali sono le ore migliori ?
Quelles sont les heures les meilleures ?

---

* Pour plus de précisions, voir n°s 301 à 307.

2) Adjectif interrogatif *et* exclamatif :

> **Quale bella sorpresa ci hai preparata ? (!)**
> Quelle belle surprise nous as-tu préparée ?
> Quelle belle surprise tu nous as préparée !

▶ N.B. : dans le sens exclamatif, on emploie plutôt **che :**
> **Che bella sorpresa !**
> Quelle belle surprise !

191 ▪ Emploi du pronom interrogatif et exclamatif CHI

1) Interrogatif :

> **chi è**   **chi parla ?**
> qui est-ce ?   qui parle ?

▶ N.B. : **chi** s'emploie aussi précédé d'une préposition : au téléphone, on dit très souvent : **Con chi parlo ?** (m. à m. : avec qui parlé-je ?) là où le français dit : Qui est à l'appareil ?

2) Exclamatif :

> **Chi te l'ha detto !**
> Qui te l'a dit !
> **Chi se ne frega !**
> On s'en moque bien !

En ce sens, **chi** se rattache aux pronoms indéfinis, car, dans des expressions exclamatives familières, il marque le désir de la personne qui parle de ne pas s'impliquer directement.

192 ▪ Emploi de QUANTO

> **quanto** fait au pluriel **quanti**
> **quanta** fait au pluriel **quante**

1) Interrogatif :

> **Quanto tempo ti fermi ?**
> Combien de temps restes-tu ?
> (m. à m. : Combien de temps t'arrêtes-tu ?)
> **Quante persone ci saranno ?**
> Combien de personnes y aura-t-il ?

2) Exclamatif :

> **Quanta gente !** Que de monde !
> **Quanti bei fiori !** Que de belles fleurs !

▶ N.B. : dans ces deux sens, **quanto** se place immédiatement avant le groupe sujet auquel il s'accorde en genre et en nombre. Le « de » français ne se traduit pas.

3) Devant un verbe, on emploie indifféremment, dans le sens exclamatif, **quanto** et **come** :

Quanto sono felice !
Comme je suis heureux !
Come sarà bello !
Comme ce sera beau !

193 • Autres interrogatifs courants : COME, PERCHÉ

1) **come ?** signifie « comment ? » :
> **Come stai ?** Comment vas-tu ?

2) **dove ?** signifie « où ? » :
> **Dove vai ?** Où vas-tu ?

3) **perché** (suivi de l'indicatif) signifie « pourquoi ? » :
> **Perché non vieni subito ?**
> Pourquoi ne viens-tu pas tout de suite ?

▶ N.B. : lorsque **come** ou **perché** sont suivis de **mai**, ce dernier adverbe donne à la phrase une nuance de doute :

Come mai ?	**Perché mai ?**
Comment se fait-il ?	Pourquoi donc ?

EXERCICES

A) Traduire :
1) **Che cosa hai visto di bello in città ?** - 2) **Ho visto** (133) **un signore che ti interessa** - 3) **Chi era questo signore ?** - 4) **È quello** (230) **che ha scritto una recensione** (compte rendu) **sul tuo libro** - 5) **Dove lo** (195) **hai incontrato ?** - 6) **Mi sono trovato nel caffè dove beveva un espresso** - 7) **Con chi parlava ?** - 8) **Parlava con altri giornalisti che non avevo mai** (317 N.B.) **visto** - 9) **Quanto tempo ci è rimasto ?** (123) - 10) **Almeno il quarto d'ora in cui sono rimasto anch'io** (312).

B) Choisir le ou les pronoms relatifs ou interrogatifs convenables. Réviser aussi les verbes irréguliers (nos 99 à 107) :

a) **È il mese... hai dato la laurea** (C'est le mois où tu as passé la maîtrise) - 1) **in quale** - 2) **in cui** - 3) **dove.**

b) **Dammi l'assegno... è accluso** (Donne-moi le chèque qui est inclus) - 1) **cui** - 2) **chi** - 3) **che.**

c) **Sono i fiori... hanno colto** (Ce sont les fleurs qu'ils ont cueillies) - 1) **i quali** - 2) **che** - 3) **i cui.**

d) **È il muro contro... ha percosso** (C'est le mur contre lequel il a heurté) - 1) **il cui** - 2) **quale** - 3) **il quale.**

e) **Dimmi... ha tolto il quadro** (Dis-moi qui a enlevé le tableau) - 1) **che** - 2) **chi** - 3) **quale.**

C) Mettre les pronoms relatifs ou interrogatifs convenables :

1) **Capisco... tutto... è vero** (Je comprends que tout cela est vrai) - 2) **La società... viviamo** (La société dans laquelle nous vivons) - 3) **Dal modo... scrive, si può cogliere la sua personalità** (D'après la façon dont il écrit, on peut saisir sa personnalité) - 4) **Sono pericoli... dobbiamo sfuggire** (Ce sont des dangers auxquels nous devons échapper) - 5) **Non sai di... parli** (Tu ne sais pas de quoi tu parles) - 6) **È il paese... nacque Leonardo da Vinci** (C'est le pays où naquit Léonard de Vinci) - 7) **La carta... mi servo non è molto buona** (Le papier dont je me sers n'est pas très bon) - 8) **Il medico... ti ho parlato verrà a visitarti** (Le médecin dont je t'ai parlé viendra t'examiner) - 9) **L'amica... era mandata questa lettera ha cambiato casa** (L'amie à qui cette lettre était envoyée a changé de domicile) - 10) **Questo sciroppo... ti hanno consigliato è molto efficace** (Ce sirop que l'on t'a conseillé est très efficace).

D) Traduisez, à l'aide du vocabulaire ci-dessous :

aérien, **aereo** ; antidépresseur, **antidepressivo** ; apprécier, **apprezzare** ; bonbon, **caramella** ; capable, **capace** ; catastrophe, **disgrazia** ; la chaîne de haute fidélité, **la Hi-Fi** ; le chocolat, **la cioccolata** ; compagnie, **compagnia** ; crier au scandale, **gridare allo scandalo** ; énergie, **energia** ; été, **estate** (f.) ; goût, **gusto** ; libérer, **liberare** ; magnétoscope, **videoregistratore** ; mystère, **mistero** ; parfum, **profumo** ; passager, **passeggero** ; patience, **pazienza** ; production, **produzione** ; publicité, **pubblicità** ; pyramide, **piramide** ; se réjouir, **rallegrarsi** ; seul, **unico** ; voix, **voce**.

1) La compagnie aérienne dont je parle a beaucoup de (179) passagers - 2) Tout ce qui est (75-2) dit sur les nouvelles énergies est vrai - 3) Les pyramides dont le mystère n'a pas encore été découvert (107) - 4) Comment se fait-il que cette (228) voiture a tant de (79) succès ? - 5) Que de monde il y avait cet été ! - 6) Quelle belle voix ! - 7) L'habitude dont il s'est libéré (144) - 8) Il faut toute la patience dont tu es capable - 9) Qui aurait cru cela (228) ? - 10) Est-ce que c'est un magnétoscope ? — Non, ce n'est pas un magnétoscope, c'est une chaîne de haute fidélité - 11) L'article que j'ai lu (104) sur le chocolat dit que c'est un excellent antidépresseur - 12) Ce sont des bonbons dont le goût est tellement apprécié - 13) C'est une catastrophe pour le pays qui vivait de cette seule production - 14) Les uns se réjouissent, les autres crient au scandale - 15) Voici (319) le nouveau parfum pour lequel on fait tant de publicité.

CHAPITRE XII

LES PRONOMS PERSONNELS SIMPLES ET GROUPÉS L'ENCLISE

Capitolo dodicesimo
I pronomi personali semplici e composti
L'enclisi

194 ▪ Les pronoms personnels des 1re et 2e personnes

Sujet		Compl. direct *et* indirect Pronoms réfléchis (Formes faibles)	Après préposition et autres emplois (Formes fortes)
Sing. 1re pers.	**io**, moi, je	**mi**, me	**me**, moi
2e pers.	**tu**, toi, tu	**ti**, te	**te**, toi
Plur. 1re pers.	**noi**, nous	**ci**, nous	**noi**, nous
2e pers.	**voi**, vous	**vi**, vous	**voi**, vous

195 ▪ Les pronoms personnels de la troisième personne

A la troisième personne, on distingue plusieurs pronoms sujets ; d'autre part les formes des pronoms compléments d'objet direct et compléments d'objet indirect sont différentes :

Sujet		Compl. direct (Formes faibles)	Compl. indirect	Après prépositions et autre emplois (Formes fortes)
Masc.	Singulier **lui**, **egli**, il, lui **esso**	**lo**, le	**gli**, lui	**lui**, **esso**, lui
Fém.	**lei**, **ella**, elle **essa**	**la**, la	**le**, lui	**lei**, **essa**, elle
Masc.	Pluriel **loro** ils, eux **essi**	**li**, les	**loro**, leur	**loro**, **essi**, eux
Fém.	**loro** elles **esse**	**le**, les	**loro**, leur	**loro**, **esse**, elles
Pronom réfléchi		**si**, se		**sé**, soi, lui, elle, eux, elles

▶ N.B. : en particulier pour les pronoms sujets, il a été tenu compte de l'usage qui semble s'imposer de préférer **lui** et **lei** à **egli** et **ella. Esso** et **essa** désignent plutôt des choses.

196 ▪ Emploi du pronom sujet

1) pour marquer une opposition :

Io parlo, tu ascolti

Moi, je parle ; toi, tu écoutes

2) pour insister (noter que le pronom sujet est renvoyé à la fin) :

Lo aveva detto lui !

C'est lui qui l'avait dit !

▶ N.B. : les pronoms sujets ne s'emploient pratiquement que pour mettre en relief les sujets, comme dans les exemples ci-dessus. Dans la langue courante, la plupart du temps, la personne n'est indiquée que par la finale du verbe.

197 ▪ Emploi du pronom complément d'objet direct

Lo ascoltano

Ils l'écoutent

198 ▪ Emploi du pronom complément d'objet indirect

Mi ha regalato un bel disco

Il m'a offert un beau disque

△ Sauf dans les cas fréquents étudiés au n° 214, le pronom personnel complément d'objet direct ou complément d'objet indirect est placé, comme en français, *avant* le verbe.

199 ▪ Le pronom après une préposition

Vieni con me ?

Est-ce que tu viens avec moi ?

▶ N.B. : cependant, on rencontre, de façon fréquente, avec les prépositions, une tournure proprement italienne qui donne plus de légèreté à la phrase :

Mi siede davanti (= Siede davanti a me)

Il est assis devant moi

Le pronom est rejeté avant le verbe et la préposition prend la forme d'un adverbe.

200 ▪ Le pronom après une exclamation

Beato lui !	**Beati voi !**
Qu'il a de la chance !	Que vous avez de la chance !
(m. à m. : heureux lui !)	(m. à m. : heureux vous !)

201 ▪ Le pronom après un verbe

On peut trouver :
Capisco te e i tuoi amici   Je te comprends, toi et tes amis
ou bien, comme en français :
Ti capisco, *te* e i tuoi amici

202 ▪ Le pronom complément après COME, QUANTO
(cf. n° 165), TRANNE (cf. n° 319)

È alta quanto te
Elle est aussi grande que toi
Li ho visti quasi tutti, tranne loro
Je les ai presque tous vus, sauf eux

203 ▪ Traduction de « si c'était toi », « si c'était lui »...

Dans le sens de : « si j'étais à ta (à sa) place », on dit :
Se fossi in te, Se fossi in lui...

204 ▪ Traduction de « chez moi, chez toi... »

Sono a casa mia
Je suis chez moi (cf. n° 241-5)

205 ▪ Traduction de « c'est à moi, c'est à toi, c'est à lui... »

1) appartenance :   **è mio,   è tuo** ...   **è suo** ...
2) synonyme de : « c'est mon affaire », « c'est ton affaire »... :
tocca a me, a te... spetta a me, a te... (cf. n° 73-5).
△ construction : **Tocca a me giocare**   C'est à moi de jouer

▶ N.B. : 1) « c'est à eux », « c'est à elles » se traduit, dans le
sens de l'appartenance, par : **È *di* loro**
▶   2) pour la traduction de « c'est moi, c'est toi », cf.
n° 73-3.

206 ▪ Place de LORO

Loro se met toujours après le verbe :
Ha regalato loro dei dischi
Il leur a offert des disques
Siede loro davanti = Siede davanti a loro
Il est assis devant eux

▶ N.B. : on entend de plus en plus la forme **gli** employée à
la place de **loro**. Dans ce cas, seul le contexte permet de déterminer si : **Gli ha regalato dei libri** signifie : Il « lui » ou Il « leur » a offert
des livres.

207 ▪ Emploi de SÉ

A la différence du français qui n'emploie « soi » que lorsqu'il se rapporte à un sujet indéfini, l'italien emploie **sé** même lorsqu'il se rapporte à un sujet défini :

Loris pensa a tutti, tranne a sé
Loris pense à tout le monde, sauf à lui

Parla fra sé
Il parle à part lui (tout seul)

208 ▪ Emploi particulier de LA (cf. n° 145-2)

Dans des expressions toutes faites, **la** est explétif et sous-entend **la cosa,** la chose, **la faccenda,** l'histoire...

avercela con qualcuno	**Ce l'hai ancora con me ?**
en vouloir à quelqu'un	Tu m'en veux encore ?
farla finita	**L'ho fatta finita**
en finir	J'en ai fini
farcela	**Ce l'ha fatta**
y arriver	Il y est arrivé

209 ▪ Remarque sur la traduction du français « le »

L'italien ne traduit généralement pas le pronom français « le » lorsqu'il remplace un nom, un adjectif ou un participe devant le verbe « être ».

1) on répète ordinairement l'adjectif ou le participe passé :

Sei preoccupato ? — Sì, sono preoccupato
Tu es inquiet ? — Oui, je suis inquiet

2) ou on ajoute un adverbe qui complète la réponse :

Lo immaginavo più sereno, ma non è così
Je l'imaginais plus serein, mais il ne l'est pas
(m. à m. : mais il n'est pas ainsi)

210 ▪ Les pronoms neutres

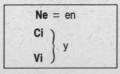

Ne = en

Ci ⎫
Vi ⎭ y

211 ▪ Remarque sur les pronoms ci et vi

1) Seul le contexte peut indiquer si :
Ci credi ? signifie : « Nous crois-tu ? » *ou* « Y crois-tu ? »
Vi vede signifie : « Il vous voit » *ou* « Il y voit ».

△ Dans la langue parlée, on entend couramment le pronom **ci** employé de façon explétive :

C'ho molti libri nella biblioteca
J'ai beaucoup de livres dans ma bibliothèque

212 ▪ Traduction de « en »

1) **Ne** = « en »

Ne ho già parlato
J'en ai déjà parlé
Quante cassette hai ? — Ne ho tante !
Combien de cassettes as-tu ? — J'en ai tellement !

△ Ne pas confondre le pronom personnel français « en »
— avec « en » préposition :

en France **in Francia**

— avec « en » que l'on trouve dans diverses expressions :

en son temps **a suo tempo**

— avec « en » qui introduit notre participe présent :

en parlant **parlando**

2) Cependant « en », pronom, n'est pas toujours traduit par **ne** ;
à la place, on emploie assez souvent **lo** ou **la**. De plus, dans
la langue parlée, on entend couramment le pronom **ci** employé
de façon explétive :

Hai la macchina ? — No, non ce l'ho
Est-ce que tu as une voiture ? — Non, je n'en ai pas

3) Voir aussi au n° 208 de ce même chapitre l'emploi du pronom explétif **la** pour traduire « en ».

213 ▪ Les pronoms groupés

1) Lorsque **mi, ti, si, ci, vi** ou **si** sont placés <u>devant</u> les autres
pronoms **lo, la, li, le, ne,** le **-i** final se transforme en **-e** ; ils deviennent alors : **me, te, se, ce, ve, se.**

Te lo ha mandato
Il te l'a envoyé

2) A la 3e personne du singulier, on rencontre les formes :
glielo, gliela, glieli, gliele*.

> **Il tuo libro ? Abbiamo visto Enrico e glielo abbiamo dato**
> Ton livre ? Nous avons vu Henri et nous le lui avons donné
> **Il tuo libro ? Abbiamo visto Silva e glielo abbiamo dato**
> Ton livre ? Nous avons vu Silva et nous le lui avons donné

▶ N.B. : * Étant donné que **gli** (pronom complément d'objet indirect masculin) et **le** (pronom complément d'objet indirect féminin) se contractent de la même manière en **glie-**, cette forme a la même ambiguïté que le français « lui ». Seul le contexte permet de savoir si ce pronom se réfère à un homme ou à une femme.

Tableau n° 1

Pr. c.o.d. :	lo	la	li	le	Pr. neutre : ne
Pr. c.o.ind. :					
mi	me lo	me la	me li	me le	me ne
ti	te lo	te la	te li	te le	te ne
gli	**glielo**	**gliela**	**glieli**	**gliele**	**gliene**
le	**glielo**	**gliela**	**glieli**	**gliele**	**gliene**
ci	ce lo	ce la	ce li	ce le	ce ne
vi	ve lo	ve la	ve li	ve le	ve ne

3) a - Lorsque le pronom réfléchi **si** est placé <u>devant</u> les pronoms compléments d'objet direct **lo, la, li, le** ou le pronom réfléchi **ne,** le **-i** final se transforme en **-e.**

Se lo beve
Il le boit

b - Avec les pronoms compléments d'objet indirect **mi, ti, gli, le, ci, vi,** le pronom réfléchi **si** se place toujours après ces derniers et ne change pas de forme.

Gli si aprì la porta
On lui ouvre la porte

Pr. c.o.d.	lo		la		li		le	
	se lo		se la		se li		se le	
Pr. neutre	ne							
	se ne							
Pr. c.o.ind.	mi	ti	gli	le	ci	vi		
	mi si	ti si	gli si	le si	ci si	vi si		

△ 4) Lorsque **si** est employé pour traduire le français « on », voir, pour la place des pronoms, le n° 268-4.

5) À la 3e personne du pluriel, on ne devrait rencontrer que la forme **loro,** placée après le verbe, comme dans l'exemple suivant :

I tuoi libri, li abbiamo già dati loro
Tes livres, nous les leur avons déjà donnés

Mais, en raison de l'emploi de plus en plus fréquent de **gli** à la place de **loro**, on trouvera plus aisément la phrase suivante :

I tuoi libri, glieli abbiamo già dati
Tes livres, nous les leur avons déjà donnés

Seul le contexte, en définitive, permet de savoir si **glieli** se réfère à un homme, à une femme ou à plusieurs personnes.

L'ENCLISE DES PRONOMS

214 ▪ Les quatre cas d'enclise

Il y a enclise en italien lorsque le ou les pronoms faibles s'unissent à l'une des quatre formes verbales suivantes de façon à ne former qu'un seul et même mot.

1) avec l'infinitif : le **-e** final tombe

Bisogna parlargliene
Il faut lui en parler

2) avec le gérondif

Parlandogli, lo guardavo
En lui parlant, je le regardais

3) avec l'impératif

Parlagli !
Parle-lui !

4) avec le participe passé absolu (cf. n° 363)

Parlatogli, se ne andò
Lui ayant parlé (après lui avoir parlé), il s'en alla

▶ N.B. : 1) Cette règle n'est pas valable pour le pronom **loro** qui ne fait *jamais* l'enclise. Ex. : **Parla loro !** Parle-leur !

2) On fait aussi l'enclise avec l'adverbe **ecco** :

Eccomi !	**Eccolo !**
Me voici !	Le voilà !

3) Dans les petites annonces, on trouve l'enclise en particulier avec le présent de l'indicatif :

Cercasi diplomato...	On cherche un diplômé...
Cercansi ragionieri...	On cherche des comptables...
Affittasi quartiere...	On loue appartement...

215 ▪ Les impératifs monosyllabiques

Les cinq impératifs monosyllabiques font l'enclise avec les pronoms faibles ; de plus ils redoublent la première consonne de ces pronoms.

Dillo !	Dis-le !	**Dammi !**	Donne-moi !
Stacci !	Restes-y !	**Fallo !**	Fais-le !
	Vacci !	Vas-y !	

216 ▪ Le pronom entre deux verbes

Avec les verbes **andare, dovere, potere, sapere, venire, volere** et certains autres, suivis d'un infinitif, le (ou les) pronom(s) peu(ven)t se placer avant le verbe ou faire l'enclise avec l'infinitif :

Ti vengo a vedere = Vengo a vederti
Je viens te voir
Ce lo deve dire = Deve dircelo
Il doit nous le dire

217 ▪ La conjugaison pronominale (cf. n° 144)

Les verbes pronominaux et réfléchis se conjuguent avec les pronoms **mi, ti, si, ci, vi, si.**

1) Ils font l'enclise du pronom dans les quatre cas considérés précédemment (cf. n° 214)

Bisognava accorgersene
Il fallait s'en apercevoir

2) Le participe passé s'accorde avec le sujet (rappelons que l'auxiliaire est **essere**) :

Paola si è tolta il soprabito
Paule a enlevé son pardessus
Guido si è messo la giacca
Guy a mis sa veste

EXERCICES

A) Choisir le pronom personnel complément d'objet direct qui convient pour remplacer le nom en italique :

	lo	la	li	le
1) Appende *il soprabito*				
2) Difende *gli amici*				
3) Chiudo *le porte*				
4) Divido *la torta*				
5) Perse *la maglia*				

B) Choisir le complément d'objet indirect qui convient pour remplacer le nom en italique :

	gli	le	loro
1) Parlo *a Antonella*			
2) Chiedo *al controllore*			
3) Scrisse *ai genitori*			
4) Aprì *al postino*			
5) Rispose *alla sorella*			

C) Compléter les phrases par le pronom qui convient :

	lui	loro	lo	gli	li	
1) Ho cercato Piero e Maria, ma						era malato.
2) Quando verrà mio fratello						aprirò
3) Non mi dire che						non possono
4) Ho visto un profumo nuovo e						comprerò
5) Abbiamo colto dei fiori e						regaleremo

D) Compléter les phrases par le pronom qui convient :

	lei	loro	la	le	
1) Vedrò Elisabetta e					dirò tutto
2) Compriamo mandorle e					mandiamo a casa
3) È stata					a guidare
4) Li ho chiamati e ho detto					che venivamo
5) Ho avuto la merce e					ho spedita
6) Sono stati					a propormelo

138

E) Remplacer le ou les substantifs en italique par le ou les pronom(s) convenable(s) :

1) **La ragazza si mise subito *la collana* -** 2) **Alberto regalò *a Anna una bambola* -** 3) **Il bibliotecario mi fece portare *i libri* -** 4) **La signora si provò *il cappello* -** 5) **I fari abbagliano *le altre macchine* -** 6) **Non ho voluto svegliare *Francesco* -** 7) **Raccomanda *a Elena* di studiare di più ! -** 8) **Il farmacista gli diede *le medicine* -** 9) **Avrei voluto spiegare *il fatto a Elena e a Carlo* -** 10) **Prendi *una maglia* ! -** 11) **Abbiamo incontrato *Inès e Alberto* -** 12) **Vuole *l'acqua* ! -** 13) **Si porti via *i libri* ! -** 14) **Ho consigliato *a Giovanni di andare all'estero* -** 15) **Portò *un bel ricordo a Luisa.***

F) Répondre aux questions selon le modèle suivant : Come mangi la polenta ? Comment manges-tu la polenta ? → **La mangio alla sarda** (Je la mange à la sarde)

1) **Come fai la pasta ?** . . . . alla sarda
2) **Come canti queste canzoni ?** . . . . con allegria
3) **Come impari le lezioni ?** . . . . con calma
4) **Come ti bevi il tè ?** . . . . freddo
5) **Come mandi i libri a Suzanna ?** . . . . per via aerea
6) **Come ti sei innamorata di lui ?** . . . . a prima vista
7) **Come hai trovato questo lavoro ?** . . . . nel giornale
8) **Come vedi la tua carriera ?** . . . . senza ansia
9) **Come Davide ha scoperto il computer ?** ..attraverso gli amici
10) **Come hai incontrato i musicisti di Venezia ?** ..per caso

G) Transformer les phrases avec les expressions « sto per + infinitif », puis « sto + gérondif ». Traduire la 1ʳᵉ phrase ainsi transformée :

1) **Gli offrirò un gelato -** 2) **Lo chiamerò al telefono -** 3) **Ti porterò alla festa -** 4) **Ve lo farò sapere -** 5) **Gliene darò una copia -** 6) **Lo vedrò -** 7) **Ci mancherà la luce -** 8) **Glielo dirò** (113) **-** 9) **Te lo presenterò -** 10) **Glielo ricorderò. -** 11) **Se ne rallegrerà -** 12) **Lo realizzerò -** 13) **Li disegnerà -** 14) **Ti farai conoscere -** 15) **Gliele farà vedere.**

H) Compléter la phrase par les pronoms convenables

1) **Ti tocca prendere il treno e gli amici vengono con** . . .
2) **Vuole bene** (154) **a Cristina e si sposa con** . . . .
3) **Ci sono anche gli zii, parla con tutti tranne** (319) **con** .
4) **Vuole farti una sorpresa e verrà con** . . . .
5) **Voglio bene a Gabriella e mi fido di** . . . .
6) **Mi vuol parlare e cerca di** . . . .
7) **Voglio andare in Canada, perché non venite con** . . . . .

I) Répondre aux questions suivantes, en employant le ou les pronoms personnels convenables

1) **Quante persone ci sono nella sala ?** . . . . **molte**
2) **Dove ritroverai i cugini ?** . . . .**a teatro**
3) **Ce la farai ?** . . . . — **Sì,**
4) **Hai il videodisco ?** . . . . — **No,**
5) **Bisogna contare le pagine ?** . . . — **Sì,**
6) **Ti passo Massimo ?** . . . . — **Sì,**
7) **Rispondi ai tuoi** (240-2) **?** . . . . . . — **Sì,**

J) Traduire, après avoir revu particulièrement le n° 73.

1) Qui est au téléphone ? - 2) C'est moi - 3) C'est lui - 4) Je le leur ai dit (113) - 5) Si j'étais toi, je n'irais (93) pas - 6) Il est chez lui, mais, maintenant, c'est à moi de parler - 7) Elle est (**stare**-93) devant toi - 8) J'y pense toujours - 9) Tu dois en finir ! - 10) Vas-y, il aime les visites - 11) Les voici, appelle-les ! - 12) On cherche (214-3) une secrétaire (**segretaria**) trilingue - 13) La conférence terminée, tous s'en allèrent - 14) Après leur avoir expliqué (**spiegare**) le problème, il leur demanda (106) leur avis (**parere**-m.) - 15) Il faudrait (150) en discuter - 16) Il pourrait (122) y avoir un règlement à l'amiable (**composizione amichevole**-f.) - 17) Fais-le, mais sois très prudent ! - 18) Elle a acheté une très belle robe - 19) Il s'est engagé (**impegnarsi**) à l'aider - 20) Ils nous envoient (**mandare**) les résultats tout de suite.

K) Traduisez, à l'aide du vocabulaire suivant :

affaire, **affare** (m.) ; bien marcher, **andare liscio** ; c'est à nous de, **ci tocca** (205) ; courage, **coraggio** ; décision, **decisione** ; donc, **dunque** ; entreprise, **impresa** ; faire preuve, **fare prova** ; garder, **tenere** ; hâte (j'ai), **mi preme** ; imperméable, **impermeabile** ; jadis, **una volta** ; jusqu'à maintenant, **finora** ; nouvelle, **notizia** ; réjouir (se), **rallegrarsi** ; tableau, **quadro** ; vraiment, **proprio**.

1) Peux-tu me dire où tu penses aller en vacances ? - 2) Je te le dirai demain, quand j'aurai pris la décision - 3) Comme ces tableaux sont beaux ! Ne pourrais-tu pas m'en donner un ? -4) C'est vraiment une bonne nouvelle et j'ai hâte de te la dire tout de suite - 5) L'affaire a bien marché jusqu'à maintenant ; réjouissons-nous-en ! - 6) L'entreprise était difficile, mais je m'en suis très bien tiré ! (154-2) - 7) Je t'ai déjà dit que je voudrais aller avec toi - 8) C'est à nous de (73-5) faire preuve de courage - 9) Ce livre, je te l'ai donné jadis : tu peux donc le garder - 10) Après avoir mis (363 et 214-4) un imperméable, il prit la voiture.

CHAPITRE XIII
LA PERSONNE DE POLITESSE

Capitolo tredicesimo
La persona di cortesia

218 ▪ Usage de la personne de politesse

En français, on adresse la parole à quelqu'un, soit en le tutoyant, soit en le vouvoyant.

Sans entrer dans des considérations d'ordre stylistique ni social, disons que l'on peut tutoyer **(dare del tu)** beaucoup plus facilement en Italie qu'en France.

— Dans le cas où on ne tutoie pas, on s'adresse à quelqu'un à la 3e personne du singulier **(dare del Lei)**. On reconnaît ici le pronom sujet féminin singulier, qui représente l'expression **Vostra Signoria** ou **La Vostra Signoria** (Votre Seigneurie) qu'on commence à trouver dans les textes du XVe siècle.

— Cette tournure se rencontre encore, souvent sous forme d'abréviation, sur des cartons d'invitation :

La S.V. (Signoria Vostra) è invitata...
Vous êtes invité... (Votre Seigneurie est invitée...)

219 ▪ Le pronom sujet

Singulier : **Lei**   Pluriel : **Loro**

Come si chiama (Lei)*, Signore ?
Comment vous appelez-vous, monsieur ?
Come si chiamano (Loro)*, Signori ?
Comment vous appelez-vous, messieurs ?

▶ N.B. : comme tous les pronoms sujets, en italien, **Lei** et **Loro** peuvent être simplement sous-entendus.

220 ▪ Le pronom complément d'objet direct

Singulier : **La**   Pluriel : **Le**
La saluto, Giuliana
Je vous salue, Juliana
Ora Le accompagno, Signori
Je vais vous accompagner, messieurs

221 ▪ Le pronom complément d'objet indirect

Singulier : **Le**   Pluriel : **Loro**

Le ho detto la verità, Francesco
Je vous ai dit la vérité, François
Si può chiederle il titolo del libro ? (cf. n° 214-1)
Peut-on vous demander le titre du livre ?
Ho detto Loro la verità, Signore
Je vous ai dit la vérité, mesdames

222 ▪ Le pronom réfléchi

On emploiera naturellement le pronom de la 3e personne : **si** ou **sé,** selon le cas :

Si ricordano la gita a San Gimignano ?
Vous rappelez-vous (pl.) l'excursion à San Gimignano ?
Deve un po'pensare a sé
Vous devez un peu penser à vous

223 ▪ L'adjectif possessif

Les adjectifs possessifs concernant la personne à laquelle on s'adresse sont ceux de la 3e personne (cf. n° 236).

Prende la Sua macchina ?
Prenez-vous votre voiture ?
Possono prenotare i Loro posti
Vous pouvez réserver vos places

224 ▪ L'impératif

On emploie, selon le cas, la 3e personne du singulier ou du pluriel du subjonctif présent.

Senta, Lisa, mi dica tutto !
Écoutez, Lise, dites-moi tout !
Non dimentichino il Loro appuntamento !
N'oubliez pas votre rendez-vous !

225 ▪ Accord

Lorsqu'on s'adresse à un homme, on met l'adjectif ou le participe passé au masculin. On ne fait donc pas l'accord avec le pronom féminin.

Lei è soddisfatto, Avvocato ?
Êtes-vous satisfait, maître ?

226 ▪ Orthographe

On aura déjà noté que toutes les formes concernant la personne de politesse (pronoms personnels et adjectifs possessifs) ont été écrites, dans les exemples ci-dessus, avec une majuscule. Cet usage est recommandé, mais n'est pas toujours respecté. Cependant, l'inconvénient qui pourrait en résulter est mineur puisqu'il s'agit de formes qui s'emploient surtout dans un dialogue, ce qui, dans la lecture d'un roman, par exemple, situe le contexte sans difficulté. Dans une lettre écrite à une personne à qui on s'adresse à la 3e personne et où l'on évoque d'autres personnes, il est préférable de respecter cet usage pour éviter toute équivoque.

1) **Voi** est employé en tant que pluriel de **tu**, c.-à-d. lorsqu'on s'adresse à un ensemble de personnes qu'on tutoierait séparément.

2) On peut aussi l'employer lorsqu'on s'adresse à un ensemble de personnes avec lesquelles on use, individuellement, de la 3e personne du singulier. En effet, il peut se faire que la personne de politesse au pluriel semble trop cérémonieuse.

3) Dans les lettres commerciales, on emploie toujours **Voi** : Abbiamo ricevuto la gradita Vostra del 13 Luglio e ci pregiamo informarVi che abbiamo provveduto oggi stesso all'invio della merce ordinataci.

Distintamente Vi salutiamo

Nous avons bien reçu votre lettre du 13 juillet et avons l'honneur de vous informer que nous avons pourvu aujourd'hui même à l'envoi de la marchandise que vous nous avez commandée.

Nous vous adressons nos salutations distinguées.

EXERCICES

A) Transformer les phrases suivantes, où le tutoiement est employé, en les mettant à la personne de politesse :

1) **Non dimenticare di portare le riviste** - 2) **Vuoi che venga a prenderti ?** - 3) **Vieni con la macchina o coll'autobus ?** - 4) **Cerca di essere preciso** - 5) **Ti aspetto domani alle nove** (205) - 6) **Non ti conviene rispondere** - 7) **Non mi prendere in giro !** - 8) **Ti ho detto che potrai cavartela** - 9) **È inutile che tu me lo prometta** - 10) **Ti piace la frutta ?**

B) Traduire, à l'aide du vocabulaire ci-dessous ; revoir aussi la conjugaison de « dire » (n° 113) :

accompagner, **accompagnare** ; dépêcher (se), **sbrigarsi** ; disque, **disco** ; enlever, **togliere** (130) ; hier, **ieri** ; installer (s'), **accomodarsi** ; manteau, **soprabito** ; parapluie, **ombrello** ; pousser, **spingere** ; prêter, **prestare** ; tomber, **cadere**.

1) Est-ce vous ? (73-3) - 2) C'est à vous de venir (73-5) - 3) Que désirez-vous ? - 4) Que me dites-vous ? - 5) Je vous écoute- 6) Je voulais vous donner ce disque - 7) Est-ce que votre (236) parapluie vous sert ? - 8) Je ne vous ai pas bien entendue - 9) Quel est votre (236) numéro de téléphone ? - 10) Êtes-vous content, Marc ? - 11) Quels sont vos (236) disques préférés ? 12) Ne me dites pas (cela) ! 13) Enlevez votre manteau ! - 14) Installez-vous ! - 15) Pouvez-vous me prêter votre (236) voiture ? - 16) Dépêchez-vous ! - 17) Vous êtes-vous amusé hier ? - 18) Puis-je vous accompagner ? - 19) En vous poussant, il vous a fait tomber - 20) Comment allez-vous ? (98).

CHAPITRE XIV

LES ADJECTIFS ET LES PRONOMS DÉMONSTRATIFS

Capitolo quattordicesimo
Gli aggettivi e i pronomi dimostrativi

228 ▪ L'adjectif et pronom démonstratif QUESTO

1) Formes et sens :

	Masculin	Féminin
Sing.	**questo** ce... ci celui-ci cela	**questa** cette... ci celle-ci cela
Pluriel	**questi** ceux-ci	**queste** celles-ci

▶ N.B. : le **-o** et le **-a** finals s'élident devant une voyelle :
quest'eccesso cet excès **quest'iniziativa** cette initiative

2) Emploi :
Questo est spécifiquement le démonstratif de la 1re personne :
Questa casa è mia
Cette maison est à moi
Vedi questi fiori ?
Tu vois ces fleurs ?
(près de moi, dans mes mains ou que j'ai achetées)

Questo désigne, dans le temps, un événement proche :
in questo momento en ce moment

▶ **Questo** s'accorde, par attraction, avec le substantif auquel il se rapporte :
Queste sono case antiche
Ce sont des maisons anciennes

On le rencontre sous une forme contractée avec le mot qui suit dans les expressions :
stamattina ce matin (=**questa mattina,** qui s'emploie aussi)
stasera ce soir (=**questa sera**)
stanotte cette nuit (=**questa notte**)

229 ▪ L'adjectif et pronom démonstratif CODESTO

1) Formes et sens :

	Masculin	Féminin
Sing.	**codesto** ce... ci celui-ci cela	**codesta** cette... ci celle-ci cela
Pluriel	**codesti** ceux-ci	**codeste** celles-ci

2) Emploi :

Codesto, qui est le démonstratif de la 2e personne, s'emploie, en fait, très peu dans ce sens.

Codesto a surtout un emploi péjoratif :

Codesto quadro non mi piace mica tanto
Ce tableau ne me plaît guère

230 ▪ L'adjectif et pronom démonstratif QUELLO

1) Formes et sens de l'adjectif :
En tant qu'adjectif, **quello** suit la règle de l'article défini et de l'adjectif **bello** (cf. n° 161)

Masculin			
Singulier		Pluriel	
QUEL **sogno**	ce rêve-là	QUEI **sogni**	ces rêves-là
QUELLO **straniero**	cet étranger-là	QUEGLI **stranieri**	ces étrangers-là
QUELLO **zaffiro**	ce saphir	QUEGLI **zaffiri**	ces saphirs
QUELL'**albero**	cet arbre	QUEGLI **alberi**	ces arbres
Féminin			
QUELLA **casa**	cette maison-là	QUELLE **case**	ces maisons-là
QUELL'**idea**	cette idée-là	QUELLE **idee**	ces idées-là

2) Formes et sens du pronom :
En tant que pronom, **quello** garde les formes **quello, quelli** ; **quella, quelle** :

Quelli sono davvero molto intelligenti
Ceux-là sont vraiment très intelligents

3) Emploi :
Quello est le démonstratif de la 3e personne. Il indique ce qui est éloigné dans l'espace ou dans le temps :

Quella città è troppo lontana
Cette ville est trop lointaine
In quel tempo
En ce temps-là

Quello est employé, de préférence à **questo,** comme antécédent du relatif :

Parlo di quella ragazza che ho visto passare
Je parle de cette jeune fille que j'ai vue passer

231 ▪ Notes concernant les démonstratifs QUESTO, CODESTO, QUELLO

1) On n'emploie ces pronoms que pour mieux mettre en relief le substantif qui suit.

A la question : « **Che cos'è questo ? :** Qu'est-ce que ceci ? », on répond plus fréquemment : « **È una palma :** C'est un palmier » que : « **Questa è una palma :** Ceci est un palmier ».

2) Noter que, dans l'exemple ci-dessus, l'accord se fait par attraction avec le substantif.

De même : **Questo è un elefante** C'est un éléphant
Questi sono cipressi Ce sont des cyprès
Queste sono giraffe Ce sont des girafes

3) Il arrive que **questo** ou **quello** traduisent le français « voici », « voilà », « c'est là » :

Strana storia questa !
Voici une étrange histoire !
Quella era un'idea originale !
C'était là une idée originale !

232 ▪ Les pronoms démonstratifs QUESTI et QUEGLI

Forme, sens et emploi :

Questi et **quegli** sont exclusivement sujets et, malgré l'apparence, **singuliers**.

• Leur emploi est plutôt littéraire pour marquer une corrélation ou une opposition :

Questi leggeva, quegli ascoltava
Celui-ci lisait, celui-là écoutait

△ On rencontre **questi,** seul, accompagné d'un verbe au singulier, pour désigner une personne :

Questi voleva sempre rimanere sulla spiaggia
Celui-ci voulait toujours rester sur la plage

233 ▪ Les pronoms démonstratifs COSTUI et COLUI

1) Formes et sens :

	Masculin			Féminin	
Sing.	**costui**	celui-ci	**costei**	celle-ci
Plur.	**costoro**	ceux-ci	**costoro**	celles-ci
Sing.	**colui**	celui-là	**colei**	celle-là
Plur.	**coloro**	ceux-là	**coloro**	celles-là

2) Emploi :

Costui n'est pratiquement employé que dans un sens péjoratif ; de même **costei.**

    Ma chi sarà costui ?   Mais quel peut bien être cet individu ?

Colui a le même sens que **quello,** mais son emploi est plus littéraire, en tout cas plus solennel :

                Colui che parla è il Presidente
                Celui qui parle est le Président

234 ▪ Le pronom démonstratif CIÒ

Il est invariable et s'emploie uniquement pour représenter une ou des choses :

        1 - Quando vedo tutto ciò, non so che fare
        Quand je vois tout cela, je ne sais que faire

▶ N.B. : dans ce cas, on pourrait dire tout aussi bien :
Quando vedo tutto *questo* ou **Quando vedo tutto** *quello* puisque **questo** et **quello** signifient également « cela ».

        2 - Ciò che vedo è molto allettante
        Ce que je vois est très alléchant

▶ N.B. : en tant qu'antécédent du relatif représentant une chose, il peut être remplacé par **quello** (cf. n° 230-3) :
        Quello che vedo è molto allettante

235 ▪ Les adverbes de lieu correspondant aux démonstratifs

1) A **questo** correspondent **qui, qua :** ici (où je suis)
                      quaggiù : ici-bas

A **codesto** correspondent **costì, costà :** là (où tu es)

A **quello** correspondent **lì, là, colà :** là (où il est)
                      laggiù : là-bas

2) Remarques d'emploi :
— Il convient de noter que l'adverbe rend la phrase plus précise et inutile l'emploi du démonstratif :

        Gli alberi di qui sono diversi dai vostri
        Les arbres d'ici sont différents des vôtres

— Toutefois, si on emploie à la fois adverbe et démonstratif, c'est dans le but de souligner expressément quelque chose :

              Questa città qui
              Cette ville-ci
      Quei libri là sono stati molto letti
      Ces livres-là ont été beaucoup lus

EXERCICES

A) Compléter les formes du démonstratif « questo » en faisant l'accord voulu :

1) quest.. è una lingua viva - 2) quest.. sono verità sacrosante - 3) quest.. è la risposta - 4) quest.. è un richiamo - 5) quest.. sono atteggiamenti giusti - 6) quest.. sono linee direttrici - 7) quest... contratto va riveduto - 8) quest... è la buona direzione - 9) quest... sono i nostri amici inglesi - 10) quest... è il principe ereditario.

B) Choisir la forme convenable de l'adjectif démonstratif « quello » :

	quello	quel	quell'	quei	quegli	quella	quelle	
1 -								compagno
2 -								pace (f.)
3 -								offerta
4 -								principio
5 -								presenze
6 -								sinonimi
7 -								amore
8 -								spiriti
9 -								cammini
10 -								banche

C) Compléter les phrases avec les formes convenables du démonstratif « quello » :

1 - ...è stato un episodio imprevedibile.
2 - È...fiume dove ci sono tanti pesci.
3 - Sono...pensieri che lo fanno triste.
4 - Vuole salire su...albero.
5 - Ti piacciono...paste ?
6 - Sono buoni...zii che ti hanno invitata.
7 - ...principessa è proprio bella !
8 - ...angoscia è priva di fondamento.
9 - Nonostante...loro sforzi, non ce l'hanno fatta.
10 - Con tutti...sforzi, ce l'hai fatta !

D) Traduire (employer toujours une des formes de « quello » pour rendre le français « ce », « cette » ou « ces ») :
1) Quel (190) est le nom de ce jeune homme (**giovanotto**) ? - 2) Quelles sont ces nouvelles marques (**marchio** - 30) de stylo (**penna**) ? - 3) Avec quels amis iras-tu voir ce film ? - 4) Sur

quels critères (**criterio** - 30) a-t-il choisi (125) ce cours (**lezione** - f.) ? - 5) De quelle matière (**materia**) était faite cette robe (**vestito**) ? - 6) A (**In**) quelle époque (**epoca**) ces événements (**avvenimento**) sont-ils arrivés (152) ? 7) A quelle (**che**) page (**pagina**) se trouve cette (230-3) leçon dont (183) nous avons parlé ? - 8) Pourquoi n'achètes-tu pas ce système (**sistema, m.**) que l'on trouve partout (**dappertutto**) ? - 9) Cette maison en multipropriété (**multiproprietà**), n'est-ce pas une bonne idée ? - 10) Ce sont ces points du Code civil (**Codice civile**) auxquels (48) il convient (149-4) de se référer (**riferirsi**).

E) 1) Traduire, en employant « questo » pour rendre le français « ce », « cette » ou « ces » :

1) Dans ce texte (**testo**), il y a deux parties (**parte**, f.) - 2) Sur cette maison, il faut faire un premier étage (**piano**) - 3) L'intérêt (**interesse**) de ce passage (**brano**) est évident - 4) Chez ce couturier (**sarto**), il y a toujours de belles choses ! (**roba**) - 5) Je me sens bien dans cette pièce (**stanza**) - 6) Les couleurs (**colore**, m.) de ce tapis sont changeantes (**cangiante**) - 7) Dans ces coups de téléphone (**telefonata**) répétés, il y a quelque chose d'exaspérant (**esasperante**) - 8) Avec ce répondeur téléphonique (**segretaria telefonica**) les appels (**chiamata**) sont transmissibles (**trasmissibile**) à distance (**a distanza**) - 9) Les exercices de ce chapitre ne sont pas toujours faciles - 10) Sur ce réveil (**sveglia**), on voit l'heure de Rome et l'heure du monde entier (**intero**).

F) Traduire (revoir aussi les n°ˢ 165 à 168) :

1) Ce roman (**romanzo**) est plus long que celui-là - 2) Ces voyages-là (**viaggio**) paraissent plus intéressants que ceux-ci - 3) C'était l'année où (184-2) il y avait eu une inondation (**alluvione**) - 4) Je ne suis jamais (317 N.B.) venue dans ce pays - 5) Ce sont de curieux amis ! - 6) Cette histoire, je l'avais déjà entendue ! - 7) Je vais te dire ceci, mais ne le répète pas (72) ! - 8) Je ne t'ai pas encore dit tout ce que j'avais à (323-9) te dire - 9) Je préfère cette pizzeria à celle-là - 10) Ces maisons-ci sont plus confortables (**comodo**) que celles-là.

G) Traduire (revoir aussi le Ch. XIII) :

1) Vous avez l'intention de (**avere intenzione di**) vous installer (**sistemarsi**) dans cette maison-là ? - 2) Tout ce qu'on dit sur ce quartier (**quartiere**) n'est pas toujours favorable (**favorevole**) ! - 3) Préférez-vous ces meubles anciens-là ou aimez-vous ces meubles modernes ? - 4) Cette salle de bains (**sala da bagno**) vous semble mieux équipée (**attrezzare**) que l'autre - 5) Quant à (**Per quanto riguarda**) cette cuisine (**cucina**), ne pensez-vous pas (343) qu'elle est plus spacieuse (**spazioso**) que celle qui est dans la maison voisine (**vicino**) ? - 6) Pourrez-

vous (122) venir ce matin ? - 7) Aimez-vous (154) ces buissons **(cespuglio)**, là-bas, au fond du **(in fondo a...)** jardin ? - 8) Que pensez-vous de la reprise **(ripresa)** de ces actions ? **(azione)** - 9) Venez (95 et 141) choisir (125) vos photos - 10) J'aime bien ce que vous choisissez.

H) Compléter les phrases par la forme convenable du pronom démonstratif ; mettre les verbes au passé composé (revoir les verbes irréguliers) :

1) ... luce... (acc**e**ndere-101) dalla mamma - 2) Gli orsi bruni sono... che... (prot**e**ggere-105) particolarmente in Italia - 3)... alberi... (sc**u**otere-103) terribilmente durante la tempesta - 4) Ti... (d**i**re-113) di sp**e**gnere... televisore ! - 5) ... soprabito (manteau)... (app**e**ndere-101) laggiù - 6) Lui... (t**o**gliersi-130 et 217-2)... brutta magliétta - 7) ... sempre (v**i**ncere-104) - 8) Prendi... fiori che ti... (c**o**ogliere-104) - 9) ... piatti... (m**e**ttere -102) sulla t**a**vola dai ragazzi - 10) ... che... (c**o**rrere-101) più di un'ora sono stanchi.

I) Traduire, à l'aide du vocabulaire ci-dessous :

amusant, **divertente** ; assurer, **assicurare** ; bruit, **rumore** ; changer de, **cambiare** ; commune, **comune** (m.) ; dépasser, **superare** ; éloigné, **lontano** ; galerie, **galleria** ; s'informer, **informarsi** ; las, **stanco** ; librairie, **libreria** ; magasin, **negozio** ; même, **stesso** ; monument, **monumento** ; petit déjeuner, **prima colazione** ; publier, **pubblicare** ; quatre, **quattro** ; recommander, **raccomandare** ; restauration, **restauro** ; tôt, **per tempo** ; travail, **lavoro**.

1) Il faut (149) que ces quatre petits déjeuners soient servis tôt, ce matin - 2) La restauration de ces monuments-là est bien assurée par la commune - 3) Bien qu'(332-c)il y ait eu un peu de bruit, cette nuit, je pense (323-9) que cet hôtel est à recommander - 4) Je suis lasse de voir ces mêmes magasins présenter les mêmes choses - 5) C'est comme si (332-g) il avait toujours su cette langue ! - 6) Cette région-là est trop éloignée pour moi ! - 7) Celui qui veut changer de travail doit bien s'informer - 8) Ces spectacles-là étaient beaucoup plus amusants que ceux qu'on (268) voit maintenant - 9) Quand ce journal sera publié, cet article-là sera dépassé - 10) Pendant qu'(322-2-e) il regarde cette librairie, je vais là-bas, dans cette galerie, voir les tableaux.

CHAPITRE XV

LES ADJECTIFS
ET LES PRONOMS POSSESSIFS

Capitolo quindicesimo
Gli articoli e i pronomi possessivi

236 ▪ Formes des pronoms et adjectifs possessifs

Masculin

Singulier		Pluriel	
il mio	mon, le mien	**i miei**	mes, les miens
il tuo	ton, le tien	**i tuoi**	tes, les tiens
il suo	son, le sien	**i suoi**	ses, les siens
il nostro	notre, le nôtre	**i nostri**	nos, les nôtres
il vostro	votre, le vôtre	**i vostri**	vos, les vôtres
il loro	leur, le leur	**i loro**	leurs, les leurs

Féminin

Singulier		Pluriel	
la mia	ma, la mienne	**le mie**	mes, les miennes
la tua	ta, la tienne	**le tue**	tes, les tiennes
la sua	sa, la sienne	**le sue**	ses, les siennes
la nostra	notre, la nôtre	**le nostre**	nos, les nôtres
la vostra	votre, la vôtre	**le vostre**	vos, les vôtres
la loro	leur, la leur	**le loro**	leurs, les leurs

237 ▪ Accord de l'adjectif possessif

Les adjectifs possessifs s'accordent en genre et en nombre avec le substantif auquel ils se rapportent, sauf **loro,** qui est invariable.

il mio letto	mon lit	**i nostri letti**	nos lits
la tua macchina	ta voiture	**le vostre macchine**	vos voitures

mais

il loro giornale	leur journal	**i loro giornali**	leurs journaux
la loro classe	leur classe	**le loro classi**	leurs classes

238 ▪ Fréquence d'emploi de l'adjectif possessif

L'italien use beaucoup moins que le français de l'adjectif possessif ; en fait, il l'évite chaque fois que le sens ne présente aucune équivoque :

Prendo l'impermeabile
Je prends mon imperméable
Gianni ha dimenticato l'ombrello
Jean a oublié son parapluie

(Dans ce dernier cas, si le parapluie appartenait à quelqu'un d'autre qu'à Jean, le texte le préciserait : **Gianni ha dimenticato l'ombrello di Cecilia,** Jean a oublié le parapluie de Cécile.)

239 ▪ Emploi de l'adjectif possessif précédé de l'article

Dans la plupart des cas, comme on aura déjà pu le remarquer au n° 237, on met l'article devant les adjectifs possessifs.

il mio quaderno	mon cahier	**i miei quaderni**	mes cahiers
la mia classe	ma classe	**le mie classi**	mes classes

Les cas où l'on omet l'article et que nous allons examiner maintenant sont des exceptions.

240 ▪ Emploi de l'adjectif possessif devant les noms de parenté

1) *Noms de parenté au singulier :*

L'adjectif possessif ne doit pas être précédé de l'article si les noms suivants sont employés sans adjectif ni altération. Dans ce même cas, on peut employer l'article défini seul :

padre	père	**madre**	mère
marito	mari	**moglie**	femme
figlio	fils	**figlia**	fille
fratello	frère	**sorella**	sœur
nonno	grand-père	**nonna**	grand-mère
suocero	beau-père	**suocera**	belle-mère
genero	gendre	**nuora**	bru
zio	oncle	**zia**	tante
cognato	beau-frère	**cognata**	belle-sœur
(il) nipote	neveu	**(la) nipote**	nièce
cugino	cousin	**cugina**	cousine

Exemples :

> **Vado a vedere il nonno = Vado a vedere mio nonno**
> Je vais voir mon grand-père

Exception :

loro est toujours précédé de l'article :

> **il loro padre**   leur père

2) *On revient à la règle générale,* c'est à dire à l'emploi de l'article devant l'adjectif possessif placé devant ces mêmes noms de parenté s'ils sont :

— employés au pluriel :

> **i nostri figli** nos enfants*

— employés sous une forme diminutive :

la mia mamma ma maman   **il mio babbo** mon papa

---

* **i miei = i miei genitori** mes parents.

— qualifiés par un adjectif :

>> **la mia cara sorella**   ma chère sœur
>> **il mio fratello maggiore**   mon frère aîné

— altérés par un suffixe :

>> **la mia sorellina**   ma petite sœur
>> **la mia cuginetta**   ma petite cousine

— précédés, de façon cérémonieuse ou ironique, de **Signore,** Monsieur, **Signora,** Madame, etc.

>> **La Sua Signora madre**   madame votre mère

241 ▪ Autres emplois du possessif sans l'article

1) devant une apposition :

>> **Anna Rizzo, mia collega** Anna Rizzo, ma collègue

2) devant une exclamation :

>> **Dio mio !** Mon Dieu !   **Figli miei !** Mes enfants !

3) devant un attribut :

>> **Il Signor Bandelli è stato mio professore**
>> M. Bandelli a été mon professeur
>> **È nostro dovere ascoltare gli altri**
>> C'est notre devoir d'écouter les autres

4) devant des noms exprimant une dignité :

Vostra Santità   **Sua Eccellenza l'ambasciatore d'Italia**
Votre Sainteté   Son Excellence l'ambassadeur d'Italie

5) dans des expressions toutes faites :

a casa mia, tua, etc.	chez moi, chez toi, etc.
a mia insaputa, a tua... etc.	à mon insu, etc.
a parer mio, tuo, etc.	à mon avis, etc.
a spese mie, tue, etc.	à mes frais (à mes dépens), etc.
di mia volontà, di tua... etc.	de mon plein gré
(fare) di testa sua	(en faire) à sa tête
è colpa mia, tua, etc.	c'est ma faute, etc.
di (in) mano mia, tua, etc.	de (dans) ma main, etc.
in nome mio, tuo, etc.	en mon nom, etc.
in presenza mia, tua, etc.	en ma présence, etc.
mio malgrado, tuo... etc.	malgré moi, etc.
per amor mio, tuo, etc.	pour me faire plaisir, etc.
per conto mio, tuo, etc.	quant à moi, etc.

242 ▪ Emploi du possessif avec l'article indéfini ou les pronoms démonstratifs

1) Traduction de « un de mes... », « un de tes... ».

un mio libro   un de mes livres   **un mio cugino**   un de mes cousins

2) L'italien vise à plus de précision, en employant à la fois l'adjectif démonstratif et le possessif (sans article), là où le français se contente de la nuance possessive :

questa mia sciarpa   mon écharpe (que voici)
quella tua cugina   ta cousine (dont tu parles)

243 ▪ Omission du possessif

Nous avons déjà vu que le possessif s'emploie beaucoup moins en italien qu'en français (n° 238) ; devant un substantif désignant une partie du corps, un vêtement ou un objet usuel, on ne l'emploie généralement pas.

Alza il braccio sinistro con difficoltà
Il lève son bras gauche avec difficulté
Rimette il fazzoletto in tasca
Il remet son mouchoir dans sa poche

244 ▪ Remplacement du possessif

1) Le possessif est souvent remplacé par un pronom personnel

Si toglie gli occhiali
Il retire ses lunettes

(l'idée de possession est rejetée sur le pronom personnel réfléchi **si**)

Appena vide la mamma, le si buttò nelle braccia
Dès qu'il vit sa maman, il se jeta dans ses bras

(L'idée de possession est rejetée sur le pronom personnel complément d'objet indirect **le**.)

2) Dans le cas où une équivoque se révélerait possible, l'italien précise la personne de qui l'on parle, en employant les expressions **di lui, di lei, di loro** (« son », « sa », « ses »).

Ho incontrato Pietro, Maria e la famiglia di lei
J'ai rencontré Pierre, Marie et sa famille (à elle)

245 ▪ Traduction de « A qui est ce... ? — C'est à... »

Di chi è questo disco ?	A qui est ce disque ?
È il mio	C'est le mien
È mio	Il est à moi
È di Maurizio	Il est à Maurice
È suo = È di lui	Il est à lui

1) L'emploi de **proprio** à la place de **suo** ou de **loro** est *obligatoire* lorsque le sujet est indéfini :

Bisogna star attenti alle proprie parole

Il faut faire attention à ce que l'on dit (à ses propos)

Lorsque le possessif se rapporte au sujet de la proposition, **proprio** peut remplacer **suo** :

Voleva sentire la propria voce al registratore

Il voulait entendre sa (propre) voix au magnétophone

2) **Altrui :** « d'autrui » est invariable ; son emploi est littéraire :

Non toccate la roba altrui !

Ne touchez pas aux affaires d'autrui !

(Dans la langue parlée, on dirait plutôt : **Non toccate la roba degli altri !** : Ne touchez pas aux affaires des autres !)

EXERCICES

A) Mettre l'adjectif possessif correspondant à la 1re pers. du singulier devant les noms de parenté suivants :

1) **fratelli** - 2) **moglie** - 3) **marito** - 4) **sorellina** - 5) **suoceri** - 6) **padre famoso** (célèbre) - 7) **giovane nonna** 8) **madre** - 9) **bella figlia** - 10) **zio ricco** (33-1).

B) Compléter les phrases suivantes avec l'adjectif possessif convenable :

1) Da che parte si trova... villa, Domitilla ? - 2) Incontrava sempre... suocera in centro. - 3) Aspettava la nascita di... nipote con impazienza. - 4) La gatta cercava... sette gattini. - 5) Avrebbe desiderato che... nonno materno fosse già qui. - 6) Non so da che parte si trova... fratellino. - 7) Non ho visto... Altezza. - 8) Uno deve difendere... posizione. - 9) È tuo questo libro ? — No, non è... - 10) Avvocato, ecco... impermeabile !

C) Traduire, à l'aide du vocabulaire ci-dessous (employer la forme de politesse chaque fois que c'est possible) :

admirer, **ammirare** ; amitié, **amicizia** ; carnet, **taccuino** ; ensemble, **insieme** ; hier, **ieri** ; sac, **borsa**.

1) Je suis venu chez vous hier - 2) Où est monsieur votre père ? - 3) Cela a été fait en votre présence, mais à mon insu - 4) N'avez-vous pas trouvé un de mes carnets ? - 5) Je tiens beaucoup à leur amitié - 6) Je suis allé chez les Rossi et j'ai admiré ses tableaux (à lui) - 7) Votre père et le mien ont été à l'école ensemble - 8) C'est votre faute si tout cela est arrivé - 9) A qui est ce sac ? — Il est à moi - 10) Les amis de nos amis sont les bienvenus.

CHAPITRE XVI

LES ADJECTIFS ET PRONOMS INDÉFINIS DE QUANTITÉ
LES ADJECTIFS ET PRONOMS INDÉFINIS PROPREMENT DITS
LES TRADUCTIONS DE « ON »

Capitolo sedicesimo
Gli aggettivi e i pronomi di quantità
Gli aggettivi e pronomi indefiniti propriamente detti
Traduzioni del francese « on »

LES ADJECTIFS ET PRONOMS INDÉFINIS DE QUANTITÉ

247 ▪ Formes et sens

alquanto,a,i,e	quelque peu de
altrettanto,a,i,e	autant de
molto,a,i,e	beaucoup de
parecchio,a,i,e	« pas mal de », plusieurs
poco,a,pochi,poche	peu de
quanto,a,i,e	que de, combien de
tanto,a,i,e	autant de, tant de, tellement, beaucoup
troppo,a,i,e	trop de

248 ▪ Construction des indéfinis de quantité

Ils s'accordent en genre et en nombre avec le nom auquel ils se rapportent.

molta gente	**parecchio lavoro**
beaucoup de gens	pas mal de travail
pochi uomini	**troppe cose**
peu d'hommes	trop de choses

Les adjectifs ne se distinguent des pronoms que parce qu'ils sont accompagnés d'un substantif.

In questa fabbrica, c'erano molti operai
(**molti** est adjectif)
Dans cette usine, il y avait beaucoup d'ouvriers

Ora, di operai, non ce ne sono più tanti
(**tanti** est pronom)
Maintenant, des ouvriers, il n'y en a plus tellement

Ci vuole alquanta prudenza
Il faut quelque prudence

Ci sono tanti spettattori
Il y a tant (beaucoup) de spectateurs

▶ N.B. : 1) ⚠ La préposition « de » ne se traduit jamais.
2) **molto, poco, alquanto, tanto, troppo** sont adverbes quand ils modifient un adjectif, un verbe ou un autre adverbe ; ils sont alors invariables (cf. nᵒˢ 169-1 et 318 N.B.).

Siamo tanto felici !
Nous sommes si heureux !

249 ▪ TANTO (ALTRETTANTO)... QUANTO

1) En corrélation, ils expriment une comparaison ; ils s'accordent en genre et en nombre avec le substantif auquel ils se rapportent.

Abbiamo tante (altrettante) case quanti figli
Nous avons autant de maisons que d'enfants

2) **Altrettanto** peut donc s'employer à la place de **tanto** ; on le rencontre aussi en fin de phrase, pour traduire le français : « tout autant ».

Ho fatto molti viaggi e tu altrettanti
J'ai fait beaucoup de voyages, et toi tout autant

250 ▪ Traduction de « un peu de »

un poco di = un po' di
Vorrei un poco di vino e un po' di pane
Je voudrais un peu de vin et un peu d'eau

Ne vorrei ancora un altro po'
J'en voudrais encore un peu
(**un po'** = un peu)

251 ▪ Traduction de « le peu de », « le trop de »

il poco, la poca, i pochi, le poche
il troppo, la troppa, i troppi, le troppe

L'accord se fait avec le substantif auquel ces expressions se rapportent et « de » ne se traduit pas (cf. n° 248 N.B.1) :

Con la poca organizzazione che ha !
Avec le peu d'organisation qu'il a !
La troppa curiosità tua
Ton excès de curiosité
(m. à m. : Le trop de curiosité que tu as)

▶ N.B. : **po'po'**, suivi d'un complément déterminatif, sert plaisamment à renforcer l'expression avec une nuance d'excès :

Che po'po' di faccia tosta !
Quel extraordinaire toupet !

252 ▪ Traduction de « plusieurs », « beaucoup (pas mal) »

1) **Parecchio, parecchia, parecchi, parecchie**
Ho parecchio tempo   J'ai pas mal de temps
Ha ricevuto parecchie lettere   Il a reçu plusieurs lettres

△ **parecchio** est invariable comme adverbe.
Abbiamo parecchio da fare
Nous avons pas mal de choses à faire

2) Vario, varia, vari, varie

> **Hai avuto varie possibilità**
> Tu as eu plusieurs (m. à m. : différentes) possibilités

3) *Remarque* : **più** a souvent le sens de « plusieurs ».
Suivant le contexte, une phrase comme :

> **Hanno più amici**

pourra se traduire par : « Ils ont plusieurs amis » ou bien par « Ils ont plus d'amis » (cf. n° 167).

⚠ **Il più** veut dire « la plupart » :

> **il più delle volte** : la plupart du temps
> (m. à m. : la plupart des fois)
> mais **i più** signifie : « la plupart des gens »
> et **per lo più** se traduit par « le plus souvent ».

LES ADJECTIFS ET PRONOMS INDÉFINIS PROPREMENT DITS

253 ▪ Adjectif ou pronoms

alcuno,a,i,e	quelque
altro,a,i,e	autre
certo,a,i,e	certain
ciascuno,a,i,e	chaque, chacun
medesimo,a,i,e	même
nessuno,a,i,e	aucun, personne
ogni (inv., sing.)	chaque
punto,a,i,e	aucun
qualche (inv. sing.)	quelques (cf. N.B.)
qualunque (inv. sing.)	quelconque
qualsiasi	quel(le) qu'il(elle) soit
qualsivoglia (litt.)	quel(le) qu'il(elle) soit
stesso,a,i,e	même
tale,i	tel
tutto,a,i,e	tout
uno,a	un, une

▶ N.B. : en fait, « quelques » a quatre traductions : **alcuni(e)** (cf. 255), **qualche,** et également **parecchi(ie)** (cf. 252) **pochi(e)** (cf. 248), si l'on veut préciser le sens.

> Nous avons quelques amis se traduira donc par :
> **Abbiamo alcuni amici = Abbiamo qualche amico**
> (on ne sait pas combien)
> et **Abbiamo parecchi amici** (il y en a un certain nombre)
> ou **Abbiamo pochi amici** (il n'y en a pas beaucoup)

254 ▪ Principales formes uniquement pronominales

altri (inv.)	un autre
altrui (inv.)	autrui
chi	celui qui, quiconque
chicchessià	qui que ce soit
chiunque	quiconque
gli uni, le une	les uns, les unes
niente, nulla	rien
ogni cosa	tout
ognuno,a	chacun
qualcosa (qualche cosa)	quelque chose
qualcuno,a (qualcheduno,a)	quelqu'un, une

△ **alcuno, ciascuno, nessuno,** etc. suivent la règle de **uno** en ce qui concerne leur forme :

alcun'idea	quelque idée
ciascun minuto	chaque minute
nessuno straniero	aucun étranger

255 ▪ ALCUNO

Adjectif ou pronom, il s'accorde en genre et en nombre.

Si trattenne alcune ore
Il resta quelques heures
Di specialisti, ce ne sono alcuni
Des spécialistes, il y en a quelques-uns

▶ N.B. : on peut trouver **alcuno** dans une phrase négative ; il a alors le même sens que **nessuno,** dont l'emploi est préférable.
Non c'è alcuna probabilità = Non c'è nessuna probabilità
Il n'y a aucune probabilité

256 ▪ ALTRO

Adjectif, il s'accorde tout naturellement :
È tutt' un' altra visione delle cose
C'est une tout autre vision des choses
Employé avec un adjectif numéral, il se place devant celui-ci (de même que **primo,** premier, **ultimo,** dernier).

Gli altri tre	**I primi due**	**Gli ultimi quattro**
Les trois autres	Les deux premiers	Les quatre derniers

Pronom, il est invariable :
Le serve altro ?
Avez-vous besoin d'autre chose ?
(m. à m. : Est-ce que quelque chose d'autre vous sert ?)

257 ▪ CERTO, QUALCHE, OGNI, OGNUNO, CIASCUNO

1) **Certo** s'accorde en genre et en nombre avec le substantif auquel il se rapporte.

Ti presenterò certe mie amiche
Je te présenterai certaines de mes amies

2) **Qualche** est invariable et singulier : de ce fait, s'il se rapporte au sujet de la proposition, le sujet et le verbe sont également au singulier.

C'era ancora qualche alunno nell'aula
Il y avait encore quelques élèves dans la salle de classe

3) **Ogni,** comme **qualche,** est invariable et singulier.

Ogni parola conta
Chaque mot compte

Exceptions :

Ognissanti	**Ogni tre minuti**	**Ogni due giorni**
La Toussaint	Toutes les trois minutes	Tous les deux jours

4) **Ognuno,a** est toujours pronom singulier.

Ognuno di noi lo ha sentito
Chacun d'entre nous l'a entendu

5) **Ciascuno,a** est toujours singulier ; il peut être adjectif ou pronom. Cependant, il est plus employé comme pronom que comme adjectif (on dira : **ad ogni pagina** de préférence à **a ciascuna pagina :** à chaque page).

Comme pronom, il a le même sens que **ognuno.**

Ciascuno conosce delle ore luminose
Chacun connaît des heures lumineuses

258 ▪ NESSUNO, NIENTE, NULLA

Nessuno,a est adjectif ou pronom et s'emploie toujours au singulier. En tant qu'adjectif, il suit la même règle que l'article indéfini **uno :**

nessun film	**nessuno spettacolo**	**nessuna legge**
aucun film	aucun spectacle	aucune loi

Niente et **nulla** sont uniquement pronoms et invariables.

△ *Place de* **nessuno, niente, nulla**

— Si **nessuno, niente, nulla** sont *placés avant le verbe,* ces mots suffisent à exprimer la négation.

— S'ils sont *placés après le verbe,* ce verbe doit être précédé de la négation **non.**

> **Nessuno è venuto =**
>   **Non è venuto nessuno** Personne n'est venu
> **Niente (Nulla) è cambiato =**
>   **Non è cambiato niente (nulla)** Rien n'a changé

△ On ne peut pas toujours employer une tournure pour l'autre.
Exemple : A la question : **« Vedi qualcuno ? »,** on ne peut
répondre que par : **« Non vedo nessuno » ;** l'autre tournure,
grammaticalement possible : **« Nessuno vedo »,** relève du style
poétique.

▶ N.B. : dans la langue parlée, on entend couramment :

Niente vino !	**Niente caffè !**	**Niente zucchero !**
Pas de vin !	Pas de café !	Pas de sucre !

259 ▪ TUTTO, OGNI COSA

1) **Tutto,a,i,e** s'accorde dans tous les cas.
                    Tutti sono d'accordo
                    Tous sont d'accord
                    Era tutta gentile
            Elle était tout aimable (cf. n° 156)

2) « Tout le monde » se traduit par : **tutti** ou **tutta la gente.**
L'expression **tutto il mondo** désigne le monde entier, l'univers.

3) Traduction de « tout ce que » : **tutto quello che, tutto ciò
che, tutto quanto.**
            Ti auguro tutto quello (ciò) che desideri
            . . . . **tutto quanto** . . . .
            Je te souhaite tout ce que tu désires

4) **Ogni cosa** a le même sens que **tutto.** Cette forme s'emploie
toujours au singulier ; les adjectifs qui s'y rapportent éventuellement sont au féminin singulier.

                Ogni cosa era dolce e tranquilla
                Tout était doux et tranquille

260 ▪ STESSO, MEDESIMO

   Ils peuvent être adjectifs ou pronoms et sont variables.

1) **Medesimo** s'emploie peu ; il a le même sens que **stesso**
            È il medesimo autore = È lo stesso autore
                C'est le même auteur

2) **Stesso** s'emploie avant ou après le substantif auquel il se rapporte.

— Placé *avant* le substantif, il peut avoir deux sens :
> **Me lo ha detto lo stesso scultore**
> Le même sculpteur me l'a dit
> C'est le sculpteur lui-même qui me l'a dit

(Le contexte permet, en général, de trouver aisément la traduction adéquate.)

— Placé *après* le substantif, il n'a qu'un seul sens :
> **Me lo ha detto lo scultore stesso**
> C'est le sculpteur lui-même qui me l'a dit

261 ▪ TALE... QUALE

1) **Tale** s'emploie souvent en corrélation avec **quale** :
> **Quale il padre, tali i figli**
> Tel père, tels fils
> **Ti dico le cose tali quali le vedo**
> Je te dis les choses telles que je les vois

2) **Tale** peut être sous-entendu :
> **La storia è quale te la ho raccontata**
> L'histoire est telle que je te l'ai racontée

3) △ **tale che** indique la conséquence :
> **Il suo comportamento è tale che nessuno lo capisce**
> Son comportement est tel que personne ne le comprend

▶ N.B. : *Expressions*
Un tale un tel
Il tale, quel tale, il signor tale un tel, monsieur un tel
Tal Corti, un tal Corti le dénommé Corti, un certain Corti
Il Tale dei Tali M. Un Tel
La Tale dei Tali Mme Une Telle

262 ▪ QUALUNQUE, QUALSÌASI

— Invariables et singuliers, **qualunque** et **qualsìasi** ont pratiquement le même emploi :
> **Qualunque (Qualsìasi) persona lo vedrebbe**
> N'importe quelle personne le verrait
> (**qualsivoglia** est très littéraire)

— Il arrive que le sens soit péjoratif ou à la limite du péjoratif :
> **Era un giorno qualsìasi (qualunque)**
> C'était un jour quelconque

263 ▪ ALTRI

Littéraire, **altri** est toujours sujet et singulier, en dépit des apparences :

> **Altri farebbe diversamente**
> Un autre ferait différemment

Répété, il a le même sens que **chi... chi :** les uns... les autres (cf. n° 265), mais est beaucoup moins employé que ces pronoms que nous étudierons un peu plus loin.

264 ▪ ALTRUI

Altrui n'est jamais sujet :

> **La roba altrui** Les affaires des autres

265 ▪ CHI

1) Pronom singulier, il s'emploie seul ou en corrélation :

> **Chi desiderasse aiuto può chiamare il 113**
> Celui qui désirerait de l'aide peut appeler le 113

Dans des expressions familières, souvent exclamatives, il marque le désir de la personne qui parle d'exprimer son sentiment sans trop s'impliquer directement (cf. 191-2) :

> **Chi ci crede !** Personne n'y croit !
> **Chi te lo fa fare !** Personne ne t'y oblige !

2) En corrélation, il signifie « les uns... les autres » :

> **Chi dava del tu, chi dava del Lei**
> Les uns tutoyaient, les autres « vouvoyaient »

266 ▪ CHIUNQUE, CHICCHESSÌA (litt.)

1) Suivi de l'indicatif :

> **Chiunque ne è capace**
> N'importe qui (tout le monde) en est capable

2) Suivi du subjonctif :

> **Chiunque lo trovasse è pregato di rivolgersi al n° ...**
> Celui qui le trouverait est prié de s'adresser au n° ...

267 ▪ QUALCUNO, UNO

Singuliers et variables, ils peuvent être synonymes :

> **Qualcuno me lo ha detto = Me lo ha detto uno**
> Quelqu'un me l'a dit

Lorsqu'on emploie **qualcuno,** en général, on sait de qui on veut parler, mais on ne veut pas citer la personne. Si on emploie **uno,** il s'agit généralement d'un souvenir confus.

TRADUCTION DE « ON »

Il n'y a pas de traduction directe de « on » en italien. Nous distinguerons plusieurs traductions, avec le verbe de la proposition à la voix *active* ou à la voix *réfléchie*.

TRADUCTION DE « ON » AVEC UN VERBE A LA VOIX ACTIVE

268 ▪ Traduction par si

C'est le cas le plus fréquent :

Si parla italiano On parle italien

1) *Règle d'accord :*

Si mangia un gelato

(sujet sing.)

On mange une glace

Si mangiano i gelati

(sujet plur.)

On mange des glaces

Le mot qui, en français, est complément d'objet direct est *sujet* en italien. De ce fait, *le verbe s'accorde avec le sujet* ; si le sujet est au pluriel, le verbe est au pluriel.

2) *Auxiliaire du verbe :*

Comme pour tous les verbes pronominaux, l'auxiliaire est **essere** (cf. n° 144).

Si sono raccontate tante barzellette

On a raconté beaucoup d'histoires drôles

3) *Phrase négative :*

Le pronom **si** fait, en quelque sorte, partie intégrante du verbe pronominal italien ; on ne peut donc pas le séparer du verbe. La négation précédera toujours immédiatement le pronom **si**.

Non si parla italiano On ne parle pas italien.

4) *Place des autres pronoms :*

Pour la même raison que celle donnée au paragraphe précédent, les autres pronoms précèdent le pronom **si** :

On te parle	On y parle italien	On le voit
Ti si parla	**Ci si parla italiano**	**Lo si vede**

Exception : On en parle **Se ne parla**

5) *Accord de l'attribut :*

L'accord se fait par le sens ; **si** ayant généralement un sens collectif, l'attribut se met donc au pluriel :

Si è sempre allegri On est toujours gais

AUTRES TRADUCTIONS

(selon le contexte et le sens de la phrase elle-même)

269 ▪ Emploi de la 3ᵉ personne du pluriel

Bussano alla porta
On frappe à la porte (ils frappent ; les gens frappent)

270 ▪ Emploi de la 2ᵉ personne du singulier

Leggi a pagina 13
On lit à la page 13 (Tu lis ou Vous lirez*)

* Cette forme correspond au tutoiement littéraire fréquent en italien.

271 ▪ Emploi de la 3ᵉ personne du singulier précédée de « uno »

Quando uno ti chiama, rispondi !
Quand on t'appelle, réponds !
(**Uno** est indéterminé ; la phrase signifie : « Qui que ce soit qui t'appelle, réponds ! »)

272 ▪ Emploi de la 1ʳᵉ personne du pluriel

Ti vogliamo tutti tanto bene !
On t'aime tous beaucoup ! (Nous t'aimons)
(La personne qui parle se considère comme également impliquée.)

273 ▪ Emploi de la 2ᵉ personne du pluriel

Il s'agit d'un emploi beaucoup plus rare pour traduire le « on » français.

Quando vedete un segno chiaro, ne dovete tener conto
Quand on voit un signe clair, il faut en tenir compte
(Quand vous voyez un signe clair, vous devez en tenir compte)

274 ▪ Traduction par la voix passive

Si le verbe est transitif, la voix passive peut éviter des confusions :

La porta fu (venne) chiusa
On ferma la porte (la porte fut fermée)

Il n'y a pas l'ambiguïté que l'on pourrait trouver dans la

phrase : **Si chiuse la porta** qui signifie aussi bien : « On ferma la porte » que « La porte se ferma » (par exemple : toute seule).

⚠ A retenir : **Fu fatto entrare** On l'introduisit (On le fit entrer).

TRADUCTION DE « ON » AVEC UN VERBE A LA VOIX RÉFLÉCHIE

275 ▪ Traduction de « on se »

« On se » se traduit, la plupart du temps, par **ci si**
Ci si alza On se lève

▶ N.B. : **Ci si** peut aussi avoir le sens de « on y » ; toutefois, les confusions sont aisées à éviter grâce au contexte :
Il giardino è molto gradevole : ci si sente odor di caprifogli
Le jardin est très agréable : on y sent une odeur de chèvrefeuilles

276 ▪ Traduction par la 1re personne du pluriel

In campagna, ci alzavamo alle sei
A la campagne, on se levait (nous nous levions) à six heures
(Dans ce cas, la personne qui parle est impliquée, elle aussi, dans l'action.)

277 ▪ Traduction par la 3e personne du pluriel

Inversement, dans ce cas, la personne qui parle ne participe pas à l'action :
In quel tempo, si divertivano molto
En ce temps-là, on s'amusait beaucoup

EXERCICES

A) Choisir la forme convenable de « molto » (étudier aussi, au préalable, le n° 318 N.B.) :

	molto	molta	molti	molte	
1) Possedeva					fattorie
2) È un pensiero					suggestivo
3) Tutto quanto ha					importanza
4) Ci sono					uccelli qui
5) Ho tenuto					a scegliere

B) Mettre les mots suivants à la forme convenable (voir aussi n° 318 N.B.). Exemple : tanto→luce (f.) : tanta luce :

1) tanto→fotografie
2) troppo→scuro
3) poco→elementi
4) molto →settimane
5) parecchio→anni
6) troppo →ore
7) alquanto→stanchi
8) molto→piacevole
9) tanto→preoccupazioni (f.)
10) poco→roba
11) troppo→da studiare
12) poco→facile
13) molto→pensieri
14) tanto→comodo
15) alquanto→pagine
16) parecchio→pazienza

C) Remplacer « alcuni », « alcune » par « qualche » (revoir aussi les n°s 29-30 ; 31 et 33) :

1) Ci sono alcune professoresse - 2) Si vedono alcuni stranieri - 3) Verranno alcuni uomini - 4) Si alzano alcune mani- 5) Esistono alcune ipotesi - 6) Ce ne sono alcune serie - 7) Saranno inaugurati alcuni stadi - 8) Ci sono alcuni chirurghi - 9) Escono alcune colleghe - 10) Entrarono alcuni medici.

D) Répondre de façon négative aux questions, en insérant « nessuno », « niente », « nulla » ou « mai » (cf. n° 317 N.B.). Exemple : Quali sono i Suoi progetti ? — Non ho nessun progetto :

1) Hai ricevuto posta ? - 2) Hai intenzione di fare una conferenza ? - 3) Che cosa vuole Luisa ? - 4) Hai già visto Dino ? - 5) A chi hai regalato questo quadro ? - 6) Quali persone vuoi invitare ? - 7) Che cosa pensi di questo fatto ? - 8) Hai già sentito una cosa simile ? - 9) Hai un nuovo televisore ? - 10) Con chi volevi parlare ?

E) Traduire :

1) Chacun a ses idées - 2) N'importe qui peut le faire - 3) Pourrais-tu me donner encore un peu d'eau ? - 4) La plupart du temps, il préfère rester à la maison - 5) Tu as fait beaucoup de travail et moi tout autant - 6) De vrais hommes de science **(scienziato)**, il y en seulement **(soltanto)** quelques-uns - 7) Le plus souvent, il ne disait rien - 8) Il se baigna **(fare il bagno)** les deux premiers jours - 9) Ils vont à l'école tous les jours de la semaine - 10) Chacun pense ce qu'il veut - 11) Presque **(quasi)** tout le monde a la même opinion à ce sujet **(in merito)** - 12) N'importe qui se rendrait compte que cet enfant est malade - 13) Les uns veulent sortir, les autres préfèrent se reposer **(riposarsi)** - 14) Quelqu'un t'a appelé tout à l'heure **(poco fa)** - 15) Il y aura quelques bonnes surprises.

F) Chercher la traduction de « on » qui vous paraît la plus appropriée (employer le présent de l'indicatif).
Exemples : (parlare) italiano → Si parla italiano
(Alzarsi) → Ci si alza

1) **(Potersi)** vedere meglio gli affreschi (fresques) - 2) **Non (essere)** mai soli - 3) **(Mettersi)** i libri nella biblioteca - 4) **Non (sentirsi)** - 5) **Quando La (salutare)**, perché non sorride ? - 6) **Non ti accorgi** (s'apercevoir) **che (chiederti)** qualche cosa - 7) **(Mangiare)** il pesce buono al mare - 8) **(Rivolgersi : s'adresser) a Lei** - 9) **(Leggere)** queste righe - 10) **(Andare) tutti in foresta.**

G) Traduire, à l'aide du vocabulaire ci-dessous :
candidat, **candidato** ; écouter, **dare retta** ; intuition (avoir l'), **intuire (-isco)** ; persuader, **persuadere** ; séparer, **separare** ; souci, **preoccupazione** (f.) ; triste, **triste** ; voie, **strada** ; voyage, **viaggio.**

1) On m'a dit de venir - 2) Ils ont beaucoup de soucis - 3) Pourquoi ce journal a-t-il tant de pages ? Il y en a trop - 4) Il faut le persuader peu à peu - 5) On était trop tristes d'être séparés - 6) Si (369) on appelle, tu répondras au téléphone - 7) J'aimerais beaucoup faire ce voyage, mais il faut plus de deux semaines - 8) Bien que (332-c) ce soit très difficile et qu'il y ait beaucoup de candidats, je veux essayer - 9) D'autres y sont bien arrivés (152), pourquoi pas moi ? - 10) Chacun a l'intuition de sa propre voie : généralement, il vaut mieux (148) ne pas trop écouter les conseils des autres.

CHAPITRE XVII
LES ADJECTIFS NUMÉRAUX

Capitolo diciassettesimo
Gli aggettivi numerali

LES ADJECTIFS NUMÉRAUX CARDINAUX

278 ▪ Formes des adjectifs numéraux cardinaux

0	zero	30	trenta
1	uno	31	trentuno*
2	due	33	trentatré*
3	tre	38	trentotto*
4	quattro	40	quaranta
5	cinque	50	cinquanta
6	sei	60	sessanta
7	sette	70	settanta
8	otto	80	ottanta
9	nove	90	novanta
10	dieci	100	cento
11	undici	101	centuno
12	dodici	108	centotto
13	tredici	200	duecento
14	quattordici	300	trecento
15	quindici	400	quattrocento
16	sedici	500	cinquecento
17	diciassette	600	seicento
18	diciotto	700	settecento
19	diciannove	800	ottocento
20	venti	900	novecento
21	ventuno*	1 000	mille
22	ventidue	2 000	duemila
23	ventitré*	100 000	centomila
24	ventiquattro	1 000 000	un milione
28	ventotto*	1 000 000 000	un miliardo

* La dernière voyelle s'élide devant -uno et -otto :
ventuno, ventotto ; trentuno, trentotto, etc.
Par ailleurs, notez l'accent sur la finale de
ventitré, trentatré, etc.

279 ▪ Règles générales d'emploi des adjectifs numéraux cardinaux

1) Cinq d'entre eux sont variables : **zero, uno, mille** (plur. **mila**), **milione, miliardo.**

cinque zeri	**gli uni e gli altri**	**due mila**
cinq zéros	les uns et les autres	deux mille
tre milioni*	**quattro miliardi***	
trois millions	quatre milliards	

* Notez l'orthographe italienne de **milione** et de **miliardo** avec un seul « l ».

△ A l'inverse du français, **cento** est invariable.

2) Règles d'écriture : Ces adjectifs s'écrivent généralement groupés par tranches de trois chiffres, mais, en fait, on lie souvent les milliers et les centaines :

Due milioni cinquecentottantottomila duecentosettantuno

Deux millions cinq cent quatre-vingt-huit mille deux cent soixante et onze

Ils peuvent également s'écrire en un seul mot :

Millenovecentonovantatré

Mille neuf cent quatre-vingt-treize

3) L'italien élide souvent les finales des chiffres devant un nom :

un anno	**ott'anni**	**trent'anni**
un an	huit ans	trente ans

4) On ne traduit pas directement en italien « onze cents, douze cents, treize cents... », mais on dit **millecento, milleduecento, milletrecento**...

5) Notez les expressions :

In quattro e quattr'otto En cinq sec, en un tournemain
Portare il cappello sulle ventitré Porter le chapeau en bataille

280 ▪ UNO

1) **Uno** suit la règle de l'article indéfini (cf. n°ˢ 38-39) :

un albero	**un sogno**	**uno zaffiro**	**uno straniero**
un arbre	un rêve	un saphir	un étranger

una casa	**una straniera**	**un'idea**
une maison	une étrangère	une idée

2) Non suivi d'un substantif, **uno** reprend sa forme première :

Uno dei professori	**Ne ho sentito uno**
Un des professeurs	J'en ai entendu un

3) Il peut se rencontrer au pluriel, masculin et féminin :

Gli uni e gli altri	**Le une e le altre**
Les uns et les autres	Les unes et les autres

4) Si un substantif indiquant, par exemple, une monnaie précède le nombre, ce qui arrive souvent dans les lettres commerciales, ce substantif se met au pluriel :

Franchi trentuno	**Lire sterline ventuno**
Trente et un francs	Vingt et une livres sterling

5) Enfin, **uno** a parfois une valeur adverbiale et signifie « à peu près », « environ ».

C'era un cento persone

Il y avait environ cent personnes

281 ▪ Les quatre opérations et les fractions

— **le addizioni 2+2=4 : due più due fanno quattro**
les additions 2+2=4 : deux plus deux font quatre

— **le sottrazioni 10—3=7 : dieci meno tré, resta sette**
les soustractions 10—3=7 : dix moins trois égalent sept

— **le moltiplicazioni 4 x 4 = 16 : quattro per quattro sedici**
les multiplications 4×4=16 : quatre fois quatre, seize

— **le divisioni : 45:5=9 quarantacinque diviso cinque nove**
les divisions : 45:5=9 quarante-cinq divisé par cinq font neuf

— Pour les fractions, l'usage est le même qu'en français : on emploie l'adjectif ordinal.

1/2 : **un mezzo ;** un demi*	1/10 : **un decimo**
1/3 : **un terzo**	1/15 : **un quindicesimo**
1/4 : **un quarto**	1/100 : **un centesimo**
1/6 : **un sesto**	1/1 000 : **un millesimo**

* Ne pas traduire par **una metà**, qui signifie « une moitié ».

282 ▪ Les pourcentages

L'italien met l'article devant les pourcentages :
Il dieci per cento   dix pour cent

283 ▪ Les mesures et les dimensions

L'italien ne met pas de prépositions entre les adjectifs **alto,** haut ; **largo,** large ; **lungo,** long ; **profondo,** profond, etc., et les mesures ou dimensions qui les suivent :
Questo ragazzo è alto un metro e settanta
Ce garçon mesure un mètre soixante-dix
La tavola è lunga due metri
La table a deux mètres de long

284 ▪ L'âge

A la question :
Quanti anni hai ? Quel âge as-tu ?   **Quanti anni ha ?** Quel âge avez-vous ?

On répondra, par exemple :
Ho sette anni J'ai sept ans   **Ho cinquant'anni** J'ai cinquante ans

On peut également dire, en ajoutant le suffixe **-enne** au nombre :
È ventenne Il a vingt ans   **È quarantenne** Il a quarante ans

Si on ne connaît qu'approximativement l'âge de quelqu'un :
È sui quaranta   Il a environ quarante ans

285 ▪ L'heure

Question : **Che ora è ?** ou **Che ore sono ?**   Quelle heure est-il ?
Réponses : **Sono le nove**   Il est neuf heures

(le mot **ore** est sous-entendu et représenté par l'article défini qui l'accompagnerait s'il était exprimé)

Sono le nove e un quarto	Il est neuf heures un quart
Sono le nove e mezzo	Il est neuf heures et demie
Sono le dieci meno venti	
Sono le venti alle dieci	Il est dix heures moins vingt
Mancano venti minuti alle dieci	
È mezzogiorno	Il est midi
È l'una (è il tocco)	Il est une heure
Sono le tre del pomeriggio	
(pomeridiane)	Il est trois heures de l'après-midi
È mezzanotte	Il est minuit
Sono le due di notte	Il est deux heures du matin

▶ N.B. : 1) A la radio ou à la télévision, le présentateur annonce : **Sono le ore venti,** il est vingt heures

2) Les abréviations **a.m., p.m.** (ante meridiem, avant midi ; post meridiem, après midi) s'emploient dans le style administratif :

L'Avvocato Bertolucci arriverà alle due p.m.

Maître Bertolucci arrivera à deux heures de l'après-midi

286 ▪ Le quantième

A la question :

Quanti ne abbiamo oggi ?

Le combien sommes-nous aujourd'hui ?

m. à m. : Combien en avons-nous ? (de jours)

On répondra, par exemple :

Oggi ne abbiamo ventuno

ou bien, tout simplement : **ventuno**

287 ▪ L'année

En général, le mot **anno** ne s'exprime pas ; comme le mot **ore,** pour l'expression des heures, il est sous-entendu :

Dante è nato nel 1265

Dante est né en 1265

Donatella è nata nell'89 (nell'ottantanove)

Donatella est née en 1989

288 ▪ La période de temps

On se sert, pour l'exprimer, du suffixe **-ennio :**

un biennio*	une période de deux ans
un triennio	une période de trois ans

un quinquennio	une période de cinq ans, un lustre
un millennio	une période de mille ans

* Ne pas confondre avec **la Biennale di Venezia :** la Biennale de Venise, qui est une exposition qui a lieu tous les deux ans, à Venise, depuis 1895.

289 ▪ Traduction de « il y a » dans le sens temporel

1) On peut rencontrer la traduction ordinaire **c'è, ci sono** dans des phrases du genre :

> **Questa settimana, c'è un giorno importante per me**
> Cette semaine, il y a un jour important pour moi

2) L'action est achevée :

> **Due anni fa*** (ou **due anni or sono**), **sono andato in Estremo Oriente**
> Il y a deux ans, je suis allé en Extrême-Orient

* Notez que **fa** est toujours placé *après* l'expression temporelle et est invariable, dans ce cas.

3) L'action dure :
On dira, le plus souvent :

> **Imparo l'italiano da due mesi**
> J'apprends l'italien depuis deux mois

mais on peut aussi rencontrer, dans le même sens, les tournures :

> **Sono due mesi che imparo l'italiano**

ou, plus rarement

> **Fanno due mesi che imparo l'italiano**

290 ▪ Traduction de « dans » et de « en » dans le sens temporel

1) « Dans » se traduit par **fra** (ou **tra**) qui est, en général, suivi du futur :

> **Entrerà fra cinque minuti**
> Il entrera dans cinq minutes

On peut traduire par **entro,** qui est plus précis, lorsque « dans » signifie « dans le délai de » :

> **Avrà finito entro due ore**
> Il aura fini dans deux heures

2) « En » se traduit par **in :**

> **Il giornale è stampato in cinque ore**
> Le journal est imprimé en cinq heures

LES ADJECTIFS NUMÉRAUX ORDINAUX

291 ▪ Formes des adjectifs numéraux ordinaux

premier	**primo***
deuxième	**secondo**
troisième	**terzo**
quatrième	**quarto**
cinquième	**quinto**
sixième	**sesto**
septième	**settimo**
huitième	**ottavo**
neuvième	**nono**
dixième	**decimo**
onzième	**undicesimo**
douzième	**dodicesimo**
vingtième	**ventesimo (vigesimo)**
vingt et unième	**ventunesimo (vigesimo primo)**
vingt-deuxième	**ventiduesimo (vigesimo secondo)**
vingt-troisième	**ventitreesimo (vigesimo terzo)**
vingt-huitième	**ventottesimo (vigesimo ottavo)**
trentième	**trentesimo**
quarantième	**quarantesimo**
cinquantième	**cinquantesimo**
soixantième	**sessantesimo**
soixante-dixième	**settantesimo**
quatre-vingtième	**ottantesimo**
quatre-vingt-dixième	**novantesimo**
centième	**centesimo**
cent unième	**centunesimo**
cent deuxième	**centoduesimo**
cent huitième	**centottesimo**
deux centième	**duecentesimo**
trois centième	**trecentesimo**
millième	**millesimo**
deux millième	**duemillesimo**
millionième	**milionesimo**
antépénultième	**terzultimo**
avant-dernier	**penultimo**
dernier	**ultimo**

* Tous les adjectifs numéraux ordinaux s'accordent en genre et en nombre avec le nom auquel ils se rapportent.

⚠ En ce qui concerne **primo,** il convient de ne pas confondre son féminin **prima :** première avec l'adverbe de temps **prima :** d'abord, avant.

Pour traduire « premièrement », « deuxièmement », on dira de préférence : **in primo luogo, in secondo luogo.**

292 ▪ Le siècle

1) En principe, on désigne le siècle, comme en français, par l'adjectif numéral ordinal :

Il primo secolo dopo Cristo
Le premier siècle après Jésus-Christ

2) Cependant, pour les siècles qui vont du XIIIe au XXe siècles, il y a deux manières de les désigner :

Leonardo da Vinci è uno dei pittori più celebri
del Quattrocento (del quindicesimo secolo)
Léonard de Vinci est l'un des peintres les plus célèbres
du XVe siècle

Dans ce cas, la première forme est nettement la plus utilisée. On dira donc, de préférence : **il Duecento** (le XIIIe siècle), **il Trecento** (le XIVe siècle)... **il Novecento** (le XXe siècle).
Pour éviter toute hésitation, un bon moyen mémnotechnique est de se rappeler que c'est le chiffre de la centaine qui est traduit :

1400 → 1499 : **il Quattrocento**
1500 → 1599 : **il Cinquecento,** etc.

▶ N.B. : des adjectifs très usités sont formés sur ces mots :
un palazzo quattrocentesco
un palais du XVe siècle

293 ▪ Autres emplois

Contrairement au français, qui emploie l'adjectif cardinal, l'italien met l'adjectif ordinal après :

1) les noms des empereurs, des papes et des rois ou autres souverains :

Vittorio Emanuele Secondo (1820-1878) fu il primo re d'Italia
Victor-Emmanuel II fut le premier roi d'Italie
Papa Giovanni Vigesimo Terzo regnò dal '58 al '63
Le Pape Jean XXIII régna de 1958 à 1963

2) les chapitres de livres, les actes ou scènes de théâtre :

capitolo quinto   chapitre cinq
atto terzo, scena quarta   acte trois, scène quatre

294 ▪ Traduction de « dernier »

1) **ultimo** se réfère à une série :

> **L'ultimo giorno dell'anno è il trentun dicembre**
> Le dernier jour de l'année est le 31 décembre

2) **scorso** renvoie au passé :

> **L'anno scorso, sono andata a Torino**
> L'année dernière, je suis allée à Turin

LES COLLECTIFS

295 ▪ Formes

ambo deux choses ensemble	**quindicina** quinzaine
ambedue tous les deux	**ventina** vingtaine
centinaio (m. s.) centaine	**trentina, ecc.** trentaine
centinaia (f. pl.) centaines	**migliaio** (m. s.) millier
diecina dizaine	**migliaia** (f. pl.) milliers
dozzina douzaine	**paio** (m) paire
entrambi, e (tous les deux)	**paia** (f. pl.) paires

296 ▪ Emploi

— L'italien emploie couramment les expressions : **un paio di giorni, un paio di settimane,** pour dire *deux jours*, *deux semaines*, etc.

— **ambo, ambedue, entrambi(e)** sont d'un emploi peu courant et plutôt littéraire :

> **Hanno vinto entrambi**
> Ils ont gagné tous les deux
> **Lo sollevò con ambe le mani**
> Il le souleva des deux mains

297 ▪ Expressions collectives

1) **tutti e due** ou **tutt'e due, tutti e tre, ecc.** veulent dire « tous les deux », « tous les trois », etc.

Au féminin, la même expression se transforme en :

tutte e due (tutt'e due),	**tutte e tre, ecc.**
toutes les deux,	toutes les trois

2) **essere, andare, venire in due, essere in tre, ecc.** signifient « être », « aller », « venir à deux », « à trois », etc.

> **Nella mia macchina, si può andare in cinque, non di più**
> Dans ma voiture, on peut monter (aller) à cinq, pas plus

LES MULTIPLICATIFS

298 ▪ Formes

Adjectifs exprimant la qualité	Adjectifs et substantifs exprimant la quantité
semplice simple	**(il) doppio** (le) double
duplice double	**(il) triplo** (le) triple
triplice triple	**(il) quadruplo** (le) quadruple
quadruplice quadruple	**(il) quintuplo** (le) quintuple
quintuplice quintuple	**(il) sestuplo** (le) sextuple
sestuplice sextuple	**(il) decuplo** (le) décuple
unico unique	**(il) centuplo** (le) centuple

299 ▪ Emploi

> **Questo testo è interessante sotto un triplice aspetto**
> Ce texte est intéressant sous un triple aspect
> **Vuole il doppio di quello che gli si offre**
> Il veut le double de ce qu'on lui offre

LES DISTRIBUTIFS

300 ▪ Formes et emploi

1) **singolo, a, i, e** signifie « chaque chose » ou « chacun en particulier » :

Un caso singolo
Un cas particulier

Una camera singola
Une chambre pour une personne

> **Riesce a parlare con i singoli**
> Il arrive à parler à chacun en particulier

2) **ad uno ad uno (ad una ad una), a due a due, ecc.** signifient : « un à un (une à une) », « deux à deux », etc.

> **Sono usciti ad uno ad uno**
> Ils sont sortis un à un

EXERCICES

A) Traduire :

1) Jean-Philippe a vingt ans ; il mesure un mètre quatre-vingts, comme son père - 2) Le lac a au moins (**almeno**) 20 mètres de profondeur - 3) Le Mont-Blanc (**Monte Bianco**) mesure 4 807 mètres de haut - 4) La façade (**facciata**) a plus de dix mètres de long - 5) Bien que (332-2-c) le vote (**la votazione**) soit obligatoire, cinq pour cent des électeurs (**elettore**) n'y ont pas participé - 6) Il y avait environ deux mille personnes à la réception (**ricevimento**) - 7) Ce manteau m'a coûté 329 000 lires - 8) Elle a environ quatre-vingt-dix ans, mais elle en paraît (**dimostrare**) vingt de moins - 9) Michel-Ange est né en 1475 - 10) C'est un projet (**progetto**) pour une période de cinq ans.

B) 1) Je suis partie de Rome à neuf heures du soir et je suis arrivée à Milan à trois heures du matin - 2) Quelle heure est-il ? - 3) Il est huit heures - 4) Il est neuf heures douze - 5) Il est dix heures un quart - 6) Il est onze heures et demie - 7) Il est midi - 8) Il est une heure - 9) Il est deux heures moins le quart - 10) Il est minuit.

C) 1) Le combien sommes-nous aujourd'hui ? - 2) Aujourd'hui, c'est le 30 - 3) Et demain, mercredi ? - 4) Demain, ce sera le 31 - 5) Quand sera ton anniversaire (**compleanno**) ? - 6) Ce sera le 17 septembre - 7) N'oublie pas l'anniversaire (**anniversario**) de mariage de tes parents ! - 8) Voici une excellente recette de cocktail sans alcool : un cinquième de vanille (**vaniglia**) liquide, un dixième de sirop (**sciroppo**) de framboise (**lampone,** m.), un dixième de jus (**succo**) de pamplemousse (**pompelmo**), autant de citron (**limone,** m.) et d'orange (**arancia**) et quelques glaçons (**cubetto di ghiaccio**).

D) 1) Garibaldi vécut au XIXᵉ siècle - 2) Fra'Girolamo Savonarola fut brûlé à Florence en 1498 - 3) Le sac de Rome a eu lieu au début du XVIᵉ siècle, en 1527 - 4) (La) maison Médicis s'est éteinte au XVIIIᵉ siècle - 5) Sa Sainteté le Pape Pie X est mort l'année de la Première Guerre mondiale - 6) Le XVᵉ siècle vit, en Italie, une extraordinaire (**straordinario**) floraison (**fiorire**) d'artistes et d'écrivains - 7) Le dernier vers de *La Divine Comédie* est particulièrement beau ; je l'ai encore relu, avec tout le chant trente-trois, la semaine dernière - 8) Prenez, dans *Le Campiello* de Goldoni, l'acte cinq, scène dix-huit !

E) 1) Je vous attendais, il y a deux jours - 2) Combien serons-nous à table ? - 3) Il y a douze invités (**invitato**) - 4) Dans combien de temps arriverez-vous ? - 5) Nous serons là d'ici midi - 6) Avec les surgelés (**surgelato**), le repas sera préparé en moins d'un quart d'heure - 7) Je devrai repartir dans deux heures - 8) Il y a trois mois que nous désirions venir tous les deux !

F) Avant de faire cet exercice de traduction, réviser plus particulièrement les n°s 47, 212, 290 et 360.
1) Je vais passer **(trascorrere**-101) mes vacances en Amérique **(America)** - 2) J'en suis très contente pour toi (194) - 3) En prenant l'avion **(aereo)**, tu seras moins fatigué **(stanco)** - 4) Est-ce que tu as un appareil photographique ? **(macchina fotografica)** ? — Non, je n'en ai pas - 5) Est-ce que tu en veux encore à Amélie ? - 6) Il a écrit ce livre en un an - 7) Je n'en veux plus - 8) En disant tout cela, il souriait doucement.

G) Avant de traduire, revoir les chapitres IV et XIV
1) Dans ce texte, il y a deux moments importants - 2) Depuis cette année, je trouve beaucoup (248) de choses très (318) différentes - 3) De ce point de vue **(punto di vista)**, tu as raison **(ragione)** - 4) Ce soir, c'est la pleine lune **(plenilunio)** - 5) Ce sont des objets de grand prix **(pregio)**.

H) Remplacer noi par l'indéfini si (cf. n° 268)
1) **(Noi)** decolliamo da Roma alle ventuno e mezzo - 2) **(Noi)** recuperiamo le energie - 3) **(Noi)** stiamo sorvolando l'Unione sovietica - 4) **(Noi)** raccomandiamo particolarmente questa compagnia - 5) **(Noi)** rivediamo i documenti.

I) Avant de traduire, revoir l'enclise (214) **et les pronoms personnels groupés** (213)
1) En vous écoutant, je rêvais **(sognare)** - 2) Cette robe, il faut la lui donner - 3) Elle lui a donné une robe ; après la lui avoir offerte, elle l'aida à l'ajuster **(aggiustare)** - 4) Allons-nous-en ! - 5) Les voici, vas-y !

J) Revoir les comparatifs et le n° 167
1) Le patinage **(patinaggio)** artistique **(artistico)** est plus beau que les courses **(gara)** sportives de patinage - 2) Ils ont connu (106) plus de gens dans cette discothèque **(discoteca)** qu'ailleurs **(altrove)** - 3) Les conditions **(condizione)** d'enseignement **(insegnamento)** sont plus ou moins difficiles que les conditions d'étude - 4) Dans certains cas, le train **(treno)** est plus rapide que l'avion - 5) Aujourd'hui, dans cette gare **(stazione)**, il y a 170 000 passagers **(passeggero)** de plus qu'en 1920.

CHAPITRE XVIII

L'AFFIRMATION ET LA NÉGATION
LE DOUTE
LES ADVERBES

Capitolo diciottesimo
L'affermazione e la negazione
Il dubbio
Gli avverbi

L'AFFIRMATION

301 ▪ Traduction de « oui » et de « si »

« Oui » et « si » se traduisent de la même façon, par **sì**

Vuoi un po' d'acqua ? — Sì, con piacere
Veux-tu un peu d'eau ? — Oui, avec plaisir

Non è arrivata Natalia ? — Sì, da un quarto d'ora
Nathalie n'est pas arrivée ? — Si, depuis un quart d'heure

△ — « Dire oui » se dit : **dire di sì**

— « Oui, monsieur » se dit : **Sì, Signore** ou **Sissignore** (forme renforcée). De même « Oui, madame » : **Sissignora,** « Oui, mademoiselle » : **Sissignorina.**

302 ▪ Adverbes ou locutions renforçant l'affirmation

Già = Sì, sì : oui, en effet

Ti ricordi Como ? — Già, ci siamo stati insieme
Te souviens-tu de Côme ? — Oui, en effet,
nous y avons été ensemble

Certo : certes, bien sûr

È venuto Antonino ? — Certo, ti aspetta
Est-ce que Antonin est venu ? — Bien sûr, il t'attend

Di certo : pour sûr, sûrement

Viene di certo C'est sûr qu'il vient

Certamente : certainement

Verrai ? — Certamente Tu viendras ? — Certainement

Del tutto : tout à fait

Sono del tutto sicura
Je suis tout à fait sûre

Proprio : justement

Hai visto Silvana ? — Sì, la ho vista proprio ora
As-tu vu Sylvaine ? — Oui, je viens justement de la voir

Proprio così : exactement ainsi

Sì, è stato proprio così
Oui, ça s'est vraiment passé comme cela

Appunto : justement

Credevo che volesse venire — Appunto !
Je croyais qu'il voulait venir — Justement !

Per l'appunto : précisément

Per l'appunto è stato lui a chiamarmi
Précisément, c'est lui qui m'a appelé

Giusto ! : c'est juste !

> **Ma non dovevi passare a prendermi ? — Giusto, giusto !**
> Mais tu ne devais pas passer me chercher ? — C'est vrai !

Precisamente : précisément

> **Parlo precisamente di quell'articolo**
> Je parle précisément de cet article

Sicuro : bien sûr

> **Sarà a destra ? — Sicuro !**
> Est-ce bien à droite ? — Bien sûr !

Sicuramente : sûrement

> **Sarò a casa sicuramente alle dieci**
> Je serai à la maison, de façon certaine, à dix heures

Esatto : exact

> **È stato Carlo Rubbia ad avere il premio Nobel ? — Esatto**
> C'est Carlo Rubbia qui a eu le prix Nobel ? — Exact

Esattamente : exactement

> **Il treno arriva alle sei e mezzo ? — Esattamente**
> Le train arrive à six heures et demie ? — Exactement

Perfettamente : parfaitement

> **È perfettamente inutile che ci venga incontro**
> Il est parfaitement inutile qu'il vienne à notre rencontre

Senz'altro : sans faute

> **Mi chiami domani ? — Senz'altro**
> Tu m'appelles demain ? — Sans faute

Naturalmente : naturellement

> **Sarai qui per il mio compleanno ? — Naturalmente**
> Tu seras ici pour mon anniversaire ? — Naturellement

LA NÉGATION

303 ▪ Traduction de « non » et de « ne... pas »

Il ne faut pas confondre **no**, qui signifie « non », avec **non**, qui signifie « ne...pas ».

> **Ti è piaciuta questa mostra ?**
> Est-ce que cette exposition t'a plu ?
> **— No, non mi è piaciuta**
> — Non, elle ne m'a pas plu

▶ N.B. 1) «Dire non » se traduit par **dire di no.**

2) « Non, monsieur » se dit **No, signore** ou **Nossignore** (forme renforcée). De même, « Non, madame » : **Nossignora,** « Non, mademoiselle » : **Nossignorina.**

3) △ Dans une phrase telle que : « Je crains qu'il *ne* soit recalé », « ne » est explétif et ne se traduit pas. On dira donc :

Temo che sia bocciato

(Si on traduisait mot à mot, la phrase signifierait le contraire : **Temo che non sia bocciato :** Je crains qu'il ne soit pas recalé.)

304 ▪ Traduction de « ne...que »

1) En fait, cette locution signifie « seulement » ; elle est, d'ailleurs, souvent traduite ainsi en italien :

Questa bambina pensa soltanto (solo) a giocare
Cette petite fille ne pense qu'à jouer
(m. à m. : cette petite fille pense seulement à jouer)

2) Cependant, on rencontre souvent la locution qui traduit littéralement le français :

Questa bambina non pensa che a giocare
Cette petite fille ne pense qu'à jouer

3) On peut également trouver les tournures :

Non pensa ad altro che a giocare
Elle ne pense (pas à autre chose) qu'à jouer
Non pensa se non a giocare (littéraire)
Elle ne pense qu'à jouer
(m. à m. : elle ne pense (à rien) si ce n'est à jouer)

▶ N.B. : avec les verbes **avere, essere, fare** et **mancare,** on emploie **altro** :

Non fa altro che ripetere le stesse cose
Il ne fait que répéter les mêmes choses

305 ▪ Traduction de « ni... ni... »

Ces conjonctions se traduisent littéralement par **« né...né ».**
Non mi piacciono né il caffè né il tè
Je n'aime ni le café ni le thé

△ **Né,** employé seul en début de phrase, signifie «Et... ne... pas... ».

Né gli applausi lo commossero tanto
« Et les applaudissements ne l'émurent guère »

306 ▪ Traduction de « pas même », « non plus »

Trois traductions : **neanche, nemmeno, neppure.**

⚠ Nous avons vu au n° 258 que **nessuno, niente, nulla,** placés *avant le verbe,* ne sont pas suivis d'une seconde négation. Il en va de même pour **neanche, nemmeno, neppure,** mais s'ils sont placés *après le verbe,* il faut faire précéder celui-ci de la négation **non.**

Non mi piace il caffè, nemmeno il caffè italiano
Je n'aime pas même le café, pas même le café italien
Non mi piace neanche il tè
Je n'aime pas non plus le thé
Non ho potuto bere. — Neanch'io
Je n'ai pas pu boire. — Moi non plus

307 ▪ Adverbes renforçant la négation

Mica, affatto, per niente, per nulla renforcent la négation.
Non è mica brutta
Elle n'est pas laide du tout
Non sono affatto d'accordo
Je ne suis pas du tout d'accord
Non ci credo per niente (per nulla)
Je n'y crois absolument pas

Non del tutto signifie « pas tout à fait » :

Sei contento ?	**Non del tutto**
Est-ce que tu es content ?	Pas tout à fait

Nient'affatto veut dire « pas du tout » :

Sei contento ?	**Nient'affatto**
Est-ce que tu es content ?	Pas du tout

LE DOUTE

308 ▪ Adverbes de doute et d'approximation

Le doute ou l'approximation sont rendus par les adverbes suivants :

forse	**magari**	**quasi**
Peut-être	probablement	presque

Penso di venire, magari mercoledì
Je pense venir, peut-être bien mercredi

LES ADVERBES ET LES MOTS INVARIABLES

309 ▪ Adjectifs employés adverbialement

1) Un certain nombre d'adjectifs masculins s'emploient tels quels comme adverbes :

alto	**basso**	**comodo**	**forte**	**lontano**
haut	bas	commodément	fort	loin
piano	**presto**	**proprio**	**tutto**	**vicino**
doucement	vite	vraiment	entièrement	près

> **Parlava alto e forte**
> Il parlait haut et fort

2) Quelques autres s'emploient comme les précédents, mais peuvent parfois s'accorder, tout en gardant leur valeur adverbiale :

caro	**diritto**	**lontano**	**mezzo**
cher	droit	loin	à demi

> **La hanno pagata cara**   **Era mezza contenta**
> Ils l'ont payée cher   Elle était à moitié contente
> **Sono tanto lontani da qui**
> Ils sont si loin d'ici

Cependant **lontano,** employé comme adverbe réel, ne s'accorde pas :

> **Andrai molto lontano**
> Tu iras très loin

310 ▪ Les adverbes de manière terminés par le suffixe -MENTE

> *Question* : **Come ?** Comment ?

Pour les former, il suffit de mettre les adjectifs qualificatifs au féminin singulier et d'ajouter le suffixe **-mente.** (La formation est la même qu'en français.)

> **libero** > **libera** > **liberamente**
> libre > librement
> **intelligente** > **intelligentemente**
> intelligent > intelligemment

△ Les adjectifs terminés en **-e**, comportant une consonne liquide (**l** ou **r**) dans la dernière syllabe, perdent généralement le **-e** final devant **-mente** :

> **piacevole** > **piacevolmente**
> agréable > agréablement
> **particolare** > **particolarmente**
> particulier > particulièrement

311 ▪ Comparatifs et superlatifs des adverbes

Les adverbes forment leur comparatif et leur superlatif comme les adjectifs :

Comparatif de **liberamente : più liberamente** plus librement

Superlatif : **molto liberamente**
        liberissimamente (peu employé) >très librement

△ Comparatifs et superlatifs irréguliers usuels

bene	**meglio**	**il meglio**	**benissimo (ottimamente)**
bien	mieux	le mieux	très bien
male	**peggio**	**il peggio**	**malissimo (pessimamente)**
mal	pire	le pire	très mal
molto	**più**	**il più**	**moltissimo, più di tutto**
très, beaucoup	plus	le plus	extrêmement
poco	**meno**	**il meno**	**pochissimo**
peu	moins	le moins	très peu

312 ▪ Adverbes de manière non formés avec le suffixe -MENTE

Question : **Come ?** Comment ?

adagio doucement
affatto tout à fait (cf. n° 307)
altrimenti autrement
anche* aussi, même
ancora encore
anzi* au contraire, bien plus
appena à peine
apposta exprès
bene* bien
circa à peu près
così ainsi, comme cela

invece au contraire
male* mal
perfino, persino même
piano lentement
piuttosto plutôt
press'a poco environ
presto vite
pure* aussi, même
quasi presque
soprattutto surtout
specie surtout...

▶ N.B. : 1) **anche** se place d'habitude devant le mot auquel il se rapporte, mais on ne le rencontre guère en début de phrase, sauf pour marquer une insistance :

Anch'io andrei volentieri in Sardegna
Moi aussi, j'irais volontiers en Sardaigne
Poi, vorrei anche andare in Corsica
Puis, je voudrais aussi aller en Corse

2) **pure** se place après le mot auquel il se rapporte :
Io pure ci andrei con piacere
Moi aussi, j'irais avec plaisir

Δ « aussi », dans le sens de « c'est pourquoi », se rend par
così, perciò ou **quindi :**

Il tempo si è fatto brutto, e così siamo andati via
Le temps est devenu mauvais, aussi sommes-nous partis
Avevo da studiare, perciò non sono uscito
J'avais à étudier, aussi ne suis-je pas sorti
Era già tardi, quindi non è voluta uscire
Il était déjà tard, aussi n'a-t-elle pas voulu sortir

3) Traductions de « même » (adverbe) : **anche, perfino, pure :**
C'era anche Luigi, Maria pure, c'erano perfino i miei
Il y avait aussi Louis, Marie également, il y avait même
mes parents

anzi signifie également « même », dans le sens de « au contraire,
bien plus, plutôt » :

Non va al concerto, anzi non gli piace la musica
Il ne va pas au concert, et même il n'aime pas la musique
Ti fa bene, anzi, ti guarirà
Cela te fait du bien, bien plus (et même) cela te guérira

4) **bene** et **male** se placent généralement après le verbe :
Hai sentito bene ? — No, si sente male
As-tu bien entendu ? — Non, on entend mal

313 ▪ Locutions adverbiales de manière

Question : **Come ?** Comment ?

a casaccio au petit bonheur
a caso au hasard
a dirotto à verse
a distesa à toute volée
a fatica avec difficulté
a gara à qui mieux mieux
a lungo andare à la longue
a mala pena à grand-peine
a mia, a tua, ecc. insaputa
à mon, à ton, etc., insu.
a mano a mano au fur et à
mesure
a poco a poco peu à peu
a rovescio à l'envers
a squarciagola à tue-tête
a stento avec peine

a vicenda réciproquement
ad un tratto soudain
alla buona sans façon
alla chetichella en cachette
alla meglio au mieux
alla peggio au pire
alla rinfusa pêle-mêle
alla sprovvista au dépourvu
all'improvviso à l'improviste
con comodo à loisir
così via (di seguito)
ainsi de suite
di nascosto en cachette
in fretta rapidement
per combinazione par
hasard...

314 ▪ Adverbes altérés

Quelques adverbes peuvent être employés avec un suffixe
augmentatif, diminutif ou péjoratif :

pianino	benone	maluccio
tout doucement	très bien	plutôt mal

315 ▪ Adverbes d'attitude

Quelques adverbes terminés par le suffixe **-oni** indiquent une attitude :

balzelloni par bonds
bocconi à plat ventre
carponi à quatre pattes
(a) cavalcioni à califourchon
ciondoloni ballant
coccoloni à croupetons

ginocchioni à genoux
penzoloni pendant, ballant
rovescioni à la renverse
ruzzoloni en dégringolant
tastoni à tâtons
tentennoni à tâtons

gatton gattoni en tapinois

⚠ **supino,** qui signifie « sur le dos », est un adjectif ; il s'accorde donc en genre et en nombre :

Dorme supina Elle dort sur le dos

316 ▪ Adverbes de lieu

Questions : **Dove ?** Où ?
Di dove ? D'où ?

abbasso en bas
accanto près, à côté
addietro en arrière
addosso dessus
altrove ailleurs
attorno à l'entour
avanti en avant
a parte à part
al di là au-delà
al di qua en deçà
al di sopra au-dessus
al di sotto au-dessous
ci y
dappertutto partout
davanti devant
dentro dedans
dietro derrière
dinanzi devant
dirimpetto en face
dove où
dovunque partout
da parte de côté
d'altronde d'ailleurs
d'altra parte d'ailleurs
di dove d'où
di fronte en face
fuori dehors

giù en bas
indietro en arrière
innanzi devant
intorno à l'entour
in capo au bout
in cima en haut
in disparte à l'écart
in faccia en face
in fondo au fond
in mezzo au milieu
là là
laggiù là-bas
lassù là-haut
lontano (lungi) loin
ne en (de là)
ove où
per ogni dove partout
qua ici
quaggiù ici-bas
quassù ici (en haut)
qui ici
sopra sur, au-dessus
sotto sous
su en haut
vi y
via au loin
vicino à côté...

▶ N.B. : 1) Placés après un verbe, **dentro, fuori, giù, su** et **via** en modifient le sens :

Vieni dentro !	Rentre !	**Va fuori !**	Sors !
Vado giù	Je descends	**Vengo su**	Je monte
Vado via	Je pars	**Corro via**	Je me sauve

2) **Ci, ne** et **vi** sont adverbes ou pronoms (Ch. XII)

Adverbe :	**Ci andiamo**	Pronom :	**Ci ascolta**
	Nous y allons		Il nous écoute
Adverbe :	**Vi sono andato**	Pronom :	**Vi chiama**
	J'y suis allé		Il vous appelle
Adverbe :	**Ne vengo fuori**	Pronom :	**Ne ho già parlato**
	J'en sors (sens figuré)		J'en ai déjà parlé

3) △ « Où » se traduit par **dove** (**ove,** litt.) uniquement dans le sens locatif :

La città dove sono nato
La ville où je suis né

Dans le sens temporel, « où » se traduit par **in cui** :

L'anno in cui sono nato
L'année où je suis né

4) Bien que se traduisant de la même manière, **qua** et **qui** ont un emploi différent. On dit :

Vieni qua ! (mouvement)	**Rimango qui** (pas de mouvement)
Viens ici !	Je reste ici

317 ▪ Les adverbes de temps

> *Question* : **Quando ?** Quand

adesso maintenant	**d'improvviso** tout à coup
allora alors	**d'ora innanzi** dorénavant
allora allora tout à l'heure (passé)	**d'ora in poi** à partir de maintenant
ancora encore	**da allora in poi** depuis lors
anzitutto avant tout	**da capo** de nouveau
appena à peine	**quando** quand
a lungo longtemps	**di quando in quando** de temps
a volte parfois	en temps
ad ogni momento à tout instant	**di rado** rarement
ad un tempo à la fois	**di tanto in tanto** de temps
ad un tratto tout à coup, soudain	en temps
dapprima d'abord	**finalmente** finalement, enfin
domani demain	**fin d'allora** dès lors
domani l'altro après-demain	**finora (sinora)** jusqu'à présent
dopo après	**fra breve** bientôt
dopo domani après-demain	**fra poco** bientôt

già déjà	**poco dopo** peu après
ieri hier	**poco fa** tout à l'heure (passé)
ieri l'altro avant-hier	**poco prima** peu auparavant
infine enfin, finalement	**prima** d'abord
innanzi auparavant	**presto** bientôt, de bonne heure
insieme en même temps	**per lo più** la plupart du temps
intanto pendant ce temps	**per sempre** à jamais
in quel mentre pendant ce temps	**per tempo** de bonne heure
il più delle volte la plupart du temps	**per un pezzo** pendant longtemps
lì lì per sur le point de	**raramente** rarement
lì per lì sur le moment	**sempre** toujours
mai* jamais	**spesso** souvent
oggi aujourd'hui	**subito** tout de suite
ogni tanto de temps en temps	**talora** parfois, quelquefois
ogni volta chaque fois	**talvolta** parfois, quelquefois
or ora tout à l'heure	**tardi** tard
ora maintenant	**tuttavia** toutefois
ora... ora tantôt... tantôt	**tuttora** encore, toujours
ormal désormals	**un tempo** jadis
poi puis	**una volta** autrefols...

▶ N.B.* : **mai** suit la même règle que **nessuno, niente, nulla** (cf. n° 258).

> Mai è venuto
> Non è mai venuto } Il n'est jamais venu

318 ▪ Les adverbes de quantité

> *Question :* **Quanto ?** Combien ?

abbastanza assez	**poco** peu
per giunta par-dessus le marché	**press'a poco** à peu près
almeno au moins	**pressoché** à peu près
altrettanto autant	**per lo meno** au moins
alquanto quelque peu	**più** plus, davantage
assai beaucoup	**quanto** combien
all'incirca environ	**quasi** presque
circa environ	**sempre meno** de moins en moins
così (sì) si	**sempre più** de plus en plus
di più davantage	**solamente** seulement
di soverchio à l'excès	**soltanto** seulement
inoltre de plus, en outre	**soverchiamente** à l'excès
meno moins	**su per giù** environ
molto beaucoup	**tanto** tant, beaucoup
oltremodo extrêmement	**troppo** trop
parecchio pas mal	**un poco** un peu...

▶ N.B. : 1) **Molto, poco, alquanto, tanto, troppo** sont adverbes lorsqu'ils sont placés devant un adjectif, un verbe ou un autre adverbe. Ils sont alors invariables comme tous les autres adverbes :

Siamo tanto felici	**È molto presto !**
Nous sommes si heureux	Il est très tôt !

2) Traduction de « assez de », « beaucoup de », « peu de », « pas mal de », « plus de », « tant de (tellement de) », « trop de » :

assez	de viande	beaucoup de patience	
abbastanza	**carne**	**molta**	**pazienza**
peu	de temps	pas mal	de monde
poco	**tempo**	**parecchia**	**gente**
plus d'argent		tellement d'amis	
più	**soldi**	**tanti**	**amici**

	trop	d e	voitures
	troppe		**m̱acchine**

Placés devant un substantif, **molto, poco...** s'accordent en genre et en nombre (cf. n° 169). Le « de » français ne se traduit pas.

3) **Circa** et **all'incirca** se construisent différemment :

Circa venti tonnellate = Venti tonnellate all'incirca
Vingt tonnes environ

EXERCICES

A) Former des adverbes à partir des adjectifs suivants :

1) **chiaro** (clair) - 2) **gentile** - 3) **forte** - 4) **amaro** - 5) **interiore** - 6) **franco** - 7) **soave (doux)** - 8) **sottile (fin)** - 9) **comodo** (confortable) - 10) **umile**.

B) Remplacer, dans les phrases suivantes, la tournure « non... che » par « soltanto » :

1) **Come vino, non apprezzo che il Chianti** (Comme vin, je n'apprécie que le Chianti) - 2) **Non vuole guardare che le partite di calcio alla televisione** (Il ne veut regarder que les parties de football, à la télévision) - 3) **Non ascoltano che musica classica** (Ils n'écoutent que de la musique classique) - 4) **Suo figlio non vuole parlare che italiano** (Son fils ne veut parler qu'italien) - 5) **Non gli piacciono che i paesi caldi** (Il n'aime que les pays chauds).

C) Traduire :

1) **Ci vogliono quattro ore su per giù per andare da Firenze a Roma** - 2) **Vorrebbe per lo meno esserne certa** - 3) **Era un vestito** (robe) **che costava parecchio e per giunta non prendevano nemmeno la carta di credito** - 4) **Avrebbero dovuto fare almeno uno sconto** (réduction) - 5) **Sono sempre più soddisfatta della mia scelta** (choix) - 6) **Letizia è già alta circa un metro e sessanta** - 7) **Quella casa non l'hanno mai vista e non hanno nessuna intenzione di andarci** - 8) **Ad un tratto è cambiata la situazione, ma non si sa ancora come andrà a finire** - 9) **Quello era un libro profondo serio e insieme ben presentato** - 10) **L'ha saputo poco prima ed è voluta venire subito.**

D) Mettre les phrases suivantes au singulier. (Revoir le chapitre II).

1) **Ci sono crisi (29) di congiuntura** - 2) **Ci vogliono stadi (30)** - 3) **Sono ottime uova (34)** - 4) **Occorrono amici (33) fidati** (de confiance) - 5) **Ci sono ancora spiagge (31) pulite** (propres) **in zona.**

E) Transformer les phrases suivantes en remplaçant alcuni par qualche (253-N.B. et 257-2).

1) **Alcune commesse** (vendeuses) **si avvicinano** (s'approchent) **per aiutare la clientela** - 2) **Ci sono alcuni parcheggi in peri-**

feria - 3) **Ha avuto solo alcune ordinazioni*** - 4) **Alcuni produttori cercano nuovi sbocchi** (débouchés) - 5) **Ha aperto alcune succursali* in provincia.**

* ordinazione (f.) : commande ; **succursale** (f.) : succursale.

F) Révision de la traduction de « dont » (183) et de « où » (184). Compléter avec la forme convenable du pronom relatif.

1) È l'agenzia ...abbiamo sentito parlare - 2) È l'agenzia ...pubblicità è stata efficacissima - 3) È l'ufficio (le service) ...sei responsabile - 4) È l'ufficio ...ci sono cento impiegati (employés) - 5) È questa la settimana... c'é più lavoro.

G) Mettre à la forme de politesse les phrases suivantes. (Revoir Chapitre XIII).

1) **Ti abbiamo chiamato tante volte** - 2) **Ti sei accorto (104) di qualche cosa ?** - 3) **Ti abbiamo concesso (103) un po' di tempo** - 4) **Ascolta bene quel che ti dico !** - 5) **Si deve spiegarti dove si trova la tua macchina, altrimenti non la ritrovi !**

H) Traduire à l'aide du vocabulaire ci-dessous :

aider, **aiutare** ; broche, **spilla** ; bouteille, **bottiglia** ; changer d'avis, **cambiare parere** ; espagnol, **spagnolo** ; être dans un beau pétrin, **essere in un mare di guai** ; impatient, **impaziente** ; noir, **buio** ; secteur, **reparto** ; usage, **uso** ; vente par correspondance, **vendita per corrispondenza** ; trouver, **rinvenire**.

1) Il n'est pas du tout d'accord, ni avec ses professeurs ni avec ses amis - 2) Ce secteur s'occupe justement de la vente par correspondance - 3) Est-ce que tu viendras m'aider demain ? — Sans faute - 4) Cette publicité n'est pas du tout intéressante - 5) Ces bouteilles ne sont qu'à moitié finies (156) - 6) Crois-tu (343) que l'usage de la personne de politesse, en italien, soit d'origine espagnole ? - 7) Non, je ne le pense pas du tout - 8) Je n'y crois pas moi non plus - 9) En tout cas, c'est plutôt sympathique de se tutoyer facilement - 10) Bien sûr, moi aussi, je préfère comme cela - 11) Maintenant, il est impatient parce qu'il a attendu trop longtemps - 12) Je crois (343) qu'il l'a fait exprès, j'en suis même sûr - 13) Au contraire, ce n'est pas sa faute (241-5), il est même dans un beau pétrin - 14) Soudain, il changea d'avis et prit très rapidement une décision - 15) Ils ont cherché cette broche partout, à tâtons, dans le noir et à quatre pattes ; certains se sont même mis à plat ventre, mais rien à faire, ils ne l'ont jamais trouvée !

CHAPITRE XIX

LES PRÉPOSITIONS
LES CONJONCTIONS ET LES
INTERJECTIONS

Capitolo diciannovesimo
Le preposizioni
Le congiunzioni e le interiezioni

LES PRÉPOSITIONS

319 ▪ Les prépositions simples

a (ad devant une voyelle) à
attraverso à travers, par
con avec
circa au sujet de
contro contre
da de, par, chez, depuis
dentro à l'intérieur de
di de
dietro derrière
dopo après
durante pendant
eccetto excepté
ecco voici, voilà
entro dans un délai de
fra, tra parmi, entre, dans *(temps)*
in dans, en

lungo* le long de
malgrado* malgré, en dépit de
mediante au moyen de
nonostante malgré
oltre au-delà de
per pour, par
presso près de, chez
rasente tout près de
salvo sauf, excepté
secondo selon
senza sans
sopra au-dessus de, sur
sotto sous
su sur
tranne sauf, excepté
verso vers

> **La macchina sarà riparata entro la settimana**
> La voiture sera réparée dans la semaine
> (m. à m. : dans le délai de la semaine)

▶ N.B. : 1) **ecco :** pour l'enclise des pronoms avec **ecco,** voir n° 215.

2) △ **lungo :** le long de, d'un emploi très fréquent, est une préposition *simple* en italien.

3) **malgrado,** qui s'emploie, en premier lieu, dans les expressions **mio malgrado, tuo malgrado, suo malgrado...** *malgré moi, malgré toi, malgré lui...,* se rencontre aussi très souvent dans les même cas que **nonostante** :

> **Nonostante (malgrado) le difficoltà, ce l'ha fatta !**
> Malgré les difficultés, il y est arrivé ! (cf. n° 208)

320 ▪ Remarques sur les prépositions simples

1) △ **Rappel :** les prépositions **a, di, da, in, su** et, dans certains cas, **con** se contractent avec les articles définis (cf. ch. IV).

2) Quelques prépositions simples s'emploient indifféremment seules ou suivies d'une autre préposition. On dit :

> **dietro le montagne** ou **dietro alle montagne**
> derrière les montagnes

sopra il tetto ou **sopra al tetto**
sur le toit
sotto il televisore ou **sotto al televisore**
sous le poste de télévision

3) Les prépositions **dentro, dietro, dopo, senza, sopra, sotto**
et **verso** sont toujours suivies de **di,** lorsqu'elles sont employées
devant un pronom personnel :

Dopo di Lei, Signora
Après vous, madame
Non può vivere senza di me
Il ne peut pas vivre sans moi

4) Répétition de la préposition : quand elle porte sur plusieurs
mots, le français ne répète généralement pas la préposition ;
à l'inverse, l'italien la redouble, surtout s'il s'agit d'une préposition contractée avec l'article.

C'erano delle carte sulla tavola e sulla scrivania
Il y avait des papiers sur la table et (sur) le bureau

Le redoublement est de règle lorsque les articles précédant
les noms sont différents.

Ho letto la stessa cosa sui libri e nelle riviste
J'ai lu la même chose sur des livres et dans des revues

321 ▪ Les prépositions composées

1) Prépositions suivies de **a**

accanto a à côté de	**in fondo a** au fond de
addosso a sur (quelqu'un)	**in mezzo a** au milieu de
davanti a devant	**in quanto a** quant à
dentro a dans, à l'intérieur de	**in riva a** au bord de
dietro a derrière	**insieme a (insieme con)** avec
dirimpetto a en face de	**intorno a** autour de
fino a jusqu'à	**oltre a** en dehors de
in capo a au bout de	**presso a** près de
in cima a en haut de	**rispetto a** par rapport à
incontro a au-devant de	**sino a** jusqu'à
in faccia a en face de	**vicino a** près de

2) Préposition suivie de **con**

insieme con avec, ensemble

3) Prépositions suivies de **da**

di là da au-delà de	**giù da** à bas de, du bas de
di qua da en deçà de	**lontano da** loin de
fin da (sin da) depuis, dès	**su da** du haut de

4) Prépositions suivies de di

a dispetto di en dépit de	**nel mezzo di** au milieu de
ad onta di en dépit de	**per cagione di** à cause de
all'infuori di en dehors de	**per causa di** à cause de
dentro di à l'intérieur de	**per mezzo di** au moyen de
dietro di derrière	**per via di** à cause de, par
dopo di après	**prima di** avant
fra(tra) di parmi	**senza di** sans
fuori di hors de	**sopra di** sur
in mancanza di à défaut de	**sotto di** sous
invece di au lieu de	**su di** sur
lontano di loin de	**verso di** vers

5) Prépositions suivies de per

giù per le long de	**giù giù per** tout le long de (vers le bas)
su per le long de	**su su per** tout le long de (vers le haut)

322 ▪ La préposition A

La préposition **a** indique :

1) le lieu où l'on est :

> **Vivo a Torino**
> Je vis à Turin
> **Mi trattengo a casa**
> Je reste à la maison

2) le lieu où l'on va :

> **Vado a Venezia**
> Je vais à Venise
> **Vado a casa**
> Je vais chez moi

△ Expressions à retenir : **andare a scuola, a teatro**
> aller à l'école, au théâtre

3) l'attribution :

> **Regalerò questa statua a mio zio**
> J'offrirai cette statue à mon oncle

4) le but :

> **Ti vengo a prendere**
> Je viens te chercher
> **Vado a fare la spesa**
> Je vais faire le marché

5) le temps :

> **Ci vediamo alle otto**
> Nous nous verrons (cf. n° 338-2) à huit heures

6) le moyen :

Ci sono sempre meno treni a vapore
Il y a de moins en moins de trains à vapeur

7) la manière :

Il terreno è stato piantato a vigneti
Le terrain a été planté de vignes
Parla a mezza voce
Il parle à mi-voix

323 ▪ La préposition DA

La préposition **da** — qui ne s'élide pas, en principe — introduit ou indique :

1) le complément d'agent :

Tancredi è rimasto colpito dalla bellezza di Angelica
Tancrède a été frappé par la beauté d'Angélique
La messa è stata celebrata dal Santo Padre
La messe a été célébrée par le Saint-Père

2) l'origine (dans l'espace) :

Viene da Roma
Il vient de Rome

3) l'origine (dans le temps) :

Si è stabilito a Milano da vari mesi
Il s'est établi à Milan depuis plusieurs mois
Non l'ho visto da due anni
Il y a deux ans que je ne l'ai pas vu

4) l'éloignement :

Siamo ancora lontani dal confine italiano
Nous sommes encore loin de la frontière italienne

5) la dépendance, la déduction :

Tutto dipende da te
Tout dépend de toi
Che cosa si può desumere da quella notizia ?
Que peut-on déduire de cette nouvelle ?

6) la défense, la protection :

Desidero difendermi dai pensieri negativi
Je désire me défendre des pensées négatives
La pelliccia ripara dal freddo
La fourrure protège du froid

7) la différence :

È una storia molto diversa dalle altre
C'est une histoire très différente des autres

8) la destination :

Devi andare dal dentista*
Tu dois aller chez le dentiste

9) l'obligation :

Ha da firmare qui
Vous devez signer ici
È roba da buttare
Ce sont des affaires à jeter

10) l'usage :

un biglietto da visita   une carte de visite
una tazza da caffè   une tasse à café

11) l'état :

Da fanciullo, era un birichino
Quand il était enfant, c'était un petit diable
Da vecchio, è rimasto arzillo
Dans sa vieillesse, il est resté alerte

12) le caractère distinctif :

Si è sempre comportata da signora
Elle s'est toujours comportée en grande dame

13) la valeur :

un biglietto da duecento lire
un billet de deux cents lires

*« chez » se traduit aussi par **a casa di** ; mais **a casa del dentista** signifierait « au domicile privé du dentiste ». Rappelons **a casa mia, a casa tua**... « chez moi, chez toi »...

324 ▪ La préposition DI

La préposition **di** — qui peut éventuellement s'élider — introduit ou indique :

1) le complément de nom :

Ecco i vestiti di Giovanna
Voici les vêtements de Jeanne

2) la possession :

Di chi è questo palazzo ? —È dei miei nonni
A qui est cet immeuble ? —Il est à mes grands-parents

3) la matière :

È una camicetta di seta
C'est un chemisier en soie

4) la mesure, le contenu :
Vorrei due etti di prosciutto di Parma
Je voudrais deux cents grammes de jambon de Parme
una tazza di caffè
une tasse de café

325 ▪ DA OU DI ?

On peut considérer six cas principaux où les indications suivantes aideront à résoudre la difficulté :

1) Après un participe passé :
— le participe passé est suivi d'un complément d'agent normalement introduit par **da** :
La casa fu circondata *dalla* polizia
La maison fut entourée par la police
— le participe passé est suivi d'un complément de moyen :
La casa è circondata *di* fiori
La maison est entourée de fleurs

2) l'évaluation de la distance :
Roma si trova a mille cinquecento chilometri *da* Parigi
Rome se trouve à mille cinq cents kilomètres de Paris
Si allontanarono *di* pochi passi
Ils s'éloignèrent de quelques pas

3) l'idée de privation (proche de l'idée d'éloignement rendue par **da**) se rend toujours par **di** :
È rimasto privo *di* riflessi
Il est resté sans réflexes

4) expressions à sens déterminé ou indéterminé :

— sens déterminé :
Torna dalla casa *degli* zii
Il revient de la maison de (chez) ses oncles
Era uscito *dalla* prigione di Torino
Il était sorti de la prison de Turin
È morto *dal* freddo che c'era quell'inverno
Il est mort en raison du froid qu'il faisait cet hiver-là

— sens indéterminé :
Esce *di* casa
Il sort de la maison
È uscito *di* prigione
Il est sorti de prison
È morto *di* freddo
Il est mort de froid

5) expressions consacrées par l'usage :

> *da* **un anno all'altro** d'une année à l'autre
> *da* **un paese all'altro** d'un pays à l'autre

mais :

> *di* **paese in paese** de pays en pays
> *di* **anno in anno** d'année en année

di **mattina**	*di* **sera**	*di* **notte**
le matin	le soir	la nuit

di **primavera**	*d'***inverno...**
le printemps	l'hiver

6) sens figuré :

— provenance :

> **È piacevole dipingere** *dal* **vero**
> Il est agréable de peindre d'après nature
> (m. à m. : d'après le vrai)

— origine :

  • l'expression dépend d'un verbe autre que **essere**

> **Viene** *da* **una famiglia umile**
> Il vient d'une famille modeste

  • l'expression dépend d'un adjectif, d'un substantif ou du verbe **essere**

> **È originario** *del* **Veneto**
> Il est originaire de Vénitie
> **Sono i nipoti** *del* **fondatore**
> Ce sont les petits-fils du fondateur

△ sens particulier :

> **Rodolfo** *di* **Egisto** Rodolphe, fils d'Egisthe
> **Leonardo** *da* **Vinci** Léonard de Vinci
> (originaire du village de Vinci)

326 ▪ La préposition CON

La préposition **con** marque :

1) l'accompagnement :

> **Verrò con altre persone**
> Je viendrai avec d'autres personnes

2) la manière :

> **Riuscì a convincerla con la sua insistenza**
> Il réussit à la convaincre par son insistance

Cf. les expressions

> **con le buone (maniere)**
> avec douceur
> **con le buone o con le cattive**
> de gré ou de force

3) le moyen :

Partirò coll'aereo
Je partirai par avion

4) l'attitude :

Corre con i capelli sciolti
Elle court, les cheveux dénoués

5) le signe distinctif :

Chi è quel signore con gli occhiali da sole ?
Qui est ce monsieur avec des lunettes de soleil ?

6) l'opposition :

Con tutti i suoi sforzi, ancora non ha vinto la sua timidità
Malgré tous ses efforts, il n'a pas encore vaincu sa timidité

327 ▪ La préposition FRA (ou TRA)

La préposition **fra** (ou **tra**) indique :

1) le lieu :

Modena si trova fra (tra) Parma e Bologna
Modène se trouve entre Parme et Bologne

2) le délai :

Ti aiuterò tra (fra) un'ora
Je t'aiderai dans une heure

328 ▪ La préposition IN

La préposition **in** indique :
1) le lieu :

Accomodatevi nel soggiorno !
Entrez dans la salle de séjour !

△ Retenez les expressions toutes faites :
andare in campagna, in chiesa, in montagna
aller à la campagne, à l'église, à la montagne

2) le temps :
— la durée :

Ho letto questo giallo in una giornata
J'ai lu ce roman policier en une journée

— la date :

nel duemila en l'an deux mille
(notez que le mot **anno** est sous-entendu)

— le moment :
in mattinata   dans la matinée   **nel pomeriggio**   l'après-midi

3) le nombre :

In quanti sarete ? — Saremo in quattro o cinque
Combien serez-vous ? — Nous serons quatre ou cinq

4) la situation :

Sono nell'ansia
Je suis dans l'angoisse

△ sens particulier :

Maria Casini in Formigli
Marie Casini, épouse Formigli

329 ▪ La préposition PER

On emploie la préposition **per** pour indiquer :

1) le but :

Vado in Italia per imparare meglio l'italiano
Je vais en Italie pour mieux apprendre l'italien

2) la cause :

Per questa ragione (perciò) non dirò nulla
Pour cette raison, je ne dirai rien

3) le moyen :

Mando la lettera per via aerea
J'envoie la lettre par avion

4) le temps :

È rimasto in Australia per dieci anni
Il est resté en Australie pendant dix ans

5) le lieu (où l'on passe) :

Passeggia per la città
Il se promène dans la ville (sans but précis)

6) le futur proche :

Sto per finire
Je suis sur le point de finir

330 ▪ La préposition SU

La préposition **su** indique :

1) le lieu :

Le colombe stanno sul tetto
Les pigeons sont sur le toit

2) le moment :

Sul far del giorno, se ne andò
Il s'en alla au petit jour

3) l'approximation :

È un ragazzo sui vent'anni
C'est un garçon d'une vingtaine d'années

LES CONJONCTIONS

331 ▪ Les conjonctions et locutions conjonctives de coordination

e, ed (devant voyelle) et
ché car
cioè c'est-à-dire
comunque quoi qu'il en soit
dunque donc
eppure pourtant
invece au contraire
ma mais
né et... ne... pas
né... né ni... ni
neanche même pas... si
nemmeno même pas... si

neppure même pas... si
nondimeno néanmoins
o, od (devant voyelle) ou
oppure ou bien
ora or
ossia à savoir, ou bien
però cependant
pure* pourtant
quindi donc, par conséquent
sia... sia soit... soit
tuttavia toutefois

△ Certaines formes peuvent être adverbe ou conjonction
Io pure, ci andrei (cf. n° 312-2)
Moi aussi, j'irais
Non voleva andarci, pur(e) ci è andato
Il ne voulait pas y aller, pourtant il y est allé

332 ▪ Principales conjonctions ou locutions conjonctives de subordination

1) Conjonction introduisant une proposition subordonnée complétive (complément d'objet) :

che = que peut être suivi :

• de l'indicatif :
Mi dicono che arriveranno alle dieci
Ils me disent qu'ils arriveront à dix heures

• du conditionnel (cf. n° 367.2) :
Mi dicevano che non sarebbero arrivati in tempo
Ils me disaient qu'ils n'arriveraient pas à temps

subjonctif (cf. n° 343) :

Mi dicevano che non arrivassi troppo presto
Ils me disaient de ne pas arriver trop tôt
(m. à m. : que je n'arrivasse pas trop tôt)

2) Conjonctions ou locutions conjonctives introduisant une proposition subordonnée circonstancielle :

a - *Cause*

Perché	= parce que
Poiché	= puisque
Giacché	= du moment que
Siccome	= comme

Le verbe de la subordonnée est, en général, à l'indicatif.

Vado a Venezia perché mi fa un gran piacere
Je vais à Venise parce que cela me fait très plaisir
Siccome pioveva, ho preso l'ombrello
Comme il pleuvait, j'ai pris mon parapluie

b - *Manière*

Senza che + subjonctif = sans que

È andato via senza che io possa vederlo
Il est parti sans que je puisse le voir

c - *Concession*

Benché	
Sebbene	bien que, quoique
Quantunque	

Le verbe de la subordonnée est, en général, au subjonctif.

Benché il tempo sia cattivo, voglio uscire
Bien que le temps soit mauvais, je veux sortir
Quantunque sia uno studio difficile, ce la farò
Bien que ce soit une étude difficile, j'y arriverai

d - *But*

Affinché	= afin que
Perché	= pour que

Le verbe de la subordonnée est au subjonctif.

Lo chiamano perché metta tutto in ordine
On l'appelle pour qu'il range tout
Gli ho letto l'articolo affinché sia al corrente
Je lui ai lu l'article afin qu'il soit au courant

e - *Conséquence*

> **Sicché** + indicatif = si bien que
> **Tanto che** + indicatif = tant et si bien que
> **Di (in) modo che** + subjonctif = de sorte que
>   de façon que

La hanno chiamata, sicché è venuta
Ils l'ont appelée, si bien qu'elle est venue
La hanno chiamata, in modo che venisse a tutti i costi
Ils l'ont appelée de façon qu'elle vienne à tout prix

e - *Temps*

> **Quando** + indicatif = quand
> **Mentre** + indicatif = pendant que
>   tandis que
> **Finché** + indicatif = tant que
>   + subjonctif = jusqu'à ce que

Mentre parlava, io ascoltavo
Tandis qu'il parlait, moi, j'écoutais
Finché c'è vita, c'è speranza
Tant qu'il y a de la vie, il y a de l'espoir
Aspetta finché ti chiami io !
Attends jusqu'à ce que je t'appelle !

f - *Condition*

> **Se** + indicatif ou subjonctif = si
> **Quando** + subjonctif = si
> **Purché** + subjonctif = pourvu que
> **Seppure** + subjonctif = quand bien même

Se andrà a Torino, sarà molto soddisfatto (cf. n° 369-2)
S'il va à Turin, il sera très satisfait
Se andasse a Torino, sarebbe molto soddisfatto (ch. n° 369-3)
S'il allait à Turin, il serait très satisfait
Andrà in Giappone purché si presenti l'occasione
Elle ira au Japon pourvu que l'occasion se présente

g - *Comparaison*

| Come se Quasi | comme si |

Le verbe de la proposition subordonnée est, en général, au subjonctif imparfait.

È come se avesse sempre fatto quel lavoro
C'est comme s'il avait toujours fait ce travail

333 ▪ Traduction d'autres conjonctions ou locutions conjonctives de subordination

a) *Cause :*

d'autant plus que   **tanto più che** + ind.
étant donné que   **dato che, visto che** + ind.
sous prétexte que   **col pretesto che** + ind. ou cond.

Dato che Le fa piacere, La accompagnerò
Étant donné que cela vous fait plaisir, je vous accompagnerai

b) *Concession ou opposition :*

au lieu que   **mentre** + ind.
encore que   **ancorché** (litt.) + subj.
malgré que   **nonostante il fatto che** + subj.
même si   **anche se** + ind. ou subj.
pour…(gentil)…que…   **per…che…** + subj.
quand bien même   **quand'anche** + subj.
quelque (gentil)…que…   **per quanto…che** + subj.
si ce n'est que   **se non che** + subj.

Per quanto sia gentile, non mi piace
Quelque (Si) gentil qu'il soit, il ne me plaît pas

c) *But :*

afin que, pour que   **acciò, acciocché** + subj.
de peur que   **per paura che** + subj.

Non è venuto per paura che lo si veda
Il n'est pas venu, de peur qu'on ne le voie

d) *Conséquence :*

au point que   **al punto che** + ind.
si bien que   **così che** + ind.
tellement que   **tanto che** + ind.

Gli piace tanto questo film che lo ha visto tre volte !
Il aime tellement ce film qu'il l'a vu trois fois !

e) *Temps :*

aussitôt que	**appena** + ind.
après que	**dopo che** + ind.
avant que	**prima che** + subj.
depuis que	**dacché** + ind.
dès que	**appena** + ind.
en même temps que	**nello stesso tempo che** + ind.
maintenant que	**ora che** + ind.

Appena arrivi, fai sapere
Dès que tu arrives, préviens

f) *Condition :*

à condition que	**a patto che** + subj.
à moins que	**a meno che** + subj.
soit que...soit que...	**sia che... sia che...** + subj.
au cas où	**caso mai** + subj. imparfait

Vengo a patto che non facciate complimenti
Je viens à condition que vous ne fassiez pas de façons

g) *Comparaison :*

ainsi que, comme	**così...come...** + ind.
à mesure que	**man mano che** + ind.
de même que	**come pure** + ind.
si, par hasard	**qualora** + subj.

Man mano che capisce la situazione, diventa più gentile
A mesure qu'il comprend la situation, il devient plus gentil

334 ▪ Omission de la conjonction CHE

Lorsque des propositions conjonctives sont coordonnées, on ne répète pas la conjonction et on ne la remplace pas non plus par la conjonction **che.**

Bien qu'il fasse chaud et que je sois déjà fatigué,
Benché faccia caldo ed io sia già stanco,
je veux visiter Florence.
voglio visitare Firenze.

LES INTERJECTIONS

335 ▪ Les interjections proprement dites

Il s'agit d'interjections formées de voyelles ou de combinaisons de voyelles correspondant à des cris ou des onomatopées :

ah !	ah !	**o !***	(voir note)
ahi !	aïe !	**oh !**	oh !
arri !	ouf !	**ohi !**	aïe !
auff !	hue !	**olà !**	hé, hé là !
bèh	(incertitude)	**puh !, oibò**	fi !
boff !	bof !	**puff ! paf !**	pouf !
deh !	de grâce !	**uffa !**	la barbe !
eh !	hé !, hein ? !	**uh !**	(peur, dégoût)
ehi !	hé, là ! !	**uhi !**	aïe !
ehm !	hem !	**uhm !**	(doute, crainte)
ih !	fi !	**zaccheté !**	vlan ! pan !

▶ N.B. **« O »** est une forme très usitée, particulièrement en Toscane, pour renforcer une interpellation ou une interrogation :

O Laura, al telefono ! Laure, au téléphone !

O Neri, che dici ? Néri, qu'en penses-tu ?

O vieni ! Viens donc !

336 ▪ Les exclamations

Il s'agit, maintenant, de noms, d'adverbes, de verbes ou de locutions auxquels le ton sur lequel ils sont prononcés donne valeur d'exclamation.

abbasso... !	à bas... !
accidenti !	zut !
adagio !	doucement !
addio !	adieu !
ahimé !	hélas !
aiuto !	au secours !
all'erta !	alerte !
alt !	halte !
altroché !	et comment !
andiamo !	allons-y !
animo !	courage !
arrivederci !	au revoir !
avanti !	allons !, entrez !
basta !	ça suffit !
bé !	bien !

bene !	bien !
caspita !	bigre !
che !	quoi
come mai !	comment donc !
coraggio !	courage !
dagli !	vas-y !
dài !	allons !
diamine !	diable !
di niente !	de rien !
Dio liberi !	Dieu nous en garde !
Dio mio !	mon Dieu
ebbene !	eh bien !
e buona sera !	et c'est tout !
ecco !	voici, voilà !
eccome !	et comment !
evviva... !	vive... !
forza !	courage !
fuori !	hors d'ici !
giù !	en bas, descendez !
grazie !	merci !
gual !	malheur !, gare !
guarda un po' !	tiens !
indietro !	en arrière !
in piedi !	debout !
largo !	place !
ma !, mah !	euh !, bah !
ma bene !	très bien ! (ironique)
macché !	mais non !
ma che ti pare !	il n'y a pas de quoi !
ma come !	comment donc !
magari !	plût au ciel !
mamma mia !	mon Dieu !
marameo !	turlututu !
meno male !	heureusement !
niente !	rien !
nientedimeno !	rien que cela !
Oh ! bella !	la belle affaire !
ohimè !	hélas !
O.K. !	O.K. !
orsù !	allons !
peccato !	hélas !
perbacco !	parbleu !
per carità !	pour l'amour de Dieu !
con permesso !	pardon ! veuillez m'excuser
piano !	doucement !

prego !	je vous en prie !
presto !	vite !
pronto !	allô !
purtroppo !	hélas !
questa è bella !	par exemple !
sentiamo !	voyons ! (m. à m. : écoutons !)
sta bene !	bon !
sta benissimo !	très bien ! (sérieux)
su !	allons !, courage !, debout !
(tanto) meglio !	tant mieux !
(tanto) peggio !	tant pis !
to' !	tiens !
vediamo !	voyons !
vergogna !	quelle honte !
via !	partez !
via di qui !	sortez d'ici !

337 ▪ Les adjectifs employés comme interjections

Ils s'accordent en genre et en nombre avec le nom auquel ils se rapportent, qu'il soit exprimé ou non.

bravo ! bravo !, c'est bien ! (à un homme)
brava ! bravo, c'est bien ! (à une femme)...

De même, **attento, beato, buono, fermo, povero, ritto, seduto, zitto,** etc. (**attenti !** veut dire « attention ! » à plusieurs hommes ou à un groupe mixte). Certains de ces adjectifs sont souvent suivis des pronoms **me, te, lui, lei,** etc.

Beata lei ! Elle a bien de la chance !
Buoni ! bambini ! Soyez gentils, les enfants !

EXERCICES

A) Employer « di » ou « da » :

1) **Questi sono occhiali...sole** (Ce sont des lunettes de soleil) -
2) **Ci parla...questi quadri...vero artista** (Il nous parle de ces tableaux en véritable artiste) - 3) **Abita...suoi genitori** (Il habite chez ses parents) - 4) **Prenderei volentieri una tazza...tè** (Je prendrais volontiers une tasse de thé) - 5) **Che cosa hai...fare per domani ?** (Qu'est-ce que tu as à faire pour demain ?) - 6) **Si riconosce...voce** (On le reconnaît à la voix) - 7) **È un libro...poco** (C'est un livre qui ne vaut pas grand-chose) - 8) **Questa è una spazzola...capelli** (C'est une brosse à cheveux) - 9) **Ho un settimanale...farti vedere** (J'ai un hebdomadaire à te montrer) - 10) **Le piace molto il tuo vestito...seta** (Elle aime beaucoup ta robe en soie).

B) Employer « da », « in », « fa » ou « fra »

1) **Le ho promesso che Le avrei telefonato...due giorni** (Je lui ai promis que je lui téléphonerais dans deux jours) - 2) **...tre settimane, non si è fatto vivo** (Il y a trois semaines qu'il n'a pas donné de ses nouvelles) - 3) **...una giornata, fuma un pacchetto di sigarette** (En une journée, il fume un paquet de cigarettes) - 4) **Il tuo amico verrà...mezz'ora al tennis** (Ton ami viendra dans une demi-heure au tennis) - 5) **È suonata l'ora cinque minuti...** (L'heure a sonné, il y a cinq minutes) - 6) **Gli fece sapere che sarebbe tornato...pochi mesi** (Il lui fit savoir qu'il reviendrait dans quelques mois) - 7) **Tanti anni..., viveva in America** (Il y a bien longtemps, il vivait en Amérique) - 8) **...quanto tempo non ti ho più sentito ?** (Cela fait combien de temps que je ne t'ai pas entendu au téléphone ?) - 9) **...molti secoli non si è visto un fatto come questo !** (Il y a bien des siècles que l'on n'a pas vu un fait comme cela !) - 10) **...poco, verrà la primavera** (Bientôt le printemps viendra).

C) Traduire :

- 1) J'ai appris **(risapere)** cette nouvelle par les journaux - 2) Après tous ces bouleversements **(sconvolgimento),** nous étions très fatigués **(stanco)** - 3) Le voici enfin ! Je l'ai aperçu le long de la rivière **(fiume)** - 4) Je crois avoir tout compris, sauf ce paragraphe **(paragrafo)** - 5) Il se sentait tout heureux au milieu de la foule **(folla)** - 6) Quant à moi, je préfère sortir avec des amis - 7) Vous voulez aller à Milan en auto-couchettes **(autocuccette),** puis rejoindre **(raggiungere)** Gênes et poursuivre par l'autoroute **(autostrada)** au bord de la mer ? - 8) A défaut de famille, ils ont beaucoup d'amis - 9) Il est à côté de moi.

D) Traduire, à l'aide du vocabulaire ci-dessous :

argent, **denaro** ; apprécier, **apprezzare** ; (en) baisse, **al ribasso** ; bilingue, **bilingue** ; car, **perché** ; chauffage, **riscaldamento** ; contrat, **contratto** ; cours, **quotazione** (f.) ; dehors, **fuori** ; déranger, **disturbare** ; développer, **sviluppare** ; disponible, **disponibile** ; erreur, **sbaglio** ; fléchir, **calare** ; grève, **sciopero** ; manquer l'avion, **perdere l'aereo** ; modification, **modifica** ; Noël, **Natale** (m.) ; placer, **investire ;** prendre un bon rhume, **buscarsi un bel raffreddore** ; réparer, **riparare** ; réseau, **rete** (f.) ; respecter, **rispettare** ; (en) retard, **in ritardo** ; secrétaire, **segretaria** ; signer, **firmare** ; solution de rechange, **soluzione alternativa**.

1) Bien qu'il ait signé un contrat, il a beaucoup de difficultés à le faire respecter - 2) Si par hasard je fais une erreur, dites-le-moi tout de suite - 3) Par ce froid, je suis resté trop longtemps dehors, si bien que j'ai pris un bon rhume - 4) Pour grands que soient les rois, ils sont ce que nous sommes - 5) Puisque le marché est en baisse et que nous avons de l'argent disponible, nous pouvons le placer - 6) Je partirai dès que les grèves seront terminées - 7) Du moment que les cours ont fléchi, il vaut mieux attendre avant de vendre - 8) Ne pars pas sans que je t'aie apporté ce que je te dois - 9) Il fit tant et si bien qu'il trouva une solution de rechange - 10) Avant qu'il ne fasse froid, faites réparer le chauffage - 11) Tant que le train, qui est en retard, n'est pas arrivé, on peut encore espérer qu'ils seront là pour Noël - 12) Dès que tu auras trouvé une secrétaire bilingue, fais-le-moi savoir - 13) Si je prenais le car à onze heures, je craindrais de manquer l'avion de midi un quart - 14) Ne me dérangez pas, à moins qu'il n'y ait une modification au programme !

CHAPITRE XX

RÈGLES DE SYNTAXE
LE VERBE : EMPLOI DES MODES
ET DES TEMPS
LA CONCORDANCE DES TEMPS

Capitolo ventesimo
Regole di sintassi
Il verbo : uso dei modi e dei tempi
La concordanza dei tempi

338 ▪ L'indicatif présent

1) Action ou états réels, actuels ou répétitifs :

Sono così felice
Je suis si heureux

Guardano il telegiornale
Ils regardent le journal télévisé

Giochi a carte ogni sera
Tu joues aux cartes tous les soirs

2) Sens de futur proche :

Ora piglio la macchina : arrivo tra un'ora
Je vais prendre la voiture : j'arriverai dans une heure

339 ▪ L'indicatif imparfait

1) Action ou état qui durent dans le passé

In quel tempo, studiavo moltissimo
En ce temps-là, j'étudiais beaucoup

2) Style parlé : sens du présent :

Desiderava, Signora ? Vous désirez, madame ?
(Sous-entendu : Que désiriez-vous, en entrant dans le magasin.)

3) Style parlé : sens du plus-que-parfait ou du conditionnel passé :

Se sapevo, venivo Si j'avais su, je serais venu

340 ▪ Le passé simple de l'indicatif

Se référant à une période de temps déterminé, il est beaucoup plus employé qu'en français, en particulier dans la langue écrite. Dans la conversation, il tend à être remplacé par le passé composé, sauf en Toscane, où il est encore fréquemment usité.

Quando andai a Firenze, tutti gli amici mi festeggiarono
Quand j'allai à Florence, tous mes amis me firent fête

(Le français dirait plus couramment : Quand je suis allé à Florence, tous mes amis m'ont fait fête.)

341 ▪ L'indicatif futur

En dehors de son sens habituel, le futur peut avoir un sens de concession ou d'hypothèse :

Sarà anche vero C'est peut-être vrai

LE SUBJONCTIF

342 ▪ Remarque générale

D'un usage plus fréquent qu'en français, le subjonctif est le temps du *doute*, de ce qui est subjectif, c'est-à-dire soumis à l'interprétation personnelle, par rapport à l'indicatif qui est le temps du réel objectif.

De ce fait, après les verbes exprimant la croyance, il indique plus qu'une nuance :

Credo che Dio esista (subj.)
Je crois que Dieu existe (mais je n'en suis pas sûr)
Credo che Dio esiste (indic.)
Je crois que Dieu existe (et j'en ai l'intime conviction)

343 ▪ Le subjonctif après les verbes exprimant une opinion, un espoir, un désir, une crainte, un ordre

Spero che tu stia bene
J'espère que tu te portes bien
Desideravo che tornasse presto
Je désirais qu'il revienne vite
Voglio che dica la verità
Je veux qu'il dise la vérité

△ **Temo che capisca** signifie : je crains qu'il ne comprenne (*ne* est explétif, en français, et ne doit pas se traduire : **Temo che non capisca** signifierait : je crains qu'il ne comprenne pas, c'est-à-dire exactement le contraire).

344 ▪ Le subjonctif après les verbes exprimant une impression, un regret ou une satisfaction

Mi pare che sia giusto
Il me semble que c'est juste
Gli dispiaceva che non si trattenessero di più
Il regrettait qu'ils ne demeurent pas davantage
Mi rallegro che sia arrivato
Je suis content qu'il soit arrivé

345 ▪ Le subjonctif comme expression du souhait ou de l'hypothèse

Fosse vero ! = Se fosse vero !
Si seulement c'était vrai !

Ce subjonctif est souvent précédé de l'interjection : **Magari !**

Magari c'avessi una macchina !

Si seulement j'avais une voiture !

346 ▪ Le subjonctif dans une proposition subordonnée comparative (rappel, cf. n° 168)

È meno difficile che tu non creda

C'est moins difficile que tu ne crois

ou

È meno difficile di quanto tu non creda

— Cependant, ce subjonctif n'est pas obligatoire : on peut dire aussi :

È meno difficile di quel che tu credi

347 ▪ Le subjonctif après une proposition principale négative

Non c'è nessuno che lo sappia

Il n'y a personne qui le sache

348 ▪ Le subjonctif dans une proposition interrogative indirecte

Ces propositions dépendent des verbes **chiedere** (demander), **domandare** (poser une question), **ignorare** (ignorer), **informarsi** (s'informer), etc.

Si chiedeva chi fosse quel giovanotto biondo

Elle se demandait qui était ce jeune homme blond

349 ▪ Le subjonctif dans une proposition relative exprimant une possibilité

Cerca una società che presenti tutte le garanzie

Il cherche une société susceptible de présenter toutes les garanties

350 ▪ Le subjonctif après un relatif à sens indéterminé

Chiunque sia, fallo entrare !

Qui que ce soit, fais-le entrer !

351 ▪ Le subjonctif après certaines conjonctions

• Conjonctions d'usage courant obligatoirement suivies du subjonctif :

affinché   afin que   **a meno che**   à moins que

a patto che	à condition que	prima che	avant que
benché	bien que	qualora	au cas où
come se	comme si	quasi	comme si
perché	pour que	sebbene	quoique
per quanto	pour autant que	senza che	sans que
purché	pourvu que		

Benché faccia molto freddo, vuole uscire
Bien qu'il fasse très froid, il veut sortir
Lo spingevano perché si iscrivesse all'Università
On le poussait pour qu'il s'inscrive à l'Université

△ **Come se** est toujours suivi du subjonctif imparfait.

• Principales conjonctions pouvant être suivies du subjonctif (ou de l'indicatif) :
finché, suivi du subjonctif, dans le sens de : jusqu'à ce que
quando, suivi du subjonctif, dans le sens de : si toutefois
se, suivi du subjonctif, dans le sens de : si (voir n° 369-3)

— avec le subjonctif :

Quando venissero, ti farei sapere
Si toutefois ils venaient, je te (le) ferais savoir

— avec l'indicatif :

Quando verranno, ti farò sapere
Quand ils viendront, je te le (ferai) savoir

352 ▪ Le subjonctif après certaines locutions impersonnelles

basta il suffit	
bisogna (conviene, importa, occorre) il faut	
può darsi il se peut	
è bello il est agréable	
è facile (difficile) il est facile (difficile)	
è giusto il est juste (bien)	
è meglio il vaut mieux	
è naturale il est naturel	
è necessario il est nécessaire	
è peggio c'est pire	
è possibile (impossibile) il est possible (impossible)	
è probabile (improbabile) il est probable (improbable)	
(è) peccato (c'est) dommage	
è utile (inutile) il est utile (inutile), etc.	

Basta che tu lo dica
Il suffit que tu le dises
Può darsi che sia interessante
Il peut se faire que ce soit intéressant

353 ▪ L'infinitif sans préposition

Dans un usage différent de celui du français, l'infinitif sans préposition se rencontre après la plupart des adjectifs et expressions impersonnelles qui peuvent également être suivies du subjonctif (cf. n° 352) :

È bello stare in compagnia !
Il est agréable d'être ensemble !

354 ▪ L'infinitif substantivé

Précédé de l'article, l'infinitif exprime un état ou une action. Il devient substantif. Cet emploi est assez fréquent en italien.

Il ridere dei fanciulli
Les rires des enfants
Lo spuntare del sole
Le lever du soleil
Il leggere questi libri mi appassiona
La lecture de ces livres me passionne

355 ▪ L'infinitif précédé de AL, COL, NEL, SUL, PER correspond à un gérondif ; le sens varie selon la préposition

Al sentire tutto ciò, cadde dalle nuvole
En entendant tout cela, il tomba des nues
(au moment où il l'entendit tout cela)
Col cantare, rallegra tutti
En chantant, il réjouit tout le monde
(par le fait de chanter)
Nell'accendere la luce, vide suo figlio
En allumant l'électricité, il vit son fils
(tandis qu'il allumait l'électricité)
Sul partire, abbracciò tutti
En partant, il embrassa tout le monde
(juste avant de partir)
Per essere sempre scontento, rimaneva solo
Étant toujours mécontent, il restait seul
(étant donné qu'il était toujours mécontent)

▶ N.B. avec les verbes **cominciare** et **finire,** on emploie plutôt la préposition **con** :

Finì col capire la verità
Il finit par comprendre la vérité

356 ▪ L'infinitif précédé de la préposition A

1) indique le mouvement :
Vado a comprare la pasta
Je vais acheter des pâtes

2) marque le but, dans certaines expressions :
Come si fa a dire ?
Comment peut-on dire ?

3) s'emploie après **far bene, far male, far meglio, far peggio** :
Hai fatto bene (male) a pagare
Tu as bien (mal) fait de payer
Faresti meglio a guidare !
Tu ferais mieux de conduire !
Farebbe peggio a stare zitto
Il ferait pire s'il se taisait

357 ▪ L'infinitif précédé de la préposition DI

On emploie souvent la préposition **di** après les verbes exprimant une *croyance*, une *opinion*, un *désir*, une *crainte*, un *espoir*, ainsi qu'après un grand nombre d'*adjectifs*. Cependant, soit que l'énumération soit trop longue, soit qu'il n'existe pas de règle stricte à ce propos, nous conseillons de faire usage d'un dictionnaire qui donne la construction des verbes et des adjectifs et de la vérifier si on a un doute.

Cerca di sapere   **Spera di imparare presto**
Il cherche à savoir   Il espère apprendre vite
Mi pare di sognare
J'ai l'impression de rêver

358 ▪ L'infinitif précédé de la préposition DA

L'emploi de la préposition **da** après l'infinitif a différents sens précis.

1) le but :
Fammi un caffè buono buono da ricordarmi quello italiano !
Fais-moi un café si bon qu'il me rappelle le café italien !

2) la conséquence :
Ho fame da morire
Je meurs de faim
(m. à m. : j'ai faim à (en) mourir)

3) la destination :
Sono carte personali da bruciare
Ce sont des papiers personnels à brûler

4) l'usage :

È un pezzo da suonare al pianoforte
C'est un morceau à jouer au piano

5) l'obligation :

Ha da firmare
Il doit signer

LE PARTICIPE PRÉSENT ET LE GÉRONDIF

359 ▪ Le participe présent

est d'un usage très restreint ; il existe plutôt comme adjectif ou comme substantif :

Un paesaggio ridente   **Un cantante**
Un paysage riant   Un chanteur

360 ▪ Le gérondif

△ A lui seul, il traduit le participe présent français, ce qui signifie qu'en thème, il ne faut *jamais*, dans ce cas, traduire le français « en ».

| en parlant | **parlando** | en craignant | **temendo** |
| en dormant | **dormendo** | en comprenant | **capendo** |

361 ▪ Emploi du gérondif

1) Le gérondif est invariable et se rapporte au sujet de la proposition principale :

Entrando negli studi, ho visto molti attori
En entrant dans les studios, j'ai vu de nombreux acteurs

2) Si le participe présent français ne se rapporte pas au sujet de la principale, il faut le traduire par une proposition relative :

Ho visto molti attori che entravano negli studi
J'ai vu beaucoup d'acteurs entrant dans les studios

▶ N.B. 1) **Pure** suivi du gérondif signifie « tout en » :

Pure firmando, parlava
Tout en signant, il parlait

2) Rappelons enfin que le gérondif peut aussi se rendre par un infinitif précédé de **al, col, nel, sul** ou **per** (cf. n° 355).

LE PARTICIPE PASSÉ

362 ▪ Accord

1) Conjugué avec les auxiliaires **essere, andare, venire,** le participe passé s'accorde en genre et en nombre avec le sujet.

Gli alberi vanno protetti
Les arbres doivent être protégés

2) Conjugué avec l'auxiliaire **avere,** le participe passé s'accorde seulement de façon facultative.

La signora che ho salutato
ou
La signora che ho salutata
La femme que j'ai saluée

363 ▪ Le participe passé absolu

Dans ce cas, le participe passé précède toujours le substantif auquel il se rapporte et auquel il s'accorde en genre et en nombre.

Aperta la porta, entrò
Après avoir ouvert la porte, il entra

364 ▪ Traduction de « quand, après que, dès que »

1) traduction littéraire :

Mangiato che ebbe, si alzò
Après avoir mangé, il se leva

2) style parlé :

Dopo mangiato, si alzò
Après avoir mangé, il se leva

365 ▪ Le participe passé comme substantif

Ditemi un po' l'accaduto !
Racontez-moi un peu l'événement ! (ce qui s'est passé)

LA CONCORDANCE DES TEMPS

366 ▪ Règle générale

Le temps de la proposition principale détermine, dans la plupart des cas, celui de la proposition subordonnée.

367 ▪ La concordance des temps. Subordonnée au conditionnel

1) La principale est au présent > deux possibilités, selon le sens :

a) la subordonnée est au conditionnel présent (action simultanée ou postérieure)

Pensa che sarebbe il benvenuto (se arrivasse)
Il pense qu'il serait le bienvenu (s'il arrivait)

b) la subordonnée est au conditionnel passé (action antérieure)
Pensa che sarebbe stato il benvenuto (se fosse arrivato)
Il pense qu'il aurait été le bienvenu (s'il était arrivé)

2) La principale est à n'importe quel temps du passé > la subordonnée est au conditionnel passé, quel que soit le rapport de temps :

Pensava che sarebbe stato il benvenuto !

⚠ Il pensait qu'il serait le bienvenu
(ou, selon le contexte :)
Il pensait qu'il aurait été le bienvenu

368 ▪ La concordance des temps. Subordonnée où le subjonctif est obligatoire (cf. nᵒˢ 342 à 352)

1) La principale est au présent ou au futur > la subordonnée est au subjonctif présent :

Bisogna
Bisognerà } **che vengano**
Il faut, il faudra qu'ils viennent

2) La principale est à n'importe quel temps du passé ou au conditionnel > la subordonnée est au subjonctif passé.

Bisognava
Occorse } **che venissero**
Bisognerebbe
Il fallait, il fallut, il faudrait qu'ils viennent (m. à m. qu'ils vinssent)

(Le subjonctif présent est plus communément employé en français.)

369 ▪ La concordance des temps. Subordonnée introduite par SE (« si »)

1) La principale est au présent de l'indicatif > la subordonnée est au présent de l'indicatif :

Se arriva, mi fa piacere
S'il arrive, cela me fait plaisir

2) La principale est au futur > la subordonnée est au futur : (△ Attention à la différence avec le français) :

Se arriverà, mi farà piacere
S'il arrive, cela me fera plaisir

3) La principale est à l'imparfait, la subordonnée est au *subjonctif* passé (△ Attention ici encore à la différence avec le français) :

Se arrivasse, mi farebbe piacere
S'il arrivait, cela me ferait plaisir

EXERCICES

A) Compléter les phrases par la forme convenable du conditionnel :

1) **Sapevo che tu (venire)...** (Je savais que tu viendrais) - 2) **M'immagino che (essere)...molto felice se fossi promossa** (J'imagine que je serais très heureuse si je réussissais mon examen) - 3) **Pensavi che lei (truccarsi)...per uscire con te** (Tu pensais qu'elle se maquillerait pour sortir avec toi) - 4) **Non avrei mai creduto che loro (chiamare)...**(Je n'aurais jamais cru qu'ils appelleraient) - 5) **Avresti immaginato che lui (cambiare)...** (Aurais-tu imaginé qu'il changerait ?)

B) Transformer les phrases suivantes, en employant le participe passé absolu. Exemple : Dopo aver aperto la porta, entrò → Aperta la porta, entrò

1) **Dopo aver finito il compito** (devoir), **andò a giocare** (jouer) - 2) **Dopo aver piegato le lettere, le mise dentro la busta** (enveloppe) - 3) **Inaugurato che ebbe il monumento, pronunciò il discorso** - 4) **Dopo aver recitato la lezione, lesse un altro paragrafo** - 5) **Dopo aver circondato** (entourer) **le mura della fortezza, diede l'assalto.**

C) Compléter les phrases suivantes en respectant la concordance des temps :

1) **Basta che (prenotarsi)...il posto due settimane prima** (Il suffit qu'on réserve la place deux semaines avant) - 2) **Bastava che lui (presentarsi)...** (Il suffisait qu'il se présente) - 3) **Può darsi che il tema (essere)...difficile** (Il peut se faire que le sujet soit difficile) - 4) **Benché (ricevere)...molte critiche, continua lo stesso** (Bien qu'il reçoive beaucoup de critiques, il continue quand même) - 5) **Bisognerebbe che lei (farsi)...accompagnare** (Il faudrait qu'elle se fasse accompagner) - 6) **Era necessario che lui (firmare)...subito l'assegno** (Il était nécessaire qu'il signe tout de suite le chèque) - 7) **Bisogna che Lei (recarsi)...alla nostra ambasciata** (Il faut que vous vous rendiez à notre ambassade) - 8) **Mi dispiacerebbe che tu non gli (rispondere)...** (Je regretterais que tu ne lui répondes pas) - 9) **Peccato che il tempo (essere)...così brutto !** (Dommage que le temps soit si mauvais !) - 10) **Lei è la prima persona che io (sentire)...parlare così** (Vous êtes la première personne que j'entends parler ainsi).

D) Traduire à l'aide du vocabulaire ci-dessous :

acheter, **comprare** ; (s')apercevoir, **accorgersi** ; arrêter, **smetterla** ; désirer, **desiderare** ; écouter, **dare retta a** ; faire semblant, **fare finta** ; (se) payer du bon temps, **spassarsela** ; pièce de rechange, **pezzo di ricambio** ; plaisanter, **scherzare** ; rencontrer, **incontrare** ; revenir, **tornare** ; voie, **strada**.

1) Si je venais te voir, tes frères viendraient me voir sans faute - 2) Ce n'est pas juste que je travaille toute la journée pendant que l'autre se paye du bon temps - 3) J'espère que tu nous feras le plaisir de venir avec nous - 4) Bien que je ne croie pas beaucoup à ce que vous me dites, je fais semblant - 5) Je le lui ai dit pour qu'il le répète - 6) Dites à Georges de venir dans ce bureau tout de suite - 7) Si tu n'arrêtes pas de plaisanter, je ne pourrai pas parler - 8) Je crois qu'il est déjà parti - 9) Je croyais qu'il était déjà parti - 10) Il était plus gentil que tu ne le pensais - 11) Il avait fait tout ce qu'il pouvait pour que nous l'écoutions - 12) Ce serait bien que nous nous rencontrions - 13) Il peut se faire qu'elle s'aperçoive de son erreur - 14) Il faut qu'il achète des pièces de rechange pour sa voiture - 15) On ne savait pas ce qui était arrivé - 16) Il avait espéré que vous reviendriez tous les deux - 17) J'ai toujours désiré que nous habitions à la campagne - 18) Il faudra que tu le saches - 19) J'écrirai si j'ai le temps - 20) Il me semble qu'il va changer de voie.

CORRECTION DES EXERCICES

CHAPITRE II

A) 1) uccelli - 2) principi - 3) gatti - 4) studenti - 5) lupi - 6) amici - 7) industriali - 8) negozi - 9) felici - 10) ragazzi - 11) uomini - 12) sportivi - 13) giornalisti - 14) dita - 15) re - 16) polacchi.

B) 1) voci - 2) italiane - 3) santità - 4) ridenti - 5) camicie - 6) straniere - 7) turiste - 8) fredde - 9) madri - 10) signore - 11) nemiche - 12) fronti - 13) farmacie - 14) mani - 15) mogli - 16) crisi.

C) 1) bambina - 2) leonessa - 3) maestra - 4) traduttrice - 5) prudente - 6) alunna - 7) brava - 8) compagna - 9) intelligente - 10) impiegata - 11) direttrice - 12) francese - 13) sorella - 14) bevitrice - 15) famosa - 16) autrice.

D) 1) Questo treno ; veloce - 2) armoniosa - 3) Questo ; umoristico - 4) questa spiaggia ; bella - 5) Questo pittore ; nuovo.

E) 1) Questo treno è stato veloce : Ce train a été rapide - 2) Questa voce è stata armoniosa : Cette voix a été harmonieuse - 3) Questo giornale è stato umoristico : Ce journal a été humoristique - 4) Questa spiaggia è stata bella : Cette plage a été belle - 5) Questo pittore è stato nuovo : Ce peintre a été nouveau.

F) 1) Questi treni sono stati veloci - 2) Queste voci sono state armoniose - 3) Questi giornali sono stati umoristici - 4) Queste spiagge sono state belle - 5) Questi pittori sono stati nuovi.

G) Singulier : 2 ; 5 ; 6 ; 8 ; 10 - Pluriel : 1 ; 3 ; 4 ; 7 ; 9 ; 11 ; 12.

H) 1) caffè italiani - 2) tasche vuote - 3) dei greci - 4) uomini sportivi - 5) piccole mani - 6) banche centrali - 7) studi seri - 8) diocesi importanti - 9) grosse bugie - 10) audacie formidabili - 11) valigie pesanti - 12) dita ferite - 13) nemici antichi - 14) uova sode - 15) dialoghi umoristici.

I) 1) signore gentili - 2) ragazzi inglesi - 3) amici tedeschi - 4) braccia potenti - 5) mura solide ou muri solidi - 6) greci famosi - 7) caffè caldi - 8) mance importanti - 9) paesaggi sontuosi - 10) commesse sorridenti - 11) bugie enormi.

J) 1) É - 2) É stato - 3) Sono - 4) Sono stati - 5) É - 6) É stato - 7) Siete - 8) Siete stati - 9) É - 10) É stata - 11) Ho - 12) Ho avuto - 13) Hanno - 14) Hanno avuto - 15) Ha - 16) Ha avuto - 17) Hai - 18) Hai avuto - 19) Avete - 20) Avete avuto - 21) È stata - 22) Ha avuto - 23) Hanno avuto - 24) Sono state - 25) Sono - 26) Siamo state - 27) Abbiamo avuto - 28) Sono stato (a) - 29) Sei stato - 30) Hai avuto.

K) 1) Siamo studenti principianti - 2) Sono stata contenta di sentire un po' d'italiano - 3) Abbiamo avuto sorprese piacevoli - 4) Sono compagni straordinari - 5) Abbiamo avuto mesi caldi e difficili - 6) Avete amici piacevoli - 7) Sono state contentissime - 8) Hai molto successo ! - 9) Abbiamo sentito oratori famosi.

CHAPITRE III

A) 1) un - 2) un - 3) una - 4) un' - 5) una - 6) un' - 7) uno - 8) un - 9) un - 10) un.

B) 1) il ; i - 2) la ; le - 3) l' ; gli - 4) la ; le - 5) lo ; gli - 6) l' ; gli - 7) l' ; le - 8) lo ; gli - 9) lo ; gli - 10) la ; le.

C) 1- 1) un, il - 2) una, la - 3) uno, lo - 4) un, l' - 5) uno, lo - 6) una, la - 7) una, la - 8) un', l' - 9) uno, lo - 10) una, la - 11) un', l' - 12) un, l' - 13) una, la - 14) uno, lo - 15) un, il - 16) un, l' - 17) uno, lo - 18) una, la - 19) un, il - 20) uno, lo..
2- 1) i cognomi - 2) le ditte - 3) gli zeri - 4) gl'impiegati - 5) gli sguardi - 6) le patenti - 7) le smanie - 8) le alunne - 9) gli svincoli - 10) le città - 11) le amiche - 12) gli amici - 13) le regioni - 14) gli spagnoli - 15) i benesseri - 16) gli oli - 17) gli sviluppi - 18) le scuole - 19) i tempi - 20) gli.

D) 1) lo ; gli - 2) la ; le - 3) l' ; le - 4) l' ; gli - 5) lo ; gli - 6) il ; i - 7) la ; le - 8) lo ; gli - 9) il ; i - 10) il ; i.

E) 1) un, il - 2) un', l' - 3) una, la - 4) uno, lo - 5) un, l' - 6) un, il - 7) una, la - 8) un, il - 9) uno, lo - 10) un, il.

F) 1- 1) un - 2) uno - 3) una - 4) una - 5) uno - 6) un.
2- 1) Erano stati veri sogni - 2) Erano stati splendidi alberi - 3) Erano state magnifiche case - 4) Erano state stupide idee - 5) Erano stati zaffiri bellissimi - 6) Erano stati vestiti eleganti.

G) 1) Era una - 2) Era stata una - 3) Eri - 4) Eri stato - 5) Eravamo - 6) Eravamo stati - 7) Era un' - 8) Era stata un' - 9) Erano - 10) Erano stati - 11) Avevi uno - 12) Avevi avuto uno - 13) Avevano - 14) Avevano avuto - 15) Avevate - 16) Avevate avuto - 17) Avevo un - 18) Avevo avuto un - 19) Aveva un' - 20) Aveva avuto un' - 21) Erano stati - 22) Avevi avuto uno - 23) Aveva avuto un - 24) Era stato - 25) Erano stati - 26) Avevate avuto - 27) Avevamo avuto - 28) Era stata - 29) Aveva avuto una - 30) Erano stati.

H) 1) Era un ricordo indimenticabile - 2) Avevamo avuto un albergo molto piacevole - 3) I treni sono spesso pieni - 4) Era stata una sorpresa - 5) Era stato uno strano ricordo - 6) Erano sigarette italiane - 7) Gli studenti erano stati informati bene - 8) I gelati italiani sono ottimi - 9) Gli stranieri sono sempre stati ricevuti bene a casa.

CHAPITRE IV

A) 1) all'ingegnere, agl'ingegneri - 2) sullo scoglio, sugli scogli - 3) nella bottiglia, nelle bottiglie - 4) dalla publicità, dalle pubblicità - 5) della spiaggia, delle spiagge - 6) sulla situazione, sulle situazioni - 7) all'inizio, agl'inizi - 8) dal paese, dai paesi - 9) coll'aperitivo, cogli aperitivi - 10) della macchina, delle macchine - 11) nella notte, nelle notti - 12) col cane, coi cani.

B) 1) la lunghezza dello spettacolo - 2) lo squillo del telefono - 3) le foglie degli alberi - 4) la discesa sulla neve - 5) gli spaghetti nell'acqua - 6) ho perduto lo scontrino nel treno.

C) 1) il, del - 2) l', del - 3) la, del - 4) il, degli - 5) il, al - 6) la, del - 7) la, delle - 8) sulla - 9) dall' - 10) dall', al.

D) 1) gli, alla, dell' - 2) La, dello, del - 3) la, alle, al - 4) L', della - 5) una, delle, nelle - 6) delle, sul - 7) della - 8) Il, dell' - 9) Il, al, delle - 10) Dal, nel.

E) Dall' della, degli ; del, al, sull', del. All', nei.

F) 1) dell' - 2) sugli - 3) del - 4) dagli.

G) 1) dal - 2) il, delle - 3) l', dal - 4) Il, della - 5) un, nella - 6) al, una - 7) uno, nel - 8) sul.

H) 1) Lo strano sogno del poeta - 2) Si era seduto sulla valigia - 3) Va al cinema - 4) Ho letto questa storia nel giornale - 5) Hai conosciuto gli attori dello spettacolo ? - 6) Si, ho visto gli attori dagli amici - 7) Abita dallo zio 8) Ci sono molti piani nel palazzo - 9) È il momento di andare in montagna - 10) Mi piace nuotare nel mare.

CHAPITRE V

A) 1) j'ai été - 2) tu as eu - 3) ils auront été - 4) nous aurons eu - 5) nous aurions eu - 6) tu fus - 7) que vous fussiez - 8) il eut - 9) nous eûmes - 10) il serait - 11) il aurait été - 12) il est, elle est, c'est - 13) ne sois pas ! - 14) qu'ils soient - 15) ils furent - 16) j'ai - 17) tu aurais - 18) que j'eusse - 19) nous fûmes - 20) vous aviez eu - 21) tu avais été - 22) elles ont été - 23) ils auraient.

B) 1) siamo stati - 2) hanno avuto - 3) che sia - 4) avrà - 5) avrà avuto - 6) sareste - 7) avevi avuto - 8) abbiamo - 9) avrei avuto - 10) ebbi - 11) era stato - 12) sarò - 13) avevate - 14) erano - 15) sarete stati - 16) sareste stati - 17) che siamo - 18) siamo - 19) avrai - 20) sarai.

C) 1) era - 2) erano - 3) avevi - 4) era - 5) avevamo - 6) eravate - 7) C'era - 8) eri - 9) eravate - 10) avevano.

D) 1) sarà - 2) saranno - 3) avrai - 4) sarà - 5) avremo - 6) sarete - 7) ci sarà - 8) sarai - 9) sarete - 10) avranno.

E) 1) fu - 2) furono - 3) avesti - 4) fu - 5) avemmo - 6) ci foste - 7) ci fu - 8) fosti - 9) foste - 10) ebbero.

F) La macchina che ho noleggiata - 2) Ci sono quaranta studenti stranieri a scuola - 3) Siamo stati invitati dagli Starelli - 4) Questa mostra va vista - 5) C'è un bel documentario sulla città - 6) Questo compito verrà fatto senza difficoltà - 7) Va finito entro due ore.

CHAPITRE VI

A) 1) Présent : ripeto, ripeti, ripete, ripetiamo, ripetete, ripetono. Passé simple : ripetei, ripetesti, ripetè, ripetemmo, ripeteste, ripeterono. Futur : ripeterò, ripeterai, ripeterà, ripeteremo, ripeterete, ripeteranno. Conditionnel : ripeterei, ripeteresti, ripeterebbe, ripeteremmo, ripetereste, ripeterebbero.

2) Présent : preparo, prepari, prepara, prepariamo, preparate, preparano. Passé simple : preparai, preparasti, preparò, preparammo, preparaste, prepararono. Futur : preparerò, preparerai, preparerà, prepareremo, preparerete, prepareranno. Conditionnel : preparerei, prepareresti, preparerebbe, prepareremmo, preparereste, preparerebbero.

3) Présent : agisco, agisci, agisce, agiamo, agite, agiscono. Passé simple : agii, agisti, agì, agimmo, agiste, agirono. Futur : agirò, agirai, agirà, agiremo, agirete, agiranno. Conditionnel : agirei, agiresti, agirebbe, agiremmo, agireste, agirebbero.

4) Présent : seguo, segui, segue, seguiamo, seguite, seguono. Passé simple : seguii, seguisti, seguì, seguimmo, seguiste, seguirono. Futur : seguirò, seguirai, seguirà, seguiremo, seguirete, seguiranno. Conditionnel : seguirei, seguiresti, seguirebbe, seguiremmo, seguireste, seguirebbero.

B) 1) consigliare - 2) trascorrere - 3) credere - 4) riservare - 5) pulire - 6) dimenticare - 7) lasciare - 8) inviare - 9) caricare - 10) partire - 11) pagare - 12) cambiare - 13) recare.

C) 1) Sono, trascorro, parto, pernotto, mi reco. Siamo, trascorriamo, partiamo, pernottiamo, ci rechiamo. Sono, trascorrono, partono, pernottano, si recano - 2) Ero, trascorrevo, partivo, pernottavo, mi recavo. Eravamo, trascorrevamo, partivamo, pernottavamo, ci recavamo. Erano, trascorrevano, partivano, pernottavano, si recavano.

D) 1) apriamo - 2) capiranno - 3) vendendo - 4) chiami - 5) mostrano - 6) teme - 7) avete comprato - 8) ubbidiscono - 9) servi - 10) che lui cambi - 11) che parlasse - 12) non aprire ! - 13) che cominci.

E) 1) Che lui desideri ; che desiderasse - 2) che lui batta ; che battesse - 3) che tu preghi ; che tu pregassi - 4) che puliscano ; che pulissero - 5) che io segua ; che io seguissi - 6) che tu spii ; che tu spiassi - 7) che risparmino ; che risparmiassero.

F) 1) Benché tema il cattivo tempo, parte - 2) Bisogna che tu mangi - 3) Se guarderemo bene, osserveremo la differenza tra un vero e un finto zaffiro - 4) Bisognava che capissero - 5) Mentre parlerai, mangeremo - 6) Agisco come se il sogno diventasse realtà - 7) Se capissero, tornerebbero subito - 8) Bisognerà che tu impari a memoria i verbi - 9) Bisognò che tu partissi con Lidia - 10) Bisognerebbe che vedessero una festa in Italia.

CHAPITRE VII

A) 1) vado - 2) che io vada - 3) che vadano - 4) dà - 5) davi - 6) diedero - 7) andarono - 8) andrò - 9) stettero - 10) che stiano.

B) 1) stiamo - 2) vado - 3) sta - 4) sta - 5) stanno - 6) va - 7) vai - 8) state - 9) sta - 10) state.

C) 1) sto comprando, je suis en train d'acheter ; stiamo comprando, nous sommes en train d'acheter - 2) sto vendendo, je suis en train de vendre ; stiamo vendendo, nous sommes en train de vendre - 3) sto cercando, je suis en train de chercher ; stiamo cercando, nous sommes en train de chercher - 4) sto dirigendo, je suis en train de diriger ; stiamo dirigendo, nous sommes en train de diriger - 5) sto gestendo, je suis en train de gérer ; stiamo gestendo, nous sommes en train de gérer - 6) sto seguendo, je suis en train de suivre ; stiamo seguendo, nous sommes en train de suivre - 7) sto rappresentando, je suis en train de représenter ; stiamo rappresentando, nous sommes en train de représenter - 8) sto riunendo, je suis en train de réunir ; stiamo riunendo, nous sommes en train de réunir - 9) sto scioperando, je suis en train de faire la grève ; stiamo scioperando, nous sommes en train de faire la grève - 10) sto capendo, je suis en train de comprendre ; stiamo capendo, nous sommes en train de comprendre.

D) 1) stava per calare, il allait baisser ; stavano per calare, ils allaient baisser - 2) stava per ringraziare, il allait remercier ; stavano per ringraziare, ils allaient remercier - 3) stava per scegliere, il allait remercier ; stavano per ringraziare, ils allaient remercier - 4) stava per colpire : il allait frapper ; stavano per colpire, ils allaient frapper - 5) stava per aumentare, il allait augmenter ; stavano per aumentare, ils allaient augmenter - 6) stava per procedere, il allait procéder ; stavano per procedere, ils allaient procéder - 7) stava per impegnare, il allait engager ; stavano per impegnare, ils allaient engager - 8) stava per richiedere, il allait exiger ; stavano per richiedere, ils allaient exiger - 9) stava per valutare, il allait évaluer ; stavano per valutare, ils allaient évaluer - 10) stava per verificare, il allait vérifier ; stavano per verificare, ils allaient vérifier.

E) 1) va inserito - 2) va terminato - 3) va chiuso - 4) va versata - 5) vanno rispettati - 6) va saldato - 7) va riconfermato - 8) vanno rivedute - 9) vanno aumentate - 10) va fornito.

F) 1) Andiamo a Venezia a vedere il Carnevale - 2) Siamo a Piazza San Marco e stiamo per vedere le maschere - 3) Stiamo guardando le maschere - 4) Torniamo all'albergo ; abbiamo appena veduto le maschere - 5) Veniamo da Venezia dove abbiamo veduto le maschere.

G) 1) Può darsi che io organizzi una gita in campagna - 2) Bisognerà che tu vada alla sfilata - 3) Sarebbe meglio che dessimo i nostri vestiti lunghi - 4) Sta per venire, a meno che abbia una difficoltà - 5) Da' questo libro prima che sia sciupato - 6) Abbiamo appena incontrato Felicia - 7) Stanno cercando gli ultimi modelli - 8) Hanno appena veduto l'ultima collezione - 9) Andate in montagna a sciare ? - 10) Stanno per stabilire primati di velocità.

CHAPITRE VIII

A) valere (valoir), valso - 2) invadere (envahir), invasi - 3) ammettere (admettre), ammisi - 4) (remuer) mossi, mosso - 5) (pousser), spinsi, spinto - 6) distruggere (détruire), distrutto - 7) raggiungere (atteindre), raggiunsi - 8) rispondere (répondre), risposto - 9) stringere (serrer), strinsi - 10) (connaître), conobbi, conosciuto - 11) perdere (perdre), perso ou perduto - 12) (secouer), scossi, scosso - 13) persuadere (persuader), persuasi - 14) accorgersi (s'apercevoir), accorto - 15) vincere (vaincre), vinsi - 16) (soutenir), ressi, retto - 17) fingere (feindre), finto - 18) rompere (casser), ruppi - 19) chiedere (demander), chiesto - 20) (naître), nacqui, nato.

B) 1) bere, bevevi (tu buvais), bevesti (tu bus), berrai (tu boiras), berresti (tu boirais), che tu beva (que tu boives), che tu bevessi (que tu busses*) - 2) fare, facevamo (nous faisions), facemmo (nous fîmes), faremo (nous ferons) faremmo (nous ferions), che facciamo (que nous fassions), che facessimo (que nous fissions*), facciamo ! (faisons !) - 3) rimanere, rimangono (ils restent), rimarranno (ils resteront), rimarrebbero (ils resteraient) - 4) ottenere, ottiene (il obtient), ottenne (il obtint), otterrà (il obtiendra), otterrebbe (il obtiendrait), che lui ottenga (qu'il obtienne) - 5) togliere, tolsi (j'enlevai), che io tolga (que j'enlève) - 6) intervenire, intervengo (j'interviens), inteverrò (j'interviendrai), interverrei (j'interviendrais), che io intervenga (que j'intervienne) - 7) uscire, che escano (qu'ils sortent) - 8) dire, dicevi (tu disais), dicesti (tu dis), dirai (tu diras), diresti (tu dirais) di' ! (dis !), che tu dica (que tu dises), che tu dicessi (que tu disses*) - 9) accadere, accadrà (cela arrivera), accadrebbe (cela arriverait) - 10) nuocere, nocevi (tu nuisais), nocesti (tu nuisis), nocerai (tu nuiras), noceresti (tu nuirais), che tu noccia (que tu nuises), che tu nocessi (que tu nuisisses*) - 11) accogliere, accolgo (j'accueille), che io accolga (que j'accueille) - 12) cuocere, coceva (il cuisait), cosse (il cuisit), cocerà (il cuira), cocerebbe (il cuirait), che lui cuocia (qu'il cuise), che lui cocesse (qu'il cuisît*) - 13) dolersi, ti dolesti (tu te plaignis), ti dorrai (tu te plaindras), ti dorresti (tu te plaindrais), che tu ti dolga (que tu te plaignes) - 14) dovere, dobbiamo (nous devons), dovemmo (nous dûmes), dovremo (nous devrons), dovremmo (nous devrions), che dobbiamo (que nous devions) - 15) giacere, giace, il est étendu, che lui giaccia (qu'il soit étendu) - 16) tacere, tacqui (je me tus), che io taccia (que je me taise) - 17) salire, che salgano (qu'ils montent) - 18) morire, morrà (il mourra), morrebbe (il mourrait), che lui muoia (qu'il meure) - 19) condurre, conduco (je conduis), conducevo (je conduisais), condussi (je conduisis), condurrei (je conduirais), che io conduca (que je conduise), che io conducessi (que je conduisisse*) - 20) piacere, piacciono (ils plaisent), che piacciano (qu'ils plaisent) - 21) sapere, sanno (ils savent), sapranno (ils sauront), saprebbero (ils sauraient), che sappiano (qu'ils sachent) - 22) scegliere, scelsi (je choisis), che io scelga (que je choisisse) - 23) tenere, tengo (je tiens) tenni (je tins), terrei (je tiendrais), che io tenga (que je tienne) - 24) attrarre, attrasse (il attira), attrarrà (il attirera), attrarrebbe (il attirerait), che lui attragga (qu'il attire) - 25) vedere, vedrà (il verra), vedrebbe (il verrait) - 26) vivere, vivrò (je vivrai), vivrei (je vivrais) - 27) udire, odi (tu entends) - 28) potere, posso (je peux), potrei (je pourrais), che io possa (que je puisse) - 29) proporre, propone (il propose), propose (il proposa), proporrà (il proposera), proporrebbe (il proposerait) - 30) sciogliere, sciolgono (ils dissolvent), che sciolgano (qu'ils dissolvent) - 31) imporre, imponesti (tu imposas), imporrai (tu imposeras), imporresti (tu imposerais), che tu imponga (que tu imposes) - 32) sedere, sedettero (ils s'assirent), che siedano (qu'ils s'asseyent) - 33) volere, vuole (il veut), volle (il voulut), vorrà (il voudra), vorrebbe (il voudrait) - 34) valere, valse (il valut), varrà (il vaudra), varrebbe (il vaudrait), che valga (qu'il vaille) - 35) cadere, caddi (je tombai), cadrò (je tomberai) - 36) porre, pongono (ils placent), posero (ils placèrent), porrebbero (ils placeraient), che pongano (qu'ils placent) - 37) parere, parve (il parut), parrà (il paraîtra), parrebbe (il paraîtrait), che lui paia (qu'il paraisse) - 38) trarre, traggo (je tire), trassi (je tirai), trarrò (je tirerai), trarrei (je tirerais) - 39) cogliere, colsero (ils cueillirent), che colgano (qu'ils cueillent) - 40) tradurre, traducevo (je traduisais), tradussi (je traduisis), tradurrò (je traduirai), tradurrei (je traduirais), che io traduca (que je traduise), che io traducessi (que je traduisisse*).

C) 1) prese - 2) nacquero - 3) chiudemmo - 4) hanno chiuso - 5) hai acceso - 6) ha alluso - 7) spese - 8) tesi - 9) è persuasa - 10) ha ammesso - 11) misero - 12) hanno mosso - 13) è stata scossa - 14) ho discusso - 15) ha spento - 16) abbiamo chiesto - 17) ho colto - 18) ha pianto - 19) sono state spinte - 20) è stata protetta.

D) 1) so - 2) deve - 3) vengono - 4) escono - 5) vuole - 6) pone - 7) può - 8) che sappiano - 9) pose - 10) piace - 11) dovremo - 12) tiene - 13) fece - 14) seppi - 15) pare - 16) sono venuti - 17) potrebbero - 18) vogliono - 19) piacciono - 20) dicono.

E) 1) giunge - vuole - beve - conducono - cade - dicono - sa - fa - devono - vede - è - dice.

2) giungerà - vorrà - berrà - condurranno - cadrà - diranno - saprà - farà - dovranno - vedrà - sarà - dirà.

F) 1) Mi piacciono le pesche - 2) Gli dispiace che non possano rimanere - 3) Mi pare che tu possa venire - 4) Ci vuole più latte - 5) Mi piace la storia - 6) Ci volle molta gente - 7) Mi parve che tenesse un libro sotto il braccio - 8) Ci vogliono una matita e una riga - 9) Mi piace il cinema - 10) Gli piacciono gli orsi.

CHAPITRE IX

A) 1) Ils sont arrivés à surmonter la crise - 2) Je regrette qu'il n'ait pas pu continuer ses études - 3) Ils aiment beaucoup leurs amis - 4) Il aimerait aller au théâtre - 5) Qu'arrive-t-il dans ce passage ? - 6) Il regrette ces magnifiques vacances à la mer - 7) Il s'en fallut de peu qu'il ne se casse la jambe - 8) Te souviens-tu de ce qui s'est passé la semaine dernière à Plaisance ? - 9) Il avait fallu l'intervention de la police - 10) De Paris, il faut deux heures de vol pour être à Rome.

B) 1) è - 2) è - 3) sono - 4) è - 5) è - 6) sono - 7) se la è - 8) siamo - 9) sei - 10) hanno - 11) è - 12) è - 13) è - 14) è - 15) è.

C) 1) bisogna, bisognerà, bisognava, bisognerebbe - 2) Ci vogliono, ci vorranno, ci volevano, ci vorrebbero - 3) Bisognava, occorreva, bisognerebbe, occorrerebbe - 4) Ci vuole, ci vorrà, ci voleva, ci vorrebbe - 5) Bisogna, occorre, bisognerà, occorrerà - 6) Ci vuole, ci vorrà, ci voleva, ci vorrebbe - 7) Bisognava, occorreva, bisognerebbe, occorrerebbe - 8) Bisogna, occorre, bisognerà, occorrerà -

---

* Bien que le subjonctif présent soit couramment employé en français pour traduire le subjonctif imparfait italien — sauf, parfois, à la 3e pers. du singulier — il a semblé préférable de traduire ici de façon précise.

9) Bisognava, occorreva, bisognerebbe, occorrerebbe - 10) Ci vogliono, ci vorranno, ci volevano, ci vorrebbero.

D) 1) persuasi - 2) sono venuti - 3) verrai - 4) sciolgo - 5) saprà - 6) esci - 7) volemmo - 8) hai chiesto - 9) conduciamo - 10) terrà.

E) 1) Ce l'ho fatta a ritrovare il mio cammino ! - 2) Ho dovuto scegliere - 3) Mi sono sempre chiesto come fosse successo - 4) Ti trucchi troppo ! - 5) Bisognerebbe che Elisabetta sapesse quel che farà - 6) Ha sempre saputo scegliere i suoi amici - 7) In dieci anni, è invecchiato poco - 8) Ha sempre saputo servirsi di un pendolo - 9) È bello leggere questo nuovo romanzo - 10) Quando c'è sole, è meglio andare a passeggiare subito.

CHAPITRE X

A) 1) lo ; gli scogli rossi - 2) il ; i pescatori astuti - 3) lo ; gli stati pacifici - 4) il ; le dita grosse - 5) la ; le persone distanti - 6) lo ; gli strani atteggiamenti - 7) lo ; gli spazi scoperti - 8) la ; le buone valutazioni - 9) lo ; gli scopi interessanti - 10) il ; i lunghi ronzìi.

B) 1) centro storico - 2) bel distacco - 3) nuova generazione - 4) gran foro - 5) aperitivo analcolico - 6) santo tempio - 7) lunga manifestazione - 8) buona speculazione - 9) stesso valore - 10) sfratto vergognoso.

C) 1) più dolce, molto dolce/dolcissimo - 2) più opportuno, molto opportuno, opportunissimo - 3) migliore, ottimo/buonissimo - 4) più lungo, molto lungo, lunghissimi - 5) più comune, molto comune/comunissimo - 6) più integro, molto integro, integerrimo - 7) più capace, molto capace, capacissimo - 8) più nuovo, molto nuovo, nuovissimo - 9) più complice, molto complice, complicissimo - 10) più breve, molto breve, brevissimo.

D) a) 2 - b) 3 - c) 2 - d) 1 - e) 2 - f) 3 - g) 2.

E) 1) della - 2) della - 3) che - 4) che - 5) che - 6) della - 7) che - 8) che - 9) che - 10) che.

F) 1) È il miglior libro della stagione - 2) È il più bel film dell'anno - 3) Sono i film più belli dell'anno - 4) È il romanzo che mi piace di meno - 5) È la pietanza che cuoci meglio - 6) Sono ottime medicine - 7) È il meno che tu possa fare - 8) Sono i più begli smeraldi - 9) È un pessimo giocatore - 10) Più legge e più vuol leggere - 11) L'arredamento è molto moderno - 12) Sono sempre più numerosi - 13) L'ambiente è sempre meno pesante - 14) La cosa migliore è aspettare - 15) C'è sempre più lavoro.

G) 1) Molti appartamenti sono più comodi che tu non creda - 2) La situazione economica generale è migliore della situazione dei privati - 3) Il bilancio è così buono come l'anno scorso - 4) È più flessibile che astuto - 5) Il clima di Roma è più dolce del clima di Firenze - 6) Questi diamanti sono più grossi che belli - 7) Abbiamo bisogno di più quaderni che di libri scolastici - 8) Il mare è caldo come bello - 9) Vorrei avere meno lavoro - 10) Ci sono più di dieci commesse nel reparto.

CHAPITRE XI

A) 1) Qu'as-tu vu de beau en ville ? - 2) J'ai vu un monsieur qui t'intéresse - 3) Qui était ce monsieur ? - 4) C'est celui qui a écrit un compte rendu sur ton livre - 5) Où l'as-tu rencontré ? - 6) Je me suis trouvé dans le café où il buvait un express - 7) A qui parlait-il ? - 8) Il parlait avec d'autres journalistes que je n'avais jamais vus - 9) Combien de temps y est-il resté ? - 10) Au moins le quart d'heure que j'y suis resté moi-même.
B) a) 1 - b) 3 - c) 2 - d) 3 - e) 2.
C) 1) che, quanto - 2) in cui, nella quale - 3) in cui - 4) cui, ai quali - 5) che cosa - 6) dove, in cui - 7) di cui, della quale - 8) di cui, del quale - 9) cui, alla quale - 10) che.
D) 1) La compagnia aerea di cui parlo ha molti passeggeri - 2) Tutto quanto viene detto sulle nuove energie è vero - 3) Le piramidi il cui mistero non è ancora stato scoperto - 4) Come mai questa macchina ha tanto successo ? - 5) Quanta gente c'era quest'estate ! - 6) Che bella voce ! - 7) L'abitudine di cui si è liberato ! - 8) Ci vuole tutta la pazienza di cui sei capace - 9) Chi avrebbe creduto questo ? - 10) È un videoregistratore ? — No, non è un videoregistratore, è una Hi-Fi - 11) L'articolo che ho letto sulla cioccolata dice che è un ottimo antidepressivo - 12) Sono caramelle il cui gusto è tanto apprezzato - 13) È una disgrazia per il paese che viveva di quest'unica produzione - 14) Chi si rallegra, chi grida allo scandalo - 15) Ecco il nuovo profumo per il quale si fa tanta pubblicità.

CHAPITRE XII

A) 1) lo - 2) li - 3) le - 4) la - 5) la.
B) 1) le - 2) gli - 3) loro - 4) gli - 5) le.
C) 1) lui - 2) gli - 3) loro - 4) lo - 5) li.
D) 1) le - 2) le - 3) lei - 4) loro - 5) la - 6) loro.
E) 1) se la mise - 2) gliela regalò - 3) me li fece - 4) se lo provò - 5) le abbagliano - 6) svegliarlo - 7) Raccomandale - 8) gliele diede - 9) spiegarlo loro ou spiegarglielo - 10) Prendila ! - 11) Li - 12) La - 13) Se li porti ! - 14) Gliel'ho consigliato - 15) Glielo portò.

F) 1) La faccio - 2) Le canto - 3) Le imparo - 4) Me lo bevo - 5) Glieli mando - 6) Me ne sono innamorata - 7) L'ho trovato - 8) La vedo - 9) Lo ha scoperto - 10) Li ho incontrati.

G) 1) Sto per offrirgli (Je vais lui offrir une glace) ; sto offrendogli - 2) Sto per chiamarlo (Je vais l'appeler au téléphone) ; sto chiamandolo - 3) Sto per portarti (Je vais t'emmener à la fête) ; sto portandoti - 4) Sto per farvelo (Je vais vous le faire savoir) ; sto facendovelo - 5) Sto per dargliene (Je vais vous en donner un double) ; sto dandogliene - 6) Sto per vederlo (Je vais le voir) ; sto vedendolo - 7) Sta per mancarci (L'électricité va nous manquer) ; sta mancandoci - 8) Sto per dirglielo (Je vais le lui dire) ; sto dicendoglielo - 9) Sto per presentartelo (Je vals te le présenter) ; sto presentandotelo - 10) Sto per ricordarglielo (Je vais le lui rappeler) ; sto ricordandoglielo - 11) Sto per rallegrarmene (Je vais m'en réjouir) ; sto rallegrandomene - 12) Sto per realizzarlo (Je vais le réaliser) ; sto realizzandolo - 13) Sta per disegnarli (il va les dessiner) ; sta disegnandoli - 14) Stai per farti conoscere (Tu vas te faire connaître) ; stai facendoti conoscere - 15) Sta per targliele vedere (Il va les lui montrer) ; sta facendogliele vedere.

H) 1) te - 2) lei - 3) loro - 4) te - 5) lei - 6) lei - 7) me.

I) 1) Ce ne sono - 2) Li ritroverò - 3) ce la farò - 4) non ce l'ho - 5) bisogna contarle - 6) Passamelo ! - 7) rispondo loro ou gli rispondo.

J) 1) Chi è al telefono, ou Con chi parlo ? - 2) Sono io - 3) È lui - 4) Lo ho detto loro ou Gliel'ho detto - 5) Se fossi in te, non andrei - 6) È a casa sua, ma ora tocca a me parlare - 7) Ti sta davanti - 8) Ci penso sempre - 9) Devi farla finita ! - 10) Vacci, gli piacciono le visite - 11) Eccoli, chiamali ! - 12) Cercasi segretaria trilingue - 13) Finita la conferenza, se ne andarono tutti - 14) Spiegato loro il problema, chiese loro il loro parere - 15) Bisognerebbe discuterne - 16) Ci potrebbe essere una composizione amichevole - 17) Fallo, ma sii molto prudente ! - 18) Si è comprata un bellissimo vestito - 19) Si è impegnato ad aiutarla - 20) Ci mandano i risultati subito.

K) 1) Puoi dirmi dove pensi di andare in vacanza ? - 2) Te lo dirò domani quando avrò preso la decisione - 3) Come sono belli questi quadri ! Non potresti darmene uno - 4) È proprio una buona notizia e mi preme di dirtela subito - 5) L'affare è finora andato liscio, rallegriamocene ! - 6) L'impresa era difficile, ma me la son cavata benissimo ! - 7) Ti ho già detto che vorrei andare con te - 8) Ci tocca far prova di coraggio - 9) Questo libro, te lo ho dato una volta ; puoi dunque tenertelo - 10) Messosi l'impermeabile, prese la macchina.

CHAPITRE XIII

A) 1) Non dimentichi - 2) Vuole... prenderla ? - 3) Viene - 4) Cerchi - 5) La aspetto - 6) Non Le conviene - 7) Non mi prenda - 8) Le ho detto che potrà cavarsela - 9) che Lei me lo prometta - 10) Le piace.

B) 1) È Lei ? - 2) Tocca a Lei venire - 3) (Che cosa) desidera ? - 4) Che mi dice ? - 5) La ascolto - 6) Volevo darle questo disco - 7) Le serve il Suo ombrello ? - 8) Non La ho sentito bene - 9) Qual'è il Suo numero di telefono - 10) È contento, Marco ? - 11) Quali sono i Suoi dischi preferiti ? - 12) Non mi dica ! - 13) Si tolga il soprabito ! - 14) S'accomodi ! - 15) Mi può prestare la Sua macchina ! - 16) Si sbrighi ! - 17) Si è divertito ieri ? - 18) Posso accompagnarLa ? - 19) SpingendoLa, La ha fatto cadere - 20) Come sta ?

CHAPITRE XIV

A) 1) questa - 2) queste - 3) questa - 4) questo - 5) questi - 6) queste - 7) questo - 8) questa - 9) questi - 10) questo.

B) 1) quel - 2) quella - 3) quell' - 4) quel - 5) quelle - 6) quei - 7) quell' - 8) quegli - 9) quei - 10) quelle.

C) 1) Quello - 2) quel - 3) quei - 4) quell' - 5) quelle - 6) quegli - 7) Quella - 8) Quell' - 9) quei - 10) quegli.

D) 1) Qual'è il nome di quel giovanotto ? - 2) Quali sono quei nuovi marchi di penna ? - 3) Con quali amici andrai a vedere quel film ? - 4) Su quali criteri ha scelto quella lezione ? - 5) Di quale materia era fatto quel vestito ? - 6) In quale epoca sono successi quegli avvenimenti ? - 7) A che pagina si trova quella lezione di cui abbiamo parlato - 8) Perché non compri quel sistema che si trova dappertutto ? - 9) Questa ou Quella casa in multiproprietà, non è una buona idea ? - 10) Questi sono i punti del Codice civile ai quali conviene riferirsi.

E) 1) In questo testo, ci sono due parti - 2) Su questa casa, bisogna fare un primo piano - 3) L'interesse di questo brano è evidente - 4) Da questo sarto, c'é sempre della bella roba ! - 5) Sto bene in questa stanza - 6) I colori di questo tappeto sono cangianti - 7) In queste ripetute telefonate, c'è qualche cosa di esasperante - 8) Con questa segretaria telefonica le chiamate sono trasmissibili a distanza - 9) Gli esercizi di questo capitolo non sono sempre facili - 10) Su questa sveglia, si vedono l'ora di Roma e l'ora del mondo intero.

F) 1) Questo romanzo è più lungo di quello - 2) Quei viaggi sembrano più interessanti di questi - 3) Era l'anno in cui c'era stata un'alluvione - 4) Non sono mai venuta in questo paese - 5) Strani amici questi ! (ou codesti) - 6) Quella storia, l'avevo già sentita ! - 7) Ora ti dirò questo, ma non lo ripetere ! - 8) Non ti ho ancora detto tutto quello che avevo da dirti - 9) Preferisco questa pizzeria a quella - 10) Queste case sono più comode di quelle.

G) 1) Ha intenzione di sistemarsi in quella casa ? - 2) Tutto ciò che si dice su questo quartiere non è sempre favorevole ! - 3) Preferisce quei mobili antichi o Le piacciono questi mobili moderni ? - 4) Questa sala da bagno Le pare meglio attrezzata dell'altra ? - 5) Per quanto riguarda questa cucina, non pensa che sia più spaziosa di quella che è nella casa vicina ? - 6) Potrà venire stamattina ? - 7) Le piacciono quei cespugli, laggiù, in fondo al giardino ? - 8) Che cosa pensa della ripresa di queste azioni ? - 9) Venga a scegliere le Sue fotografie - 10) Mi piace quello che sceglie.

H) 1) Questa... è stata accesa - 2) quelli... sono stati - 3) Questi ou Quegli... sono stati scossi - 4) ho detto... quel ou codesto - 5) Quel.. è stato appeso - 6) si è tolto codesta brutta maglietta - 7) Ha sempre vinto - 8) quei... ho colti - 9) Quei... sono stati messi... - 10) Quelli ou Coloro... hanno corso.

I) 1) Bisogna che queste quattro prime colazioni siano servite per tempo stamattina - 2) Il restauro di quei monumenti è assicurato bene dal comune - 3) Benché ci sia stato un po' di rumore stanotte, penso che questo albergo sia da raccomandare - 4) Sono stanca di vedere quegli stessi negozi presentare le stesse cose - 5) È come se avesse sempre saputo quella lingua ! - 6) Quella regione è troppo lontana per me ! - 7) Colui che vuole cambiare lavoro deve informarsi bene - 8) Quegli spettacoli erano molto più divertenti di quelli che si vedono ora - 9) Quando questo giornale sarà pubblicato, quell'articolo sarà superato - 10) Mentre guarda questa libreria, io vado laggiù, in quella galleria, a vedere i quadri.

CHAPITRE XV

A) 1) la tua - 2) sua - 3) suo/sua - 4) i suoi - 5) il suo - 6) il mio - 7) Sua - 8) la propria - 9) mio - 10) il Suo.

B) 1) la Sua - 2) sua - 3) suo ou sua - 4) i suoi - 5) il suo - 6) il mio - 7) Sua - 8) la propria - 9) mia - 10) il Suo.

C) 1) Sono venuto a casa Sua ieri - 2) Dov'è il Suo Signor padre ? - 3) È stato fatto in Sua presenza, ma a mia insaputa - 4) Non ha trovato un mio taccuino ? - 5) Tengo molto alla loro amicizia - 6) Sono andato a casa dei Rossi e ho ammirato i quadri di lui - 7) Suo padre e il mio sono stati a scuola insieme - 8) È colpa Sua se tutto questo è successo - 9) Di chi è questa borsa ? — È mia - 10) Gli amici dei nostri amici sono i benvenuti.

CHAPITRE XVI

A) 1) molte - 2) molto - 3) molta - 4) molti - 5) molto.

B) 1) tante fotografie - 2) troppo scuro - 3) pochi elementi - 4) molte settimane - 5) parecchi anni - 6) troppe ore - 7) alquanto stanchi - 8) molto piacevole - 9) tante preoccupazioni - 10) poca roba - 11) troppo da studiare - 12) poco facile - 13) molti pensieri - 14) tanto comodo - 15) alquante pagine - 16) parecchia pazienza.

C) 1) C'è qualche professoressa - 2) Si vede qualche straniero - 3) Verrà qualche uomo - 4) Si alza qualche mano - 5) Esiste qualche ipotesi - 6) C'è qualche serie - 7) Sarà inaugurato qualche stadio - 8) C'è qualche chirurgo - 9) Esce qualche collega - 10) Entrò qualche medico.

D) 1) Non ho ricevuto nessuna posta - 2) Non ho nessuna intenzione di fare una conferenza - 3) Luisa non vuole niente - 4) Non ho visto nessuno - 5) Non ho regalato questo quadro a nessuno - 6) Non voglio invitare nessuno - 7) Non penso nulla - 8) Non ho mai sentito una cosa simile - 9) Non ho nessun nuovo televisore - 10) Non volevo parlare con nessuno.

E) 1) Ognuno ha le proprie idee - 2) Chiunque può farlo - 3) Mi potresti dare ancora un po' d'acqua ? - 4) Il più delle volte preferisce stare a casa - 5) Hai fatto molto lavoro ed io altrettanto - 6) Dei veri scienziati, ce ne sono soltanto alcuni - 7) Per lo più non diceva niente - 8) Fece il bagno i primi due giorni - 9) Vanno a scuola tutti i giorni della settimana - 10) Ognuno/ciascuno pensa quello che gli pare - 11) Quasi tutti hanno la stessa opinione in merito - 12) Chiunque si renderebbe conto che questo bambino è malato - 13) Chi vuole uscire, chi preferisce riposarsi - 14) Ti ha chiamato qualcuno poco fa - 15) Ci saranno buone sorprese.

F) 1) Si possono - 2) Non si è - 3) Si mettono - 4) Non ci si sente - 5) salutano - 6) ti chiedono - 7) Si mangia - 8) Si rivolgono/Ci si rivolge - 9) Si leggono - 10) Andiamo.

G) 1) Mi hanno detto di venire - 2) Hanno molte preoccupazioni - 3) Perché questo giornale ha tante pagine : ce ne sono troppe - 4) Bisogna persuaderlo a poco a poco - 5) Eravamo troppo tristi di essere separati - 6) Se chiameranno, risponderai al telefono - 7) Mi piacerebbe molto fare questo viaggio, ma ci vogliono più di due settimane - 8) Benché sia molto difficile e ci siano molti candidati, voglio provare - 9) Altri sono riusciti, perché non riuscirei ? - 10) Ognuno intuisce la propria strada : generalmente è meglio non dare troppa retta ai consigli degli altri.

CHAPITRE XVII

A) 1) Gianfilippo ha vent'anni ; è alto un metro e ottanta come suo padre - 2) Il lago è profondo almeno venti metri - 3) Il Monte Bianco è alto quattromilaottocentosette metri - 4) La facciata è lunga più di dieci metri - 5) Benché la votazione sia obbligatoria, il cinque per cento degli elettori non ha partecipato - 6) C'era un duemila persone al ricevimento - 7) Questo soprabito mi è costato trecentoventinovemila lire - 8) È sui novant'anni, ma ne dimostra venti di meno - 9) Michelangelo è nato nel millequattrocento settantacinque - 10) È un progetto per un quinquennio.

B) 1) Sono partita da Roma alle nove di sera e sono arrivata a Milano alle tre del mattino - 2) Che ora è ? - 3) Sono le otto - 4) Sono le nove e dodici - 5) Sono le dieci e un quarto - 6) Sono le undici e mezzo - 7) È mezzogiorno - 8) È l'una (È il tocco) - 9) Sono le due meno un quarto - 10) È mezzanotte.

C) 1) Quanti ne abbiamo oggi ? - 2) Oggi, ne abbiamo trenta - 3) E domani, mercoledì ? - 4) Domani ne avremo trentuno - 5) Quando sarà il tuo compleanno ? - 6) Sarà il diciassette settembre - 7) Non dimenticare l'anniversario di matrimonio dei tuoi genitori ! - 8) Ecco un'ottima ricetta di cocktail analcolico : un quinto di vaniglia liquida, un decimo di sciroppo di lamponi, un decimo di succo di pompelmo, altrettanto limone, altrettanta arancia e alcuni cubetti di ghiaccio.

D) 1) Garibaldi visse nell'Ottocento - 2) Fra'Girolamo Savonarola venne bruciato a Firenze nel millequattrocentonovantotto - 3) Il sacco di Roma ebbe luogo all'inizio del Cinquecento - 4) Casa Medici si è estinta nel Settecento - 5) Sua Santità il Papa Pio Decimo è morto l'anno della prima guerra mondiale - 6) Il Quattrocento vide, in Italia, uno straordinario fiorire di artisti e di scrittori - 7) L'ultimo verso della *Divina Commedia* è particolarmente bello : me lo sono riletto con tutto il canto trentatré, la settimana scorsa - 8) Prenda, nel *Campiello* del Goldoni, l'atto quinto, scena diciottesima !

E) 1) Vi aspettavo, due giorni fa - 2) Saremo in quanti a tavola ? - 3) Ci sono dodici invitati - 4) Fra quanto tempo arriverete ? - 5) Saremo là entro mezzogiorno - 6) Con i surgelati, il pranzo-sarà preparato in meno di un quarto d'ora - 7) Dovrò ripartire tra due ore - 8) Da almeno tre mesi desideravamo venire tutti e due !

F) 1) Vado a trascorrere le vacanze in America - 2) Ne sono molto contento per te - 3) Prendendo l'aereo, sarai meno stanco - 4) Ce l'hai una macchina fotografica ? - No, non ce l'ho - 5) Ce l'hai ancora con Amelia ? - 6) Ha scritto questo libro in un anno - 7) Non ne voglio più - 8) Dicendo tutto questo, sorri-deva dolcemente.

G) 1) In questo testo, ci sono due momenti importanti - 2) Da questo anno trovo molte cose molto differenti - 3) Da questo punto di vista, hai ragione - 4) Stasera è il plenilunio - 5) Questi sono oggetti di gran pregio.

H) 1) Si decolla - 2) Si recuperano - 3) Si sta - 4) Si raccomanda - 5) Si rivedono.

I) 1) Ascoltandovi, sognavo - 2) Questo vestito, bisogna dar-glielo - 3) Le ha dato un vestito ; regalatoglielo, la aiutò ad aggiustarlo - 4) Andiamocene ! - 5) Eccoli, vacci !

J) 1) Il pattinaggio artistico è più bello delle gare di patinaggio - 2) Hanno conosciuto più gente in questa discoteca che altrove - 3) Le condizioni d'insegnamento sono più o meno difficili delle condizioni di studio - 4) In certi casi, il treno è più rapido dell'aereo - 5) Oggi, in questa stazione, ci sono 170 000 passegeri di più che nel 1920.

CHAPITRE XVIII

A) 1) chiaramente - 2) gentilmente - 3) fortemente - 4) ama-ramente - 5) interiormente - 6) francamente - 7) soavemente - 8) sottilmente - 9) comodamente - 10) umilmente.

B) 1) Apprezzo soltanto il Chianti - 2) Vuole guardare soltanto le partite di calcio - 3) Ascoltano soltanto musica classica - 4) Vuole parlare soltanto italiano - 5) Gli piacciono soltanto i paesi caldi.

C) 1) Il faut environ quatre heures pour aller de Florence à Rome - 2) Elle voudrait au moins en être certaine - 3) C'était une robe qui coûtait pas mal (d'argent) et, par-dessus le marché, ils ne prenaient même pas la carte de crédit - 4) Ils auraient dû faire au moins une réduction - 5) Je suis de plus en plus satis-faite de mon choix - 6) Laetitia mesure déjà environ un mètre soixante - 7) Cette maison-là, ils ne l'ont jamais vue et ils n'ont aucune intention d'y aller - 8) Soudain, la situation a changé, mais on ne sait pas encore comment cela se terminera -

9) C'était un livre profond, sérieux et en même temps bien pré-senté - 10) Elle l'a su peu de temps auparavant et elle a voulu venir tout de suite.

D) 1) C'è una crisi - 2) Ci vuole uno stadio - 3) È un ottimo uovo - 4) Occorre un amico fidato - 5) C'è ancora una spiaggia pulita.

E) 1) Qualche commessa si avvicina - 2) C'è qualche parcheg-gio - 3) qualche ordinazione - 4) Qualche produttore cerca - 5) qualche succursale.

F) 1) di cui - 2) la cui - 3) di cui - 4) dove/in cui - 5) in cui.

G) 1) La - 2) Si è - 3) Le - 4) le - 5) Si deve spiegarLe dove si trova la Sua macchina, altrimenti non la ritrova.

H) 1) Non è d'accordo per niente, né coi professori, né cogli amici - 2) Questo reparto si occupa proprio della vendita per corrispondenza - 3) Mi verrai ad aiutare domani ? — Senz'altro - 4) Questa pubblicità non è mica interessante - 5) Queste bott-iglie sono soltanto mezze finIte - 6) Credi che l'uso della persona di cortesia in italiano sia di origine spa-gnola ? - 7) No, non lo penso per niente - 8) Non ci credo neanch'io - 9) In ogni caso, è piuttosto simpatico darsi del tu facilmente - 10) Certo, anch'io preferisco così - 11) Adesso è impaziente perché ha aspettato troppo a lungo - 12) Credo che l'abbia fatto apposta, anzi ne sono sicuro - 13) Invece, non è colpa sua, anzi è in un mare di guai - 14) Ad un tratto cambiò parere e prese molto rapidamente una decisione - 15) Hanno cercato quella spilla dappertutto tastoni, nel buio e carponi ; alcuni si sono perfino messi bocconi, ma niente da fare, non l'hanno mai rinvenuta.

CHAPITRE XIX

A) 1) da - 2) di, da - 3) dai - 4) di - 5) da - 6) dalla - 7) da - 8) da - 9) da - 10) di.

B) 1) fra - 2) Da - 3) In - 4) fra - 5) fa - 6) fra - 7) fa - 8) da - 9) da - 10) fra.

C) 1) Ho risaputo questa notizia dai giornali - 2) Dopo tutti questi sconvolgimenti, siamo molto stanchi - 3) Eccolo final-mente ! Lo ho intraveduto lungo il fiume - 4) Credo di aver capito tutto, tranne questo paragrafo - 5) Si sentiva tutto felice in mezzo alla folla - 6) In quanto a me preferisco uscire con gli amici - 7) Vuole andare a Milano in autocuccette, poi raggiungere Genova e proseguire per l'autostrada in riva al mare ? - 8) In mancanza di famiglia hanno molti amici - 9) Mi sta accanto.

D) 1) Benché abbia firmato un contratto, ha parecchie (molte) difficoltà a farlo rispettare - 2) Qualora facessi uno sbaglio, me lo dica subito - 3) Con questo freddo, sono rimasto troppo a lungo fuori, sicché mi sono buscato un bel raffreddore - 4) Per grandi che siano i re, essi sono quel che siamo - 5) Poiché il mercato è al ribasso ed abbiamo denaro disponibile, possiamo investirlo - 6) Partirò appena gli scioperi saranno finiti - 7) Giacché le quotazioni sono calate, è meglio aspettare prima di vendere - 8) Non partire senza che ti abbia portato quel che ti devo - 9) Fece tanto che trovò una soluzione di ricambio - 10) Prima che faccia freddo, faccia riparare il riscaldamento - 11) Finché il treno che è in ritardo non è arrivato, possiamo ancora sperare che saranno qui per Natale - 12) Appena avrai trovato una segretaria bilingue, fammelo sapere - 13) Se prendessi il pullmann alle undici, temerei di perdere l'aereo di mezzogiorno e un quarto - 14) Non mi disturbi a meno che ci sia una modifica al programma !

CHAPITRE XX

A) 1) saresti venuto - 2) sarei - 3) si sarebbe truccata - 4) avrebbero chiamato - 5) sarebbe cambiato.

B) 1) finito il compito - 2) Piegate le lettere - 3) Inaugurato il monumento - 4) Recitata la lezione - 5) Circondate le mura.

C) 1) si prenoti - 2) si presentasse - 3) sia - 4) riceva - 5) si facesse - 6) firmasse - 7) si rechi - 8) rispondessi - 9) sia - 10) senta.

D) 1) Se venissi a trovarti, i tuoi fratelli verrebbero a trovarmi senz'altro - 2) Non è giusto che io lavori tutto il giorno mentre l'altro se la spassa - 3) Spero che ci farai il piacere di venire con noi - 4) Benché io non creda molto a quel che mi dice, faccio finta - 5) Glielo ho detto perché lo ripeta - 6) Dica a Giorgio di venire in questo ufficio subito - 7) Se non la smetterai di scherzare, non potrò parlare - 8) Credo che sia già partito - 9) Credevo che fosse già partito - 10) Era più gentile di quanto tu non pensassi - 11) Aveva fatto tutto quello che poteva fare perché lo ascoltassimo - 12) Sarebbe bello che ci incontrassimo - 13) Può darsi che si renda conto del suo errore - 14) Bisogna che compri pezzi di ricambio per la sua macchina - 15) Non si sapeva che cosa fosse successo - 16) Aveva sperato che sareste tornati tutti e due - 17) Ho sempre desiderato che abitassimo in campagna - 18) Bisognerà che tu lo sappia - 19) Scriverò se farò in tempo - 20) Mi pare che stia per cambiare strada.

INDEX ALPHABÉTIQUE

(Les nombres renvoient aux numéros de paragraphes)

IMPRIMÉ EN FRANCE PAR BRODARD ET TAUPIN
Usine de La Flèche (Sarthe), le 21-08-1989.
1837B-5 - Dépôt légal : août 1989.

PRESSES POCKET - 8, rue Garancière - 75006 Paris
Tél. 46.34.12.80

Les conjonctions # 331.

comparisons   P 115
Superlatives P 116